HEYNE
BÜCHER

D1674903

SAID BALOUI

ACCESS 97

Schnell und sicher zum Ziel

WILHELM HEYNE VERLAG

MÜNCHEN

MARKT&TECHNIK BEI HEYNE
15/1

Umwelthinweis:
Dieses Buch wurde auf
chlor- und säurefreiem Papier gedruckt.
Heyne im Internet: verlag@heyne.de

Ungekürzte Taschenbuchausgabe im
Wilhelm Heyne Verlag GmbH & Co. KG, München
Copyright © 1997 by Markt&Technik
Buch- und Software-Verlag GmbH, Haar bei München
Printed in Germany 1997
Umschlaggestaltung: Atelier Ingrid Schütz, München
unter Verwendung des Originalumschlags
von Grafikdesign Heinz H. Rauner, München
Druck und Verarbeitung: Ebner Ulm

ISBN 3-453-13550-4

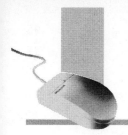

Inhalt

So kommen Sie gut durchs Buch

Fachchinesisch
hier finden Sie Erklärungen unverständlicher Fachbegriffe.

Achtung
hier werden Sie gewarnt und können rechtzeitig Schaden vermeiden.

Tip
hier gibt es besonders praktische Hinweise und Zusatzinfos.

Vorwort

Sollten Sie unbedingt »alles« über Access wissen wollen, empfehle ich Ihnen mein »Access 97 – Das Kompendium«, in dem auch die winzigste Kleinigkeit erläutert wird. Das Ziel des vorliegenden Buchs ist ein anderes: Sie mit Hilfe eines weitaus weniger voluminösen »Schinkens« in die Lage zu versetzen, mit den wichtigsten und in der Praxis am häufigsten genutzten Features von Access umzugehen - ohne »Ablenkung« durch meist nicht genutzte Details.

Ich setze voraus, daß Sie Windows-Programme installieren und prinzipiell mit ihnen umgehen können, also mit Fenstern, Menübefehlen, Dialogfeldern, Symbolleisten und der Hilfefunktion. Davon ausgehend erhalten Sie zunächst einen Schnellkursus in Sachen »Access-Oberfläche«, in dem es um Access-spezifische Elemente wie »konfigurierbare Symbolleisten« oder den Umgang mit den verschiedenen »Assistenten« geht. Anschließend erläutere ich den prinzipiellen Umgang mit Access-Objekten wie »Tabellen« und »Formularen«.

Im folgenden Teil geht es um den eigentlichen Kern von Access, um Tabellen und Datenbanken. Sie lernen, Tabellen zur Verwaltung von Adressen und ähnlichem zu erstellen und zu benutzen; das Tabellenlayout zu gestalten, beispielsweise die verwendete Schriftart und -größe zu verändern und die Breite und Höhe der einzelnen Tabellenspalten/-zeilen; und die Struktur von Tabellen so zu optimieren, daß Fehleingaben von vornherein vermieden werden, und die Suche nach Daten möglichst schnell erfolgt.

Anschließend erfahren Sie, wie Sie in Ihre Tabellen Daten importieren oder genau umgekehrt darin enthaltene Daten exportieren. Zuletzt zeige ich Ihnen, wie Sie Datenbanken entwerfen, die eine Vielzahl von separaten Tabellen enthalten, die miteinander in Verbindung stehen.

Der folgende Teil ist den »Abfragen« gewidmet, die Ihnen ermöglichen, Informationen wie »suche alle "Maier", die im Postleitzahlgebiet 30000-40000 wohnen«, aus einer Datenbank zu extrahieren oder die Datenbank zu aktualisieren; zum Beispiel, wenn sich die Postleitzahl von München geändert hat und Sie vermeiden wollen, alle Adressen per Hand entsprechend zu ändern.

Die nächste »Stufe« stellen Formulare und Berichte dar, mit denen die Datenerfassung und -präsentation erst richtig komfortabel wird.

Danach geht es um die Automatisierung von Aufgaben mit Hilfe von Makros, die auf Tastendruck nahezu beliebig komplexe Arbeitsgänge ausführen können.

Den Abschluß bildet die Erläuterung der wichtigsten Dienstprogramme von Access, mit deren Hilfe Sie beispielsweise Datenbanken komprimieren, reparieren oder mit einem Kennwort schützen können.

Ein letzter Hinweis: Ein geradezu unerschöpfliches Thema, auf das ich hier aus Platzgründen nicht eingehen kann, ist die Programmierung in Access. Sollten Sie sich dafür interessieren, empfehle ich Ihnen mein Buch »Access 97 - Das Kompendium« und - gute Programmierkenntnisse vorausgesetzt - mein Buch »Anwendungsentwicklung mit Access«.

Said Baloni

1

Die Access-eigene
Benutzeroberfläche

Dieses Kapitel stellt eine Einleitung in den Umgang mit Access dar. Dazu gehören die folgenden Themen:

▪ Was ist bei der Installation von Access zu beachten

▪ Wie wird Access aufgerufen

▪ Wie bedienen Sie Access-spezifische Elemente wie die »konfigurierbaren Symbolleisten« oder die verschiedenen »Assistenten«

▪ Wie passen Sie Access individuell an

1.1 Installation und Aufruf

Sie können Access auf einem einzelnen Rechner installieren, auf den nur Sie selbst Zugriff haben, oder aber in einem Netzwerk miteinander verbundener Arbeitsplatzrechner. In diesem Fall können Sie wählen, ob Access nur auf dem Server vollständig installiert wird oder aber auf jedem einzelnen Arbeitsplatz.

Setzen wir voraus, daß Sie Windows 95 installiert haben und nun entweder nur Access installieren wollen oder gar Microsoft Office Professional besitzen und nun installieren wollen, also das Microsoft-Gesamtpaket, das außer Access auch Word, Excel und Powerpoint enthält.

In jedem Fall müssen Sie nun das »Installationsprogramm« ausführen. Benutzen Sie eine CD-ROM, genügt es, diese einzulegen, da nach kurzer Zeit automatisch ein Menü erscheint, das Ihnen unter anderem die Programminstallation anbietet und Sie nur darauf klicken müssen, um die Installation zu starten. Ohne diese Automatik, zum Beispiel bei der Diskettenversion, müssen Sie das Programm SETUP.EXE suchen (es befindet sich auf

Diskette 1) und ausführen, indem Sie START | AUSFÜHREN... wählen, auf
»Durchsuchen...« klicken, die Datei SETUP.EXE suchen und es per Klicken
auf »OK« starten.

Die Installation selbst läuft weitgehend automatisch ab und erfordert nur
wenige Angaben: den Namen des Verzeichnisses, in dem Access bzw. das
gesamte Office-Paket installiert werden soll, zum Beispiel ACCESS oder
MSOFFICE; ob Sie die Standardinstallation wünschen oder statt dessen
eine minimale bzw. eine benutzerdefinierte Installation bevorzugen. Let-
zeres ermöglicht Ihnen, die zu installierenden Programmkomponenten
selbst auszuwählen. Installieren Sie nicht nur Access, sondern das gesamte Office-Paket, sieht diese Auswahl so aus (Bild 1.1).

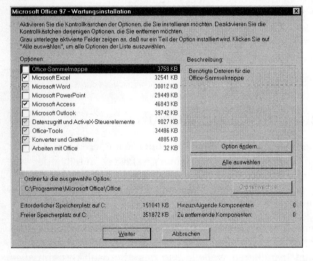

Bild 1.1:
Komponenten-
auswahl

Jede Option steht für die Installation eines Programms oder einer Gruppe
von Hilfsmitteln und kann durch Klicken auf das zugehörige Kontrollkästchen unabhängig von den anderen aktiviert bzw. deaktiviert werden.

Grau hinterlegte Kontrollkästchen bedeuten, daß zwar einige, aber nicht
alle Unterkomponenten der betreffenden Gruppe installiert werden. Um
genauer festzulegen, welche Unterkomponenten eines Programms wie
Access installiert werden, klicken Sie auf den Eintrag »Microsoft Access«

und danach auf die Schaltfläche »Option ändern...«. Ein neues Dialogfeld erscheint, in dem beispielsweise die verschiedenen Komponenten von Access aufgelistet sind, und in dem Sie nun auf die gleiche Weise jeden Bestandteil aktivieren bzw. deaktivieren können. Einige dieser Komponenten bestehen selbst wiederum aus einer Vielzahl von »Unterkomponenten«, unter denen Sie erneut mit »Option ändern...« jene auswählen können, die Sie installieren wollen.

 Mit den Vorgaben werden nur die wichtigsten Access-Komponenten installiert und nicht auch die weniger gebräuchlichen! Geben Sie sich damit zufrieden, werden Sie die Besprechung verschiedener Access-Bestandteile in diesem Buch nicht nachvollziehen können, da die betreffenden Bestandteile nicht installiert wurden! Ich gehe davon aus, daß Access **vollständig** *installiert ist. Dazu wählen Sie bei der Installation »Benutzerdefiniert«. Klicken Sie auf die Schaltfläche »Option ändern...« (bei Installation des Office-Pakets müssen Sie zuvor den Eintrag »Microsoft Access« selektieren!) und im folgenden Dialogfeld auf die Schaltfläche »Alle auswählen«.*

Die Installation selbst dauert geraume Zeit, erst recht, wenn Sie nicht nur Access selbst, sondern das gesamte Office-Paket installieren. Anschließend gibt es verschiedene Möglichkeiten, Access aufzurufen, je nachdem, ob Sie nur Access installierten oder aber das Office-Paket. Fast immer läuft es jedoch auf einen einfachen oder einen Doppelklick auf das typische Access-Symbol hinaus (Bild 1.2).

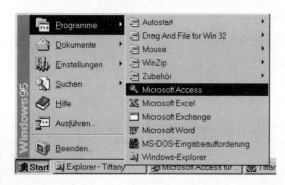

Bild 1.2:
Das Access-Symbol

▨ In jedem Fall befinden sich dieses Symbol und die zugehörige Datei ACCESS.EXE in jenem Verzeichnis, in dem Access installiert wurde (z. B. \ACCESS, wenn Sie nur Access installierten und diese Vorgabe übernahmen; bei Installation des Office-Pakets heißt es ebenfalls \ACCESS, befindet sich jedoch im von Ihnen angegebenen Office-Installationsverzeichnis, z. B. in \MSOFFICE); ein Doppelklick darauf ruft Access auf.

▨ Installierten Sie nur Access selbst oder zwar das Office-Paket, aber nicht die sogenannte »Office-Shortcut-Leiste«, befinden sich dieses Symbol und der Eintrag »Microsoft Access« anschließend in der Rubrik »Programme« der »Start«-Schaltfläche; per einfachem Klick darauf wird Access ebenfalls aufgerufen.

Für »Access-Neulinge« weniger geeignet: Installierten Sie Office, können Sie Access auch durch Anklicken des Eintrags »Neues Office-Dokument« starten, der durch Klicken auf die »Start«-Schaltfläche sichtbar wird. Allerdings müssen Sie anschließend in einem Dialogfeld den Eintrag »Leere Arbeitsmappe« selektieren und danach auf »OK« klicken (analog dazu können Sie auch auf »Office-Dokument öffnen« klicken und im folgenden Dialogfeld eine bereits existierende Access-Datei auswählen, um Access aufzurufen und gleichzeitig diese Datei zu öffnen).

Ich gehe davon aus, daß Sie Access inzwischen installiert und auf eine der beschriebenen Arten aufgerufen haben. Danach erscheint folgendes Dialogfeld (Bild 1.3).

Dieses Dialogfeld ist recht bequem. Später, wenn Sie erst einmal mehrere Datenbanken erstellt und benutzt haben, werden darin entsprechend der Abbildung jene aufgelistet, die Sie zuletzt verwendet haben. Sie können sich einfach per Anklicken eine davon aussuchen und auf »OK« klicken, um erneut damit zu arbeiten.

Im Grunde »kann« dieses Dialogfeld jedoch nicht mehr als die zwei eigentlich zum Erstellen bzw. Öffnen einer Datenbank zuständigen Access-Befehle: Die Option »Leere Datenbank« bewirkt das gleiche, als würden Sie den Access-Befehl DATEI | NEUE DATENBANK ANLEGEN... wählen und anschließend die Datenbankvorlage »Leere Datenbank« selektieren.

Bild 1.3:
Nach dem Aufruf

Die Option »Datenbank-Assistent« ermöglicht ebenfalls das Anlegen einer leeren Datenbank; darüber hinaus können Sie jedoch zusätzlich eine von vielen vorbereiteten Demodatenbanken auswählen und mit Hilfe des »Datenbank-Assistent« eine ähnlich aufgebaute Datenbank erzeugen. Beide Möglichkeiten, neue Datenbanken anzulegen, werde ich noch erläutern.

Die Option »Öffnet eine bestehende Datenbank« ist ebenfalls nur eine Art Abkürzung und entspricht dem Access-Befehl DATEI I DATENBANK ÖFFNEN..., den ich ebenfalls erläutern werde.

Sie können also vorerst unbesorgt auf diese Abkürzungen der normalen Wege verzichten und nun auf »Abbrechen« klicken. Das Dialogfeld wird dadurch geschlossen, und Sie arbeiten jetzt mit »Access pur«.

1.2 Kontextmenüs

Außer den Menüs der Menüleiste gibt es zusätzliche »kontextsensitive« Menüs. Um sie zu öffnen, klicken Sie ein Access-Objekt mit der **rechten** statt wie bisher mit der linken Maustaste an, zum Beispiel eine Symbolleiste (Bild 1.4).

Bild 1.4:
Symbolleisten-Kontextmenü

Dieses Kontextmenü enthält eine Auswahl jener Befehle, die am häufigsten zur Manipulation von Symbolleisten verwendet werden.

1.3   Symbolleisten

Symbolleisten vereinfachen die Bedienung von Access, da für die am häufigsten benutzten Menübefehle Symbole zur Verfügung stehen, die durch einfaches Anklicken aktiviert werden.

Access besitzt verschiedene Symbolleisten für unterschiedliche Arbeitssituationen, die automatisch eingeblendet werden. Arbeiten Sie gerade mit einem Formular, blendet Access entsprechend die »Formularansicht«-Leiste ein (Bild 1.5).

Bild 1.5:
Die »Formularansicht«-Leiste

Wählen Sie den Befehl ANSICHT|SYMBOLLEISTEN oder klicken Sie eine Symbolleiste an einem beliebigen Punkt mit der **rechten** Maustaste an, öffnet sich folgendes Menü (Bild 1.6).

Bild 1.6:
Das Symbolleisten-Menü

Die momentan eingeblendete Leiste ist durch ein Häkchen markiert. Klikken Sie den betreffenden Eintrag an, wird die Leiste wieder ausgeblendet (wird eine Symbolleiste in einem eigenen kleinen Fenster dargestellt, können Sie sie auch mit dem zugehörigen »Schließen«-Symbol der Leiste ausblenden, dem »x« in der rechten oberen Ecke). Umgekehrt können Sie durch Anklicken eines »häkchenlosen« Eintrags die betreffende Leiste jederzeit einblenden.

Das durch den Befehl ANSICHT I SYMBOLLEISTEN oder das Anklicken einer Symbolleiste mit der **rechten** Maustaste geöffnete Menü enthält nicht alle Symbolleisten. Uneingeschränkten Zugriff auf alle Symbolleisten **und zusätzlich auch auf die verschiedenen Menüleisten** erhalten Sie erst, nachdem Sie darin den Befehl ANPASSEN... wählen, um das gleichnamige Dialogfeld zu öffnen.

Im Register »Symbolleisten« des Dialogfelds sind alle verfügbaren Leisten aufgeführt. Durch Aktivierung/Deaktivierung des zugehörigen Kontrollkästchens (einfach Anklicken) können Sie beliebige Leisten ein- oder ausblenden (Bild 1.7).

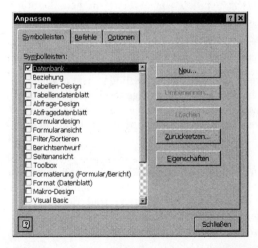

Bild 1.7:
Das Register »Symbolleisten«

Im Register »Optionen« können Sie das Kontrollkästchen »Große Schaltflächen« aktivieren, um die Symbole größer darzustellen. Sie können das

Kontrollkästchen »QuickInfo auf Symbolleisten anzeigen« deaktivieren, um zu verhindern, daß beim Verharren der Maus »auf« einem Symbol ein Fensterchen mit einer Kurzbeschreibung des Symbols erscheint. Und Sie können mit dem unter »Menü-Animation« gewählten Eintrag festlegen, ob sich Menüs und Kontextmenüs »konservativ« öffnen oder mit ein wenig »Pep« – viel Spaß beim »Spielen« mit dieser Option (Bild 1.8).

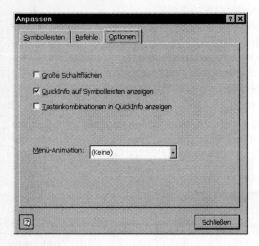

Bild 1.8:
Das Register »Optionen«

Blenden Sie alle verfügbaren Leisten ein, sieht der Bildschirm etwas überfüllt aus. Einige der Leisten werden in einem eigenen Fenster mit Überschrift und Rahmen dargestellt (»unverankerte Leisten«), andere wiederum als »fensterlose« Leisten am unteren oder oberen Rand des Access-Fensters (Bild 1.9).

 Alle Leisten, auch Menüleisten, können Sie frei verschieben: bei unverankerten Leisten klicken Sie wie gewohnt den Fenstertitel an, zum Beispiel »Datenbank«, und ziehen daran. Bei verankerten Leisten ziehen Sie statt dessen am abgebildeten »Griff«, der sich am linken Rand der Symbolleiste befindet.

Positionieren Sie eine Leiste an einem der Fensterränder, wird sie dort als fensterlose verankerte Leiste eingefügt, analog zur »Datenbank«-Leiste.

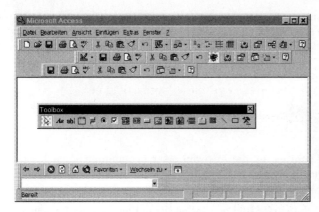

Bild 1.9:
Verankerte und
unverankerte
Symbolleisten

Verschieben Sie eine fensterlose Leiste in die Bildschirmmitte, erhält sie dagegen ihr eigenes Fenster, wird also zur unverankerten Leiste.

Ein Doppelklick auf den »Griff« einer am Fensterrand verankerten Symbolleiste macht daraus eine unverankerte Leiste, die sich mitten auf dem Bildschirm befindet. Analog dazu wird eine unverankerte Symbolleiste per Doppelklick auf den Fenstertitel am Bildschirmrand verankert.

Ist das Access-Fenster zu klein, um eine Symbolleiste darin vollständig darzustellen, fehlen in der Leiste zwangsläufig einige Symbole. Als Hinweis darauf erscheint am rechten Rand der Leiste ein nur schwach sichtbarer Doppelpfeil »>>«. Doppelklicken Sie darauf, wird die Leiste ebenso wie beim Doppelklick auf den »Griff« zu einer »unverankerten« Leiste, die sich auch außerhalb des kleinen Access-Fensters befinden kann, dadurch in voller Größe und mit allen darin enthaltenen Symbolen dargestellt.

Die Größe unverankerter Leisten können Sie durch Anfassen an den Fensterrändern und Ziehen mit der Maus manipulieren: Ziehen Sie am unteren Leistenrand nach unten, wird die Leiste höher und die Symbole über eine zusätzliche Zeile verteilt. Schieben Sie dagegen den unteren Leistenrand nach oben, wird sie niedriger und dafür breiter.

In verschiedenen Fällen, in denen es um die Wahl zwischen mehreren Alternativen geht, wird die meistverwendete durch ein Symbol dargestellt.

Zusätzlich befindet sich jedoch neben dem Symbol ein »Dropdown-Pfeil«. Klicken Sie ihn an, öffnet sich eine »Symbolliste«, die alle Alternativen enthält (Bild 1.10).

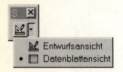

Bild 1.10:
Symbolliste

In diesem Fall geht es um die Auswahl einer bestimmten »Ansicht« für eine Tabelle. Die momentan aktive Ansicht ist in der Liste hervorgehoben, im Beispiel die »Datenblattansicht«.

Klicken Sie auf »Entwurfsansicht«, wird nicht nur diese andere Ansicht aktiviert, sondern zusätzlich das »Vorgabesymbol« neben dem Listenpfeil durch das Symbol für die zuletzt verwendete Ansicht ersetzt, im Beispiel also durch das Symbol für die Datenblattansicht (Bild 1.11).

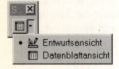

Bild 1.11:
Neues Vorgabesymbol

Um erneut die Datenblattansicht zu aktivieren, genügt daher ein Klick auf das automatisch vorgegebene zugehörige Symbol, und es ist nicht nötig, die Liste zu öffnen.

1.4 Der Office-Assistent

Der »Office-Assistent« ist ein mehr oder weniger intelligenter Helfer, der Ihnen während der Arbeit über die Schulter schaut und Tips oder Warnungen gibt. Haben Sie beispielsweise ein Formular verändert und wollen Sie es schließen, ohne es zuvor gespeichert zu haben, erscheint folgende Warnung (Bild 1.12).

Bild 1.12:
Warnung

Tips zum effizienteren Arbeiten erkennen Sie an einem Aufleuchten einer »Glühbirne« im »Office-Assistent«-Fenster. Klicken Sie darauf, wird Ihnen erklärt, wie Sie die gerade durchgeführte Aktion einfacher ausführen können (Bild 1.13).

Bild 1.13:
Tip

»Zurück« ermöglicht Ihnen, sich die vorhergehenden Tips anzusehen, »Weiter«, wieder zu den neueren Tips zurückzublättern, und »Schließen« schließt das Tipfenster.

Wird Ihnen der Assistent »lästig«, schließen Sie einfach sein Fenster. Wichtige Hinweise und Warnungen wie »Wollen Sie das Formular speichern?« mit »Ja«-, »Nein«- und »Abbrechen«-Schaltflächen erscheinen weiterhin, nun jedoch in der »konservativen« optischen Form, die Sie von anderen Windows-Programmen (und den vorhergehenden Access-Versionen) her gewohnt sind (Bild 1.14).

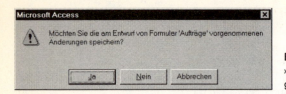

Bild 1.14:
»Konservative« Warnungen

 Durch Anklicken des abgebildeten Symbols oder mit F1 können Sie den Assistenten jederzeit »reaktivieren«. Dabei wird er auch gleich recht »aktiv« und fragt Sie, wobei genau er Ihnen helfen soll (Bild 1.15).

Bild 1.15:
Hilfestellung

Ebenso aktiv wird er übrigens auch, wenn sein Fenster geöffnet ist und Sie darauf klicken oder einfach F1 drücken. In beiden Fällen analysiert er, was Sie vermutlich gerade vorhaben und bietet Ihnen entsprechend eine Reihe mehr oder weniger nützlicher Hilfestellungen dazu an. Interessiert Sie eine davon näher, klicken Sie einfach darauf. Sonst tippen Sie eine umgangssprachliche Frage wie »Wie filtere ich Daten?« oder einfach »Daten filtern« ein und drücken ↵ oder klicken auf »Suchen«.

Anschließend erscheint eine Reihe von dazu passenden Hilfethemen, aus der Sie die gewünschte auswählen; das »Hilfe-Dialogfeld« erscheint und präsentiert einen mehr oder weniger ausführlichen Text zur betreffenden

Aufgabe. Haben Sie ihn gelesen, können Sie das Hilfe-Dialogfeld verkleinern oder schließen, worauf wieder der Office-Assistent erscheint.

Die Option »Tips« im Assistenten-Fenster öffnet übrigens ebenso wie der Befehl »Tips anzeigen« des Kontextmenüs (mit der rechten Maustaste auf das Assistent-Fenster klicken) das Tipfenster. Und »Optionen« schlägt ebenso wie der gleichnamige Befehl des Kontextmenüs das Register »Optionen« des »Office Assistent«-Dialogfelds auf (Bild 1.16).

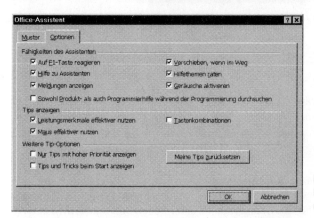

Bild 1.16: Register »Optionen«

Darin können Sie das Verhalten des Assistenten näher festlegen. Zum Beispiel, ob [F1] den Office-Assistenten »aufwecken« oder aber das im folgenden Kapitel erläuterte »konservativere« Hilfe-Dialogfeld öffnen soll (»auf [F1]-Taste reagieren«), welche Arten von Tips angezeigt oder ob aber die Tips »zurückgesetzt«, die Tipliste also »geleert« werden soll (»Meine Tips zurücksetzen«).

Im Register »Muster«, das auch durch den Befehl ASSISTENT AUSWÄHLEN... des Kontextmenüs aufgeschlagen wird, können Sie sich unter verschiedenen Assistenten einen auswählen.

1.5   Datenbanken und Dateien

Erstellen Sie bitte eine neue Datenbank, indem Sie DATEI | NEUE DATENBANK ANLEGEN... wählen oder auf das abgebildete Symbol klicken (Bild 1.17).

Bild 1.17:
Neue Datenbank

Alle Register außer »Allgemein« enthalten Symbole, die stellvertretend für von Microsoft vorbereitete Beispielanwendungen stehen, sogenannte »Datenbankvorlagen«. Beim Erstellen einer neuen Datenbank wird ein »Assistent« aktiviert, der die ausgewählte Vorlage als »Muster« verwendet und Sie Schritt für Schritt durch die Erstellung einer ähnlich aufgebauten neuen Datenbank führt.

Die einzige Ausnahme ist die Vorlage »Leere Datenbank« im Register »Allgemein«. Sie stellt keine Beispielanwendung dar und ruft auch nicht den Assistenten auf. Statt dessen wird bei Wahl dieses Symbols eine »nackte« Datenbank erzeugt, die noch keinerlei Funktionalität besitzt.

Wählen Sie bitte diese Vorlage aus, und klicken Sie auf »OK«. Anschließend will Access wissen, wo und unter welchem Namen die neue Datenbank angelegt werden soll (Bild 1.18).

Im Feld »Dateiname« erscheint der Vorschlag »db1«. Sie können diesen Dateinamen akzeptieren oder einen nahezu beliebigen anderen Namen eingeben und die Datenbank danach mit ⏎ bzw. durch Klicken auf »Anlegen« erstellen lassen.

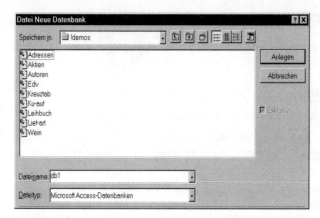

Bild 1.18:
Datei speichern

Windows-95-Dateinamen können aus bis zu 255 Zeichen bestehen, wobei sogar Leerzeichen und andere Sonderzeichen verwendet werden können. »Test 5« ist daher ebenso ein gültiger Name wie »Datenbank von Maier vom 15.4.99«.

Vergeben Sie keine »Erweiterung«, hängt Access an den von Ihnen vorgegebenen Dateinamen automatisch den Zusatz .MDB an, damit Sie auf einen Blick an diesem Zusatz erkennen können, daß es sich bei der betreffenden Datei um eine Access-Datei handelt. Geben Sie »TEST« ein, wird Ihre Datei entsprechend unter dem Namen TEST.MDB gespeichert.

Wo eine Datenbank gespeichert wird, sehen Sie im oberen geschlossenen Listenfeld »Speichern in«. »(C:)« bedeutet beispielsweise, daß die Datei auf Laufwerk C: gespeichert wird, der Festplatte Ihres Rechners.

Öffnen Sie dieses Listenfeld, können Sie statt des vorgegebenen ein beliebiges anderes Laufwerk Ihres Rechners oder eines anderen damit über ein Netzwerk verbundenen Rechners auswählen (Bild 1.19).

Im großen Listenfeld wird immer der Inhalt des aktuellen Ordners (=Verzeichnis) des Laufwerks angezeigt. Oft enthält dieser Ordner nicht nur Dateien, sondern selbst wieder Ordner – praktisch »Unterordner« oder »Unterverzeichnisse«, die ebenfalls Dateien (und »Unterunterordner«) enthalten.

Bild 1.19:
Laufwerk für
Speicherung
wählen

In jedem Fall genügt ein Doppelklick auf das betreffende Symbol, um »in« den betreffenden Ordner zu wechseln und seinen Inhalt anzuzeigen; beispielsweise vom Ordner MSOFFICE der Festplatte C: (Pfad C:\MSOFFICE) zum darin enthaltenen Ordner ACCESS (Pfad C:\MSOFFICE\ACCESS).

 Umgekehrt kommen Sie durch Anklicken des abgebildeten Symbols wieder zur nächsthöheren Ordnerebene, beispielsweise vom Ordner DEMOS zum Ordner ACCESS, in dem er enthalten ist.

Alternativ zu diesem interaktiven Festlegen von Laufwerk und Ordner können Sie beides auch direkt zusammen mit dem Dateinamen im Feld »Dateiname« eintippen. Die Eingabe »c:\demos\test« würde die neue Datenbank unter dem Namen TEST.MDB im Ordner DEMOS von Laufwerk C: anlegen.

Im Listenfeld »Dateityp« haben Sie die Wahl unter verschiedenen Dateiformaten. Lassen Sie bitte »Microsoft Access-Datenbanken« selektiert, da Sie nun ja tatsächlich eine Datenbank speichern wollen.

Mehrere Symbole am oberen Rand des Dialogfelds erleichtern den Umgang mit Dateien und Ordnern:

 Aktiviert wie erläutert den jeweils übergeordneten Ordner.

Diese Schaltfläche ermöglicht den schnellen Zugriff auf jene Ordner, in denen Sie Ihre Datenbanken üblicherweise speichern, da nach dem Anklicken nur die von Ihnen »favorisierten« Ordner und Dateien angezeigt werden. Wie Sie diese definieren, erläutere ich im Kapitel über das Öffnen von Datenbanken.

 Öffnet ein Dialogfeld, in dem Sie im momentan aktuellen Ordner einen neuen Ordner anlegen können.

 Zeigt Dateien/Ordner entsprechend der vorhergehenden Abbildung als »Liste« an.

 Zeigt statt dessen »Details« an: Außer den Namen von Dateien/Ordnern wird in Form mehrerer Spalten auch die jeweilige Dateigröße, die Dateiart und das Datum der letzten Veränderung angezeigt.

 Zeigt die wichtigsten Dateieigenschaften an (Name des Autors, Dateigröße, Erstellungsdatum etc.).

 Öffnet ein Menü, mit dessen Befehlen Sie die Dateieigenschaften einsehen können, die Sortierung der Liste festlegen (ob nach Dateiname, Dateigröße etc. sortiert wird) und Verbindungen zu Netzwerklaufwerken herstellen können (»Mappen« von Netzlaufwerken unter Buchstaben wie F:, G: etc.).

 Selektieren Sie eine Datei oder einen Ordner, und klicken Sie erneut darauf, können Sie den Datei-/Ordnernamen anschließend ändern. Klicken Sie mit der rechten Maustaste auf eine Datei oder einen Ordner, erscheint ein Kontextmenü, das unter anderem Befehle zum Löschen und zum Kopieren enthält.

Nach dem Anlegen einer Datenbank können Sie mit dem Befehl DATEI | DATENBANKEIGENSCHAFTEN verschiedene Eigenschaften dieser Datenbank einsehen bzw. verändern (Bild 1.20).

Bild 1.20:
Datenbankeigenschaften

Informationen, die Sie in den einzelnen Feldern des abgebildeten Registers »Datei-Info« eingeben, werden zusammen mit der Datenbank gespeichert.

Die Register »Allgemein« und »Statistik« enthalten beide Informationen wie zum Beispiel die Größe der Datenbank, ihren Typ, das Datum, an dem sie zuletzt verändert oder ausgedruckt wurde und so weiter. Das Register »Inhalt« enthält die Namen aller in der Datenbank enthaltenen Objekte. Das Register »Anpassen« ermöglicht die Festlegung »benutzerdefinierter Dateieigenschaften«.

Ganz unten im Menü DATEI werden die Namen der zuletzt benutzten Datenbanken angezeigt. Klicken Sie einen an, öffnet Access die betreffende Datenbank – und schließt gleichzeitig die momentan geöffnete, da nur eine Datenbank gleichzeitig geöffnet sein kann (Bild 1.21).

Bild 1.21:
Zuletzt bearbeitete Dateien

Allerdings funktioniert diese Art des Öffnens nur mit den zuletzt verwendeten Datenbanken. Wesentlich allgemeiner ist der Befehl DATEI | DATENBANK ÖFFNEN... bzw. das Anklicken des zugehörigen Symbols (Bild 1.22).

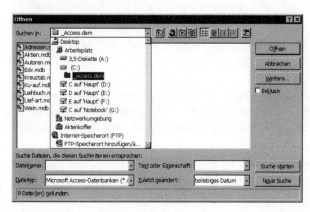

Bild 1.22:
Datei öffnen

Unter »Suchen in« selektieren Sie das Sie interessierende lokale oder Netzwerklaufwerk.

Sein Inhalt wird im Listenfeld darunter angezeigt, in dem Sie sich anschließend mit Doppelklicks auf die darin enthaltenen Ordner bis zu jenem vortasten, in dem sich die interessierende Datenbank befindet (mit dem Symbol ganz links in der Symbolleiste tasten Sie sich wie zuvor erwähnt genau umgekehrt wieder schrittweise »nach oben«).

Selektieren Sie eine Datei per einfachem Klick, wird (falls möglich, zum Beispiel oft bei Excel-Dateien) rechts daneben ihr Inhalt auszugsweise dargestellt, falls das in Kürze erläuterte »Vorschau«-Symbol aktiviert ist. Anklicken von »Öffnen« oder ein Doppelklick auf eine Datenbank öffnet sie.

Unterhalb des großen Listenfelds befinden sich mehrere Felder, in denen Sie »Suchkriterien« festlegen können. Die Schaltfläche »Suche starten« startet die Suche nach Dateien, die den betreffenden Kriterien entsprechen. »Neue Suche« stellt dagegen den Ausgangszustand wieder her.

Dieser Ausgangszustand besteht aus einem einzigen Suchkriterium, dem Eintrag »Microsoft Access-Datenbanken« im Feld »Dateityp«. Dieses Kriterium führt dazu, daß nur Access-Dateien angezeigt werden, das heißt Dateien, die die von Access verwendete Datenbank-Endung MDB besitzen.

Statt dessen können Sie jedoch im Listenfeld »Dateityp« eine beliebige andere »Selektionsmaske« auswählen, beispielsweise »Alle Dateien«, um alle Dateien anzeigen zu lassen.

Alternativ dazu können Sie im Feld »Dateiname« eine Selektionsmaske eintippen. »*.XL*« zeigt beispielsweise ausschließlich Excel-Dateien an, das heißt Dateien, bei denen die ersten beiden Buchstaben der Erweiterung XL lauten. »*.TXT« würde nur Dateien mit der Endung .TXT anzeigen, und »*.« alle Dateien ohne Endung.

Zusätzlich können Sie auch den »Suchpfad« eintippen. Beispielsweise zeigt

```
C:\ACCESS\DATEN\TEST.*
```

nur Dateien an, die den Namen TEST und eine beliebige Erweiterung besitzen und sich im Ordner ACCESS\DATEN von Laufwerk C: befinden. Und

`C:\ACCESS\DATEN\TEST.MDB`

würde nur die Datei TEST.MDB dieses Ordners anzeigen.

Sie können auch den Namen eines Verzeichnisses eingeben, in dem Sie Ihre Datei vermuten, zum Beispiel C:\ACCESS\DATEN. Dann zeigt Ihnen Access alle Dateien dieses Verzeichnisses, die der aktuellen Selektionsmaske entsprechen.

Die Eingabe eines Pfades und einer Maske können Sie auch kombinieren und sich zum Beispiel mit »c:\access\daten*.*« alle Dateien dieses Verzeichnisses zeigen lassen.

Unter »Zuletzt geändert« können Sie Dateien anhand des letzten »Veränderungsdatums« auswählen. Beispielsweise läßt sich festlegen, daß nur Dateien angezeigt werden, die »diese Woche« zuletzt verändert wurden, oder nur Dateien, die »letzten Monat« zuletzt verändert wurden.

Unter »Text oder Eigenschaft« können Sie einen Text angeben, beispielsweise »Umsatzdatenbank«. Dann werden nur Dateien angezeigt, die diesen Text enthalten. Access merkt sich Ihre Eingabe, so daß Sie zur erneuten Suche nach dem gleichen Text nur noch das Listenfeld öffnen und diesen nun darin enthaltenen Text darin auswählen müssen.

Statt eines zu suchenden Textes können Sie jedoch auch nach dem »Wert einer Dateieigenschaft« suchen. Definierten Sie im »Dateieigenschaften«-Dialogfeld beispielsweise die Eigenschaft »Kunde« und geben Sie für jede gespeicherte Datenbank den zugehörigen Kundennamen an, können Sie im Feld »Text oder Eigenschaft« beispielsweise »Maier« eingeben, um nur Dateien anzeigen zu lassen, die im Zusammenhang mit dem Kunden »Maier« erstellt wurden.

Aktivieren Sie »Exklusiv«, können anschließend keine anderen Benutzer auf die Datenbank zugreifen, solange Sie damit arbeiten. Erst nachdem Sie die Datenbank schließen, wird diese »Aussperrung« anderer Benutzer wieder aufgehoben.

Das »Öffnen«-Dialogfeld enthält die zuvor beim Speichern beschriebenen und folgende zusätzlichen Symbole:

 Dieses Symbol aktiviert die Dateivorschau, die das Listenfeld teilt und in der rechten Hälfte einen Ausschnitt aus der gerade selektierten Datei anzeigt (nur bei wenigen Dateiarten möglich, zum Beispiel bei Excel-Dateien, wenn beim Speichern das Kontrollkästchen »Vorschaugrafik aktiviert« war, das sich im Register »Datei-Info« des »Eigenschaften«-Dialogfelds von Excel befindet).

 Mit diesem Symbol geben Sie Ihre »favorisierten« Ordner und Dateien bekannt, das heißt jene Ordner, in denen Sie Ihre Datenbanken vorwiegend speichern, und jene Datenbanken, die Sie am häufigsten benötigen.

Klicken Sie auf das Symbol, öffnet sich ein Menü mit zwei Befehlen: »[Name] zu Favoriten hinzufügen« und »Markiertes Element zu Favoriten hinzufügen«. Der einzige Unterschied ist, daß sich der erste Befehl auf das im oberen geschlossenen Listenfeld selektierte Objekt, beispielsweise auf ein Laufwerk wie C: oder einen Ordner wie auf C:\DEMOS, der zweite Befehl dagegen auf das momentan im großen Listenfeld selektierte Objekt, beispielsweise ebenfalls den Ordner C:\DEMOS oder aber auf eine darin enthaltene Datei wie TEST.MDB.

In jedem Fall fügt der betreffende Befehl in den Ordner FAVORITEN, der sich in Ihrem Windows-Verzeichnis befindet, eine Verknüpfung mit jenem Objekt ein, die mit Hilfe des nachfolgend beschriebenen Symbols zum schnellen Zugriff auf das Objekt benutzt werden kann.

Übrigens wird im Ordner FAVORITEN ein Eintrag automatisch vorgegeben: eine Verknüpfung mit Ihrem »Standarddatenbankverzeichnis«; normalerweise ist das der Ordner »Eigene Dateien«. Im Register »Allgemein« des Befehls EXTRAS I OPTIONEN... können Sie diese Vorgabe jedoch ändern.

 Dieses Symbol ermöglicht den schnellen Zugriff auf häufig benutzte Ordner und Dateien. Klicken Sie darauf, wird der Inhalt des Ordners FAVORITEN angezeigt, der die mit dem zuvor beschriebenen Symbol von Ihnen darin abgelegten Verknüpfungen enthält.

Doppelklicken Sie auf eine Verknüpfung mit einer Datenbank, wird die betreffende Datei geöffnet. Doppelklicken Sie auf eine Verknüpfung mit einem Ordner, wird der betreffende Ordner geöffnet und Sie können darin die zu öffnende Datenbank auswählen.

 Darüber hinaus enthält das vom abgebildeten Symbol geöffnete Menü einige zusätzliche Befehle gegenüber dem gleichen Symbol im »Speichern«-Dialogfeld. Und zwar Befehle zum

▦ schreibgeschützten Öffnen einer Datei

▦ Ausdrucken der Datei

▦ Einsehen der Dateieigenschaften

▦ Anzeigen von Unterordnern und den darin enthaltenen Dateien (erneute Wahl des Befehls deaktiviert diese Darstellungsform wieder).

▦ und zum anschließenden optisch sehr übersichtlichen »Gruppieren« der Ordner: je »tiefer« sich ein Ordner in der »Ordnerhierarchie« befindet, um so weiter wird er anschließend eingerückt. Eine erneute Wahl des Befehls deaktiviert die Gruppierung wieder.

Die Schaltfläche »Weitere...« öffnet ein Dialogfeld, in dem Sie sehr detailliert festlegen können, welche Dateien angezeigt werden sollen (Bild 1.23).

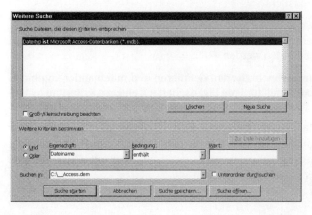

Bild 1.23:
Dateisuche

Zur Definition der Kriterien, die die anzuzeigenden Dateien erfüllen müssen, verwenden Sie vor allem die Felder »Eigenschaft«, »Bedingung« und »Wert«.

Zunächst selektieren Sie im Feld »Eigenschaft«, um welche Dateieigenschaft es beim aktuellen Suchkriterium geht, um den Dateinamen, den Firmennamen, das Erstellungsdatum der Datei, die Seitenanzahl etc.

Anschließend wählen Sie im Feld »Bedingung« eine Vergleichsbedingung für dieses Kriterium und geben danach im Feld »Wert« den Vergleichswert ein.

Angenommen, Sie suchen alle Dateien, deren Dateiname unter anderem die Zeichenkette »test« enthält (»Testen«, »Ein Test«, »Test5.mdb« etc.). Dazu wählen Sie unter »Eigenschaft« das Kriterium »Dateiname«, unter »Bedingung« die Vergleichsbedingung »enthält«, und geben im Feld »Wert« den Vergleichswert »test« ein.

Danach klicken Sie auf »Zur Liste hinzufügen«, um diese Suchbedingung in die Kriterienliste einzufügen.

Nachdem die Definition einer Suchbedingung damit abgeschlossen ist, können Sie unter »Suchen in« angeben, welcher Ordner durchsucht werden soll. Aktivieren Sie das Kontrollkästchen »Unterordner durchsuchen«, werden zusätzlich auch alle darin enthaltenen Ordner nach den betreffenden Dateien durchsucht.

»Suche starten« startet die Suche. Das vorhergehende »Öffnen«-Dialogfeld erscheint wieder und zeigt nun jene Dateien an, die mit dem verwendeten Suchkriterium gefunden werden.

Sie können mehrere Suchkriterien definieren und miteinander kombinieren, um so im Extremfall für jede Eigenschaft ein eigenes Kriterium festzulegen.

Nachdem Sie ein weiteres Kriterium definiert haben und bevor Sie es mit »Zur Liste hinzufügen« zusätzlich in die Kriterienliste aufnehmen, müssen Sie sich allerdings entscheiden, ob es mit »Und« oder mit »Oder« mit den restlichen Kriterien verknüpft werden soll.

»Und« bedeutet, daß nur Dateien gefunden werden, die diesem und den anderen Kriterien genügen, »Oder«, daß Dateien gefunden werden, die diesem oder den anderen Kriterien genügen oder gar beide erfüllen.

Aktivieren Sie »Groß/Kleinschreibung beachten«, wird bei der Prüfung des Vergleichskriteriums (z. B. einer Zeichenkette, die im Dateinamen enthalten sein soll), zwischen Groß- und Kleinschreibung unterschieden. Die Datei »Brief an Maier« wird also nicht gefunden, wenn im Dateinamen der Wert »brief« enthalten sein soll.

»Neue Suche« löscht die gesamte bisher definierte Kriterienliste und stellt den Ausgangszustand wieder her (Vorgabe der Anzeige von Access-Datenbanken als einziges Kriterium).

»Löschen« entfernt die momentan in der Kriterienliste selektierte Bedingung wieder daraus.

»Suche speichern...« öffnet ein Dialogfeld, in dem Sie den aktuellen Sucheinstellungen einen Namen geben können, unter dem sie gespeichert werden.

»Suche öffnen...« öffnet entsprechend eine Liste aller bisher von Ihnen gespeicherten Sucheinstellungen, und Sie können daraus jene auswählen, die Sie momentan verwenden wollen.

1.6 Assistenten

Access enthält eine Vielzahl von »Assistenten«, die ihnen helfen sollen. Beispielsweise einen Tabellen-Assistenten, der das Erzeugen neuer Tabellen erleichtert, einen Assistenten zur Erstellung neuer Auswahlabfragen, einen entsprechenden Formular-Assistenten und so weiter.

Alle Assistenten verfügen über die gleichen »Bedienungselemente«: über Listenfelder, in denen Sie die gewünschten Elemente auswählen und über immer gleiche Schaltflächen, mit denen Sie den Assistenten »steuern«.

Sie können das beispielsweise mit einer der Access-Demodatenbanken ausprobieren. Öffnen Sie eine davon, aktivieren Sie danach im Datenbankfenster das Register »Abfragen«, und klicken Sie auf die Schaltfläche »Neu«. Folgendes Dialogfeld erscheint (Bild 1.24).

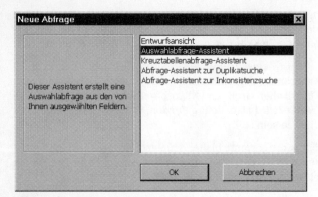

Bild 1.24:
Neue Abfrage
erstellen

Wählen Sie darin »Auswahlabfrage-Assistent«, und klicken Sie auf »OK«.
(Bild 1.25).

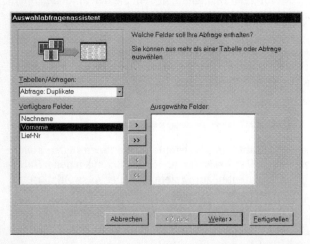

Bild 1.25:
Auswahlabfrage-
Assistent

Die beiden großen Listenfelder und die Schaltflächen darunter sind typisch für alle Assistenten, mit denen neue Objekte erstellt werden. Das zu erzeugende Objekt enthält üblicherweise verschiedene Elemente. Im linken Listenfeld sind immer alle momentan verfügbaren Elemente aufgelistet. Um eines davon in das neue Objekt einzufügen, wählen Sie es durch Anklicken aus und verschieben es mit der Schaltfläche »>« in das rechte Listenfeld (Bild 1.26).

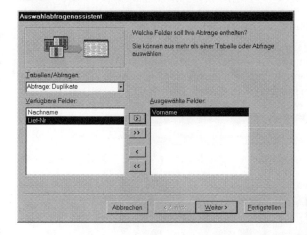

Bild 1.26:
Element auswählen

Mit »<« können Sie genau umgekehrt ein in das rechte Listenfeld verschobenes Element wieder in das linke Listenfeld befördern.

Beide Schaltflächen beziehen sich immer auf das durch Anklicken ausgewählte Element – im Gegensatz zu folgenden Schaltflächen:

»>>« verschiebt alle im linken Listenfeld vorhandenen Elemente in das rechte Listenfeld.

»<<« verschiebt alle im rechten Listenfeld enthaltenen Elemente wieder in das linke Listenfeld und stellt damit den Ausgangszustand wieder her.

Sind Sie mit der Auswahl der Elemente fertig, die in das neue Objekt eingefügt werden sollen, kommen die Schaltflächen am unteren Rand des Dialogfelds zum Zug:

▨ »Abbrechen«: Macht den gesamten Vorgang rückgängig und schließt das Dialogfeld.

▨ »< Zurück«: Kehrt zum vorhergehenden Schritt zurück und ist momentan nicht verfügbar, da dies noch der erste Schritt ist.

▓ »Weiter >«: Leitet den nächsten Schritt der Objekterzeugung ein.

▓ »Fertigstellen«: Beendet die Objekterzeugung. Ist der aktuelle Schritt noch nicht der letzte, werden dabei alle folgenden Schritte übergangen und für diese ausgelassenen Schritte einfach die zugehörigen Standardeinstellungen verwendet.

Normalerweise klicken Sie also immer auf »Weiter >«, um den nächsten Schritt einzuleiten und im letzten Schritt (dann ist »Weiter >« abgeblendet, also nicht wählbar) auf »Fertigstellen«. Angewandt auf das Beispiel führt »Weiter >« zu folgendem Dialogfeld (Bild 1.27).

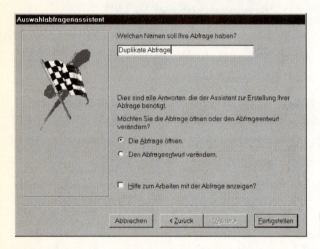

Bild 1.27:
Letzter Schritt

In diesem Fall ist die Objekterzeugung bereits mit diesem zweiten Schritt beendet. Sie müssen der neuen Abfrage nur noch einen Namen geben, wählen, in welchem Modus die neue Abfrage geöffnet werden soll, und auf »Fertigstellen« klicken.

1.7 Access individuell anpassen

Der Befehl EXTRAS | OPTIONEN... öffnet ein Dialogfeld mit einer Vielzahl von Registern.

Im Register »Tastatur« legen Sie fest, wie sich der Cursor bei der Eingabe oder Änderung von Datensätzen verhalten soll. Ob er beim Drücken der Taste ⏎ automatisch wie vorgegeben zum nächsten Datensatzfeld springen soll oder statt dessen zum nächsten Datensatz bzw. ob er bleiben soll, wo er gerade ist (Bild 1.28).

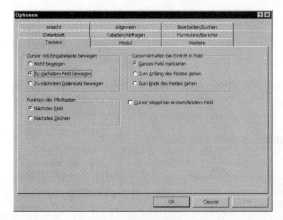

Bild 1.28:
Das Register »Tastatur«

Sie bestimmen, ob bei der Aktivierung eines Datensatzfeldes automatisch der gesamte Feldinhalt selektiert sein soll, oder ob der Cursor auf den Anfang bzw. das Ende des Felds gesetzt wird.

Im Register »Ansicht« legen Sie fest, welche Elemente und Objekte sichtbar sein sollen (Bild 1.29).

Interessant ist vor allem die Einblendung der »Systemobjekte«. Jede Datenbank enthält solche »Systemobjekte«. Dabei handelt es sich um Tabellen, die meist mit **MSys...** beginnen und in denen Access verschiedenste Informationen über die in der betreffenden Datenbank enthaltenen Objekte speichert. Diese Tabellen sind allerdings nur nützlich für Sie, wenn Sie sich mit Recht als »Access-Spezialisten« bezeichnen können.

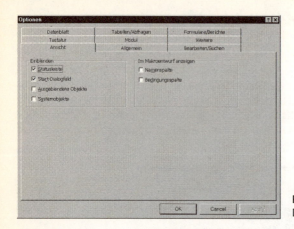

Bild 1.29:
Das Register »Ansicht«

Im Register »Allgemein« legen Sie unter anderem die Randeinstellungen fest, die beim Ausdruck eines Objekts wie beispielsweise eines Berichts, einer Tabelle oder eines Formulars verwendet werden (Bild 1.30).

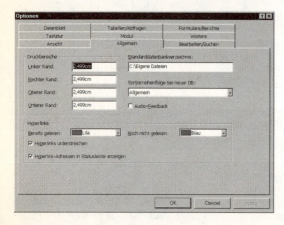

Bild 1.30:
Das Register »Allge-
mein«

Unter »Standarddatenbankverzeichnis« können Sie einen Pfad zu einem beliebigen Ordner wie C:\DATEIEN eintippen, in dem sie Ihre Datenbanken meist speichern wollen. Dieser Ordner wird dann beim Anlegen neuer

Datenbanken zunächst automatisch vorgegeben (fehlt dieser Eintrag, wird statt dessen der Ordner »Eigene Dateien« vorgegeben).

»Sortierreihenfolge bei neuer DB« legt die Sortierreihenfolge für neu angelegte Datenbanken fest (die Sortierreihenfolge bereits bestehender Datenbanken wird dadurch nicht verändert).

Im Abschnitt »Hyperlinks« bestimmen Sie die Anzeige von »Hyperlinks«: die Farbe (separat für Hyperlinks, zu denen bereits »gesprungen« wurde und für Hyperlinks, zu denen noch kein Sprung erfolgte), und, ob sie unterstrichen und die zugehörigen Adressen in der Statuszeile angezeigt werden sollen.

Das Register »Bearbeiten/Suchen« legt fest, wie sich Access beim Ändern und beim Suchen von Daten verhalten soll (Bild 1.31).

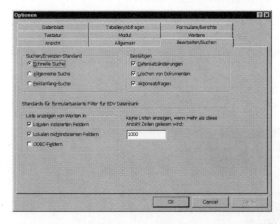

Bild 1.31:
Das Register »Bearbeiten/Suchen«

Beispielsweise bestimmen Sie hier, ob vor Änderungen oder Löschvorgängen Dialogfelder eingeblendet werden, in denen Sie die Änderung/Löschung zuvor bestätigen müssen, oder, welche Suchmethode standardmäßig verwendet wird.

Das Register »Datenblatt« legt die Optik von Datenblättern fest, die Art und Weise, in der Tabellen angezeigt werden (Bild 1.32).

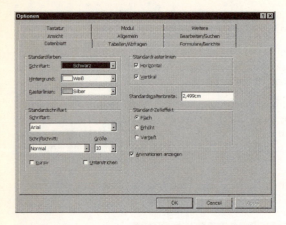

Bild 1.32:
Das Register »Datenblatt«

Sie können darin die Farbe verschiedener Bildschirmelemente wie des Hintergrunds oder der Gitternetzlinien festlegen, die für Texte verwendete Schriftart und Farbe, die Anzeige der Rasterlinien aktivieren oder deaktivieren und so weiter.

Das Register »Tabellen/Abfragen« ist für einige vorgegebene Eigenschaften sowohl von Tabellen als auch von Abfragen zuständig (Bild 1.33).

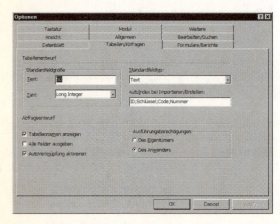

Bild 1.33:
Das Register »Tabellen/Abfragen«

Sie legen darin unter anderem fest, welchen Typ neue Tabellenfelder erhalten. Ob ein neu angelegtes Feld beispielsweise zunächst ein numerisches oder ein Textfeld ist, und welchen Datentyp das numerische Feld besitzt bzw. wie lang das Textfeld ist.

Das Register »Formulare/Berichte« ist für ähnliche Vorgaben bei Formularen und Abfragen zuständig (Bild 1.34).

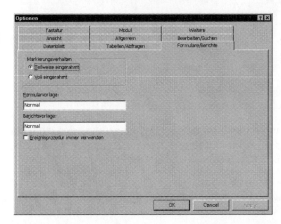

Bild 1.34:
Das Register »Formulare/Berichte«

Besonders interessant sind die beiden Felder »Formularvorlage« und »Berichtsvorlage«. Darin können Sie den Namen eines in der aktuellen Datenbank vorhandenen Formulars bzw. Berichts angeben, der bei der Erstellung neuer leerer Formulare/Berichte als »Vorlage« verwendet wird. Das neue Objekt übernimmt dadurch automatisch wesentliche Eigenschaften der Vorlage.

Im Register »Modul« definieren Sie Vorgaben für VBA-Module (Bild 1.35).

Sie bestimmen, in welcher Schriftart und -größe Ihr Programmtext angezeigt wird und legen unterschiedliche Farben für verschiedene Bildschirmelemente fest, beispielsweise für Kommentare die Farbe rot und für Haltepunkte die Farbe gelb.

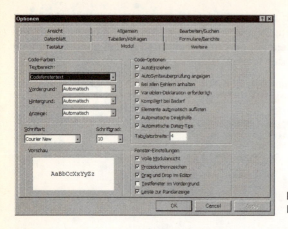

Bild 1.35:
Das Register »Modul«

Sie aktivieren/deaktivieren die automatische Syntaxprüfung des eingegebenen Programmtexts oder die automatische Einrückung von Text, der sich in umgebenden »Blöcken« befindet und so weiter.

Das Register »Weitere« enthält verschiedene Einstellungen, die sich vor allem auf den Umgang mit verschiedenen Typen »externer Verknüpfungen« beziehen (Bild 1.36).

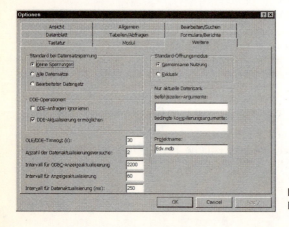

Bild 1.36:
Das Register »Weitere«

Sie können hier unter anderem festlegen, wie oft versucht wird, Verknüpfungen zu aktualisieren, in welchen Zeitabständen und nach welcher Zeitspanne eine Fehlermeldung erscheint, wenn eine OLE-/DDE-Verbindung nicht aktualisiert werden kann.

2

Die Access-Objekte

Access kennt verschiedene Arten von Objekten, mit denen immer wieder die gleichen Operationen durchgeführt werden. Sie werden beispielsweise Tabellen, Formulare und Berichte speichern, öffnen, sie sich in der Seitenansicht anschauen und ausdrucken.

Da es sowohl für Sie als auch für mich selbst recht langweilig wäre, bei der Erläuterung jedes Objekts all diese Grundoperationen jedesmal neu zu erklären, gehe ich anders vor:

1. Ich erläutere zunächst die Eigenschaften der wichtigsten Access-Objekte, anschließend

2. die Ausführung der verschiedenen Grundoperationen wie »Speichern«, die Sie dann auf die verschiedensten Objekttypen anwenden können.

2.1 Objekttypen und Ansichten

Das wichtigste Objekt eines Datenbanksystems wie Access ist eine »Tabelle«. Außer Tabellen verfügt Access jedoch über weitere Objekte, die den Umgang mit der Datenbank erleichtern. Insgesamt stehen Ihnen folgende Objekte zur Verfügung:

Tabellen: Eine Sammlung von Daten einer Kategorie, zum Beispiel Personaldaten oder Adressen. Tabellen sind in Zeilen und Spalten unterteilt, wobei jede Zeile einer Tabelle genau einen aus mehreren »Feldern« bestehenden »Datensatz« enthält, beispielsweise alle verfügbaren Einzelinformationen über Herrn Müller (Vorname, Adresse, Telefonnummer etc.), die in den verschiedenen Spalten der betreffenden Zeile enthalten sind.

Mehrere Datensätze zusammen bilden eine Datei, im Beispiel eine Adreßdatei. Eine solche Datei wird in einem relationalen Datenbanksystem
(RDBMS = Relational Database Management System) wie Access eine »Tabelle« genannt.

Die folgende Abbildung zeigt beispielsweise eine Tabelle »Kunden« mit
Kundenadressen und eine Tabelle »Aufträge«, die von diesen Kunden erteilte Aufträge enthält (Bild 2.1).

Ku-Nr	Nachname	Vorname	Straße	Plz	Ort	Telefon	Fax	Rabatt
1	Krause	Gerhard	Adolf-Damaschke-Ring 23	70000	Stuttgart	070/837326	070/836378	6,00%
2	Renner	Christa	Rheinstr. 25	80000	München	089/983737	089/837378	3,00%
3	Baloui	Hans	Schmale Gasse 5	23900	Flensburg	024/843738	024/837368	0,00%
4	Spießbauch	Werner	Dürerring 12	67100	Frankenthal	06231/93739	06231/93837	5,00%
5	Renner	Otto	Ginsterweg 1	67300	Neustadt	0634/83736	0634/83732	8,00%
6	Maierbach	Eileen	Wacholderweg 10	60000	Frankfurt	069/93732	069/83737	3,00%
7	Schlaak	Willi	Maistr.6	80000	München	089/93837	089/837837	7,00%
(oWert)				00000				0,00%

Re-Nr	Ku-Nr	Auftragsdatum	Rechnungsdatum	Zahlungseingang
1	6	11. Jan. 99	22. Jan. 99	02. Feb. 99
2	2	14. Jan. 99	27. Jan. 99	04. Feb. 99
4	1	15. Feb. 99	15. Feb. 99	
5	7	15. Feb. 99	17. Feb. 99	21. Feb. 99
7	3	01. Jan. 99	02. Jan. 99	
8	2	20. Feb. 99	22. Feb. 99	
(oWert)	0			

Bild 2.1:
Kundentabelle
und zugehörige
Auftragstabelle

Eine Datenbank wiederum enthält mindestens eine, meist jedoch mehrere
solcher Tabellen, zum Beispiel eine Adreßdatei, eine Kundendatei, eine
Auftragsdatei etc.

Abfragen: Abfragen stellen eine Art »eingeschränkte Sicht« auf eine Tabelle »durch ein Fenster« (einen »Filter«) dar. Eine Abfrage zeigt prinzipiell
die gleichen Daten an, die sich auch in der zugrundeliegenden Tabelle befinden. Sie können die in einer Abfrage angezeigten Daten dort ebenso wie
in der Tabelle selbst bearbeiten. Der entscheidende Unterschied: Sie können selbst definieren, welche Daten Sie sehen wollen; beispielsweise statt
aller in der Kundentabelle enthaltenen Daten nur die Daten der Kunden
im Raum München oder jener Kunden, die ihre Rechnungen noch nicht
vollständig bezahlt haben.

Zusätzlich können Abfragen sehr leicht »tabellenübergreifend« gestaltet
werden. Befinden sich in der Tabelle »Kunden« die Daten Ihrer Kunden
und in der Tabelle »Aufträge« die Produkte, die diese Kunden bei Ihnen be-

stellen, können Sie eine Abfrage entwerfen, die Ihre Kunden zusammen mit Informationen über die von ihnen erteilten Aufträge anzeigt (Bild 2.2).

Nachname	Vorname	Auftragsdatum	Rechnungsdatum
Baloui	Hans	01. Jan. 99	02. Jan. 99
Krause	Gerhard	15. Feb. 99	15. Feb. 99
Maierbach	Eileen	11. Jan. 99	22. Jan. 99
Renner	Christa	20. Feb. 99	22. Feb. 99
Renner	Christa	14. Jan. 99	27. Jan. 99
Schlaak	Willi	15. Feb. 99	17. Feb. 99

Datensatz: 2 von 6

Bild 2.2:
Abfrage

Formulare: Formulare basieren auf Tabellen oder auf Abfragen und zeigen die darin enthaltenen Daten an. Allerdings auf eine völlig andere Art und Weise: Die optisch recht primitiven Tabellen und Abfragen entsprechen »Listen«. Formulare entsprechen eher »Karteikarten« und zeigen wie diese meist nur einen einzigen Datensatz an.

Diese »Karteikarte« können Sie nach allen Regeln der Kunst gestalten, beispielsweise mit zusätzlichen Kopf- und Fußzeilen, oder durch das Unterstreichen oder Umrahmen bestimmter Elemente (Bild 2.3).

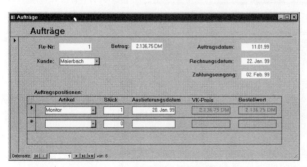

Bild 2.3:
Formular

Individuell gestaltete Formulare erleichtern die Eingabe und Änderung von Daten für Anwender, die nicht gerade Access-Spezialisten sind. Zusätzlich können Formulare (Abfragen allerdings ebenfalls) berechnete Felder enthalten, die sich aus dem Inhalt mehrerer anderer Felder zusammensetzen. Zum Beispiel ein Feld »Bestellwert«, das sich aus dem Inhalt des Felds »VK-Preis«, multipliziert mit dem Inhalt des Felds »Stück« einer Tabelle, ergibt.

Analog zu Abfragen können Sie Formulare erstellen, die Felder aus mehreren miteinander verknüpften Tabellen in einem einzigen Formular anzeigen.

Berichte: Berichte basieren wie Formulare auf Tabellen oder Abfragen und ermöglichen ebenfalls die optisch ansprechende Gestaltung der darin enthaltenen Daten. Allerdings können die angezeigten Daten im Unterschied zu Formularen in einem Bericht nicht bearbeitet, sondern nur ausgedruckt werden!

Ein Bericht ist praktisch eine auf den Ausdruck spezialisierte Formularvariante, die bezüglich attraktiver Druckergebnisse wesentlich mehr Möglichkeiten als ein Formular bietet. Außer Kopf- und Fußzeilen können Sie Umschlagseiten gestalten, die ausgedruckten Blätter numerieren, und verschiedene Arten des Ausdrucks festlegen, beispielsweise den Druck von Etiketten. Zusätzlich sind in Berichte Auswertungsmöglichkeiten wie die Ermittlung von Summen »eingebaut« (Bild 2.4).

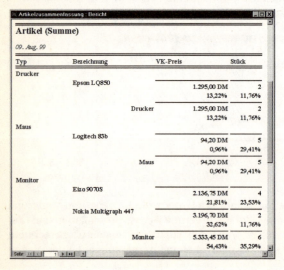

Bild 2.4:
Bericht

Makros: Makros werden zur Automatisierung häufig benötigter Aktionen verwendet. Sie könnten beispielsweise in ein Formular eine Schaltfläche mit der Beschriftung »Ausdrucken« einfügen und ihr ein Makro »zuordnen«, das beim Klicken auf diese Schaltfläche den im Formular momentan angezeigten Datensatz ausdruckt.

Module: Access enthält eine eigene Programmiersprache zum Lösen spezieller Datenbankprobleme. Mit dieser Sprache erstellen Sie »Prozeduren« und »Funktionen«, kleine Code-Einheiten für spezifische Aufgaben.

Tabellen, Abfragen, Formulare und Berichte können – im Gegensatz zu Makros und Modulen – auf verschiedene Art und Weise auf dem Bildschirm dargestellt werden, in unterschiedlichen »Ansichten«.

In der »Datenblattansicht« werden die in Tabellen, Abfragen und Formularen enthaltenen Daten entsprechend Abbildung 2.1 angezeigt: Die im Objekt »enthaltenen« Daten werden als Tabelle mit Zeilen und Spalten dargestellt, wobei jede Zeile einem Datensatz und jede Spalte einem Feld entspricht.

Zusätzlich können alle Objekte in der »Entwurfsansicht« dargestellt werden. Darin werden nicht die im Objekt enthaltenen Daten angezeigt, sondern seine Struktur, sein »Aufbau«, den Sie nun verändern können. Beispielsweise, um bei Tabellen festzulegen, aus welchen Feldern ein Datensatz bestehen soll und welche Daten die einzelnen Felder aufnehmen sollen, beispielsweise Zahlen, Zeichen oder eine Uhrzeit (Bild 2.5).

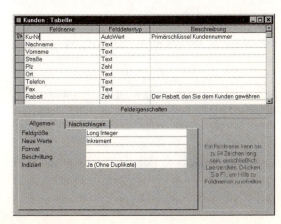

Bild 2.5:
Kundentabelle im
Entwurfsmodus

Bei Abfragen definieren Sie in der Entwurfsansicht, welche Daten die Abfrage enthalten soll, nach welchem Feld diese Daten sortiert sein sollen und so weiter.

Bei Formularen gestalten Sie im Entwurfsmodus die Optik des Formulars, definieren Kopf- und Fußzeilen, umrahmen oder unterstreichen bestimmte Formularteile, um sie hervorzuheben; ebenso bei Berichten, bei denen Sie zu dieser Gestaltung ebenfalls den Entwurfsmodus benutzen.

Außer der Entwurfs- und der Datenblattansicht gibt es bei Formularen darüber hinaus noch die »Formularansicht«, in der das Formular wie in Abbildung 3.3 dargestellt wird.

Jedes Objekt können Sie ausdrucken. Aktivieren Sie die »Seitenansicht«, wird das voraussichtliche Druckergebnis angezeigt.

In welcher Ansicht ein Objekt dargestellt wird, bestimmen Sie beim Öffnen des Objekts. Darüber hinaus können Sie die Ansicht für das momentan aktive Objekt jederzeit umschalten. Dazu benutzen Sie entweder verschiedene Befehle des Menüs ANSICHT oder die folgende Symbolliste, die sich ganz links in der Symbolleiste befindet (Bild 2.6).

Bild 2.6:
Ansichten-Listensymbol

Die Liste enthält alle Ansichten, die für das momentan aktive Objekt verfügbar sind. Klicken Sie auf einen der Einträge, wird die betreffende Ansicht aktiviert.

Zusätzlich wird das bei geschlossener Liste sichtbare »Vorgabesymbol« durch ein anderes ausgewechselt: Ist beispielsweise eine Tabelle in der Datenblattansicht geöffnet, wird automatisch das abgebildete Symbol zum Aktivieren der Entwurfsansicht vorgegeben und umgekehrt.

Die verschiedenen Ansichten-Symbole im einzelnen:

Um die Entwurfsansicht zu aktivieren, klicken Sie auf das abgebildete Symbol oder wählen ANSICHT | ENTWURFSANSICHT.

 Die Datenblattansicht aktivieren Sie mit dem Befehl ANSICHT | DATENBLATTANSICHT bzw. durch Anklicken des zugehörigen Symbols.

 Die Formularansicht aktivieren Sie mit ANSICHT | FORMULARANSICHT bzw. mit dem abgebildeten Symbol...

 ...und die Seitenansicht mit DATEI | SEITENANSICHT bzw. ebenfalls mit dem zugehörigen Symbol.

2.2 Datenbankfenster

 Das bei weitem wichtigste Objekt ist das »Datenbankfenster«, eine Art »Behälter«, der alle Objekte der momentan geöffneten Datenbank enthält und nach dem Öffnen einer Datenbank automatisch erscheint. Zum Beispiel, wenn Sie DATEI | DATENBANK ÖFFNEN... wählen (bzw. auf das abgebildete Symbol klicken), und eine Datenbank namens EDV.MDB öffnen (Bild 2.7).

 Mit F11 oder durch Anklicken des abgebildeten Symbols können Sie das Datenbankfenster jederzeit in den Vordergrund bringen.

Es zeigt den gesamten Inhalt der geöffneten Datenbank an. Dazu enthält es mehrere »Register« mit zugehörigen Symbolen. Jedem Objekttyp ist ein eigenes Symbol zugeordnet, Formularen beispielsweise ein anderes als Makros oder Tabellen.

Bild 2.7:
Das Datenbank-
fenster

Nach dem Öffnen einer Datenbank ist zunächst das Register »Tabelle« aktiv und zeigt alle in der Datenbank enthaltenen Tabellen an. Klicken Sie
auf ein anderes Register wie »Abfrage«, werden statt dessen alle Abfragen
aufgelistet, die die Datenbank enthält.

Alternativ dazu können Sie bei aktivem Datenbankfenster einen der Be-
fehle ANSICHT | DATENBANKOBJEKTE | TABELLEN, ANSICHT | DATENBANKOBJEK-
TE | ABFRAGEN etc. wählen, um das betreffende Register zu aktivieren.

Mit dem Menü ANSICHT oder den Befehlen des abgebildeten Kontextmenüs (irgendeine leere Stelle im Datenbankfenster mit der rechten Maustaste anklicken) können Sie wählen, auf welche Weise die Objekte im Datenbankfenster dargestellt werden. Die dafür zuständigen Unterbefehle des
Befehls ANSICHT kennen Sie von anderen Windows-Ordnern her: GROSSE
SYMBOLE zeigt sie als große Symbole an und KLEINE SYMBOLE entsprechend
als kleine Symbole. LISTE entspricht der Voreinstellung und zeigt die Objekte entsprechend der vorhergehenden Abbildung an.

Besonders interessant ist der Befehl DETAILS, der zu jedem Objekt zusätzliche Informationen anzeigt (Bild 2.8).

Die Unterbefehle des Befehls ANSICHT | SYMBOLE ANORDNEN entsprechen
wieder den von Windows gewohnten Anordnungsmöglichkeiten. Sie können die Symbole nach Name, Typ, Größe oder Datum sortieren lassen und
durch Aktivierung von AUTOMATISCH ANORDNEN dafür sorgen, daß Access
sie nach dem »kreuz und quer«-Verschieben mit der Maus automatisch

wieder gleichmäßig anordnet. Oder mit AM RASTER AUSRICHTEN können Sie
bewirken, daß zwar nicht automatisch wieder der Ausgangszustand hergestellt wird, die Symbole jedoch an gedachten Unterteilungslinien ausgerichtet und damit zumindest ein wenig Ordnung hergestellt wird.

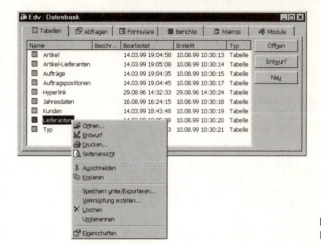

Bild 2.8:
Detaildarstellung

Klicken Sie mit der rechten Maustaste auf eines der im Datenbank-
fenster enthaltenen Objekte, erscheint ein Kontextmenü, das die
wichtigsten Befehle zur Manipulation des betreffenden Objekts ent-
hält, die ich nun näher erläutere.

2.3 Öffnen, schließen und speichern

Ein Doppelklick auf eines der im Datenbankfenster angezeigten Objekte
öffnet es. Bis auf wenige Ausnahmen wird es in der Datenblattansicht geöffnet (die Ausnahmen: Formulare werden in der Formularansicht geöffnet, Berichte in der Seitenansicht, Makros werden ausgeführt, Module in
der Entwurfsansicht geöffnet).

Öffnen Sie ein weiteres Datenbankobjekt, wird es zusätzlich zum bereits geöffneten angezeigt, und zwar ebenfalls in einem eigenen Fenster (Bild 2.9).

	Lief-Nr	Nachname	Vorname	Straße	Plz	Ort	Telefon	Fax	Rabatt
	1	Schmidt	Walter	Schmidtstr.13a	80000	München	089/93837	089/943843	8,00%
	2	Müller	Walter	Sternstr. 15	60000	Frankfurt	060/83732	060/38327	5,00%
	3	Bauer	Alfred	Mohnstr. 4b	80000	München	089/83723	089/93727	3,00%
	4	Keller	Manfred	Blumenweg 24	68000	Mannheim	0621/98379		0,00%
▶	5	Mayer	Willi	Breite Str.14	70000	Stuttgart	072/93784	072/83738	8,00%
	6	Maier	Otto	Langer Weg 14-16	10000	Berlin	032/83727		4,00%
	7	Iderbach	Susanne	Sturmstr. 12	69000	Heidelberg	0629/93783	0629/98374	5,00%
	8	Meier	Frank	Zwergstr. 17	80000	München	089/93837	089/93282	7,00%
	9	Maier	Gerd	Sternenweg 14a	69000	Heidelberg	062/93783	062/93838	3,00%
*	(toWert)				00000				0,00%

Bild 2.9:
Geöffnete
Objekte

Klicken Sie zum Öffnen des selektierten Objekts auf »Entwurf«, wird es in der Entwurfsansicht geöffnet. Angewandt auf das Formular »Lieferanten« würden Sie nicht das Formular selbst zu sehen bekommen, sondern die Formularstruktur, die Sie nun ändern können, um einzelne Felder zu verschieben, Schriftarten zu ändern und so weiter.

 Der Befehl DATEI | SCHLIEẞEN schließt das momentan aktive Objekt, ebenso wie das abgebildete Symbol, das sich in der rechten oberen Ecke jedes Fensters befindet. Sie können eine Tabelle, ein Formular etc. schließen, aber auch das Datenbankfenster. Dadurch wird die Datenbank selbst geschlossen und damit gleichzeitig alle momentan geöffneten Objekte der Datenbank.

Wurde das zu schließende Objekt neu angelegt oder haben Sie es verändert und noch nicht gespeichert, werden Sie zuvor gefragt, ob Sie es speichern wollen und gegebenenfalls – bei neu angelegten Objekten – nach dem Namen, den es erhalten soll.

Hauptbestandteil einer Datenbank sind zweifellos die darin abgelegten Daten, zum Beispiel Adressen. Um das Speichern dieser Daten kümmert sich Access selbständig. Ist eine Tabelle, eine Abfrage oder ein Formular aktiv und ändern Sie einen der darin angezeigten Datensätze, speichert Access diese Änderungen automatisch, sobald Sie den Datensatz verlassen und sich einem anderen zuwenden.

Der Befehl DATEI I SPEICHERN hat einen anderen Sinn: Er speichert das Layout des Objekts. Angenommen, eine Tabelle ist geöffnet, Sie verändern die Spaltenbreiten und schließen die Tabelle anschließend. Ohne das explizite Speichern dieser Änderung wird die Tabellenspalte beim nächsten Öffnen der Tabelle wieder so breit erscheinen wie zuvor. Ihre Layoutänderung ist nur dauerhaft, wenn Sie sie speichern. Das weiß natürlich auch Access, und darum werden Sie beim Schließen gefragt, ob Sie die vorgenommenen Layoutänderungen speichern wollen (Bild 2.10).

Bild 2.10:
Tabellenlayout speichern

2.4 Umbenennen, löschen und erzeugen

Sie können den Namen jedes Objekts nachträglich verändern (es darf in diesem Moment jedoch nicht geöffnet sein!). Dazu selektieren Sie das umzubenennende Objekt im Datenbankfenster und wählen BEARBEITEN I UMBENENNEN oder klicken den Eintrag nach einer kurzen Wartepause (um keinen Doppelklick auszulösen) erneut an. Danach können Sie den Namen des Objekts beliebig editieren.

Um ein Objekt zu löschen, selektieren Sie es im Datenbankfenster und wählen BEARBEITEN I LÖSCHEN oder drücken einfach ⌈Entf⌉.

Um ein neues Objekt anzulegen, aktivieren Sie im Datenbankfenster das betreffende Register, beispielsweise »Tabelle«, und klicken auf die Schaltfläche »Neu«. Außer bei neuen Makros und Modulen erscheint anschließend ein Dialogfeld, das mehrere Optionen anbietet (Bild 2.11).

Bild 2.11:
Objekt erzeugen

Klicken Sie auf »Tabellen-Assistent«, werden Sie anschließend von einem »Assistenten« bei der Gestaltung des Objekts unterstützt. Analog dazu können Sie sich bei der Erstellung einer neuen Abfrage vom »Auswahlabfrage-Assistent« unterstützen lassen, beim Erzeugen eines Formulars vom »Formularassistent« und so weiter.

Die Option »Datenblattansicht« bzw. – beim Erzeugen neuer Abfragen, Formulare oder Berichte – »Entwurfsansicht« erzeugen dagegen ein »nacktes« Objekt, dessen Aufbau Sie anschließend manuell definieren müssen, ohne Unterstützung durch Access.

Neue Objekte erhalten einen »Standardnamen« wie »Tabelle 1«, »Tabelle 2«, »Formular 1« etc. Den endgültigen Namen legen Sie fest, wenn Sie das Objekt gestaltet haben und es schließen. Sie werden gefragt, ob Sie die Änderungen speichern wollen. Antworten Sie mit »Ja«, erscheint ein Dialogfeld, in dem Sie dem Objekt einen individuellen Namen geben.

 Am einfachsten ist das Erzeugen eines neuen Objekts mit dem abgebildeten »Neues Objekt«-Symbol. Nach dem Anklicken des Listenpfeils öffnet sich die zugehörige Symbolliste (Bild 2.12).

Bild 2.12:
Symbolliste neuer Objekte

Aus der zugehörigen Liste können Sie den gewünschten Objekttyp auswählen und beispielsweise per Klick eine neue Tabelle oder Abfrage erzeugen.

2.5 Drucken

DATEI I DRUCKEN... bzw. das zugehörige Symbol druckt das momentan aktive Objekt aus, beispielsweise eine Tabelle oder ein Formular. Statt das betreffende Objekt zuvor zu öffnen, können Sie es auch einfach im Datenbankfenster markieren und danach auf das Drucker-Symbol klicken.

Im Gegensatz zum Anklicken des Drucker-Symbols, bei dem sofort der Ausdruck beginnt, öffnet DATEI I DRUCKEN... zuvor das folgende Dialogfeld (Bild 2.13).

Unter »Name« ist der Windows-Standarddrucker vorgegeben. Statt dessen können Sie nach dem Öffnen des Listenfelds jedoch einen beliebigen anderen installierten Drucker wählen.

Die Schaltfläche »Eigenschaften...« öffnet ein Dialogfeld, in dem Sie die aktuellen Druckereinstellungen (Papierformat, aktuelle Auflösung etc.) vor dem Ausdruck verändern können.

»Markierte Datensätze« druckt nur die momentan markierten Datensätze.

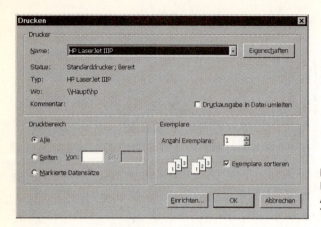

Bild 2.13:
Dialogfeld zum
Ausdruck einer
Tabelle

Beim Druck längerer Tabellen werden diese über mehrere Seiten verteilt. »Alle« druckt in diesem Fall alle Seiten einer Tabelle, »Seiten« dagegen nur die Seiten »von« bis »bis«, zum Beispiel nur Seite 3 bis Seite 5.

»Exemplare« legt fest, wie oft die Tabelle ausgedruckt wird. Ist »Exemplare sortieren« aktiviert, werden dabei identische Seiten direkt aufeinanderfolgend ausgedruckt: Access druckt x-mal die Seite 1, danach x-mal die Seite 2 und so weiter.

Aktivieren Sie »Druckausgabe in Datei umleiten«, erscheint nach Wahl von »OK« ein Dialogfeld, in dem Sie der »Druckdatei« einen Namen geben. Später können Sie diese Druckdatei auf das gewünschte Windows-Drucker-Symbol ziehen, um sie tatsächlich auf Papier zu bringen.

»OK« startet den Ausdruck mit den aktuellen Einstellungen.

 Dieses Symbol aktiviert ebenso wie der Befehl DATEI | SEITENAN-SICHT für das momentan aktive oder im Datenbankfenster selektierte Objekt die »Seitenansicht«. Darin wird das voraussichtliche Druckergebnis möglichst exakt angezeigt (Bild 2.14).

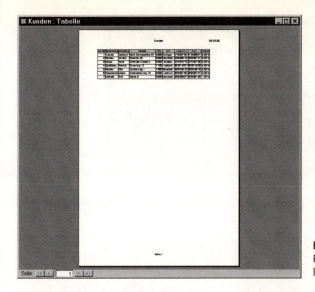

Bild 2.14:
Prüfen des Seiten-
layouts

Ist Ihr Dokument sehr lang oder breit, reicht ein Blatt wahrscheinlich nicht, und es wird statt dessen über mehrere Blätter verteilt. Mit dem Symbol ▶ blättern Sie zur folgenden Seite weiter, mit ◀ eine Seite zurück, mit ▶❘ zur letzten und mit ❘◀ wieder zur ersten Seite des Dokuments.

Bei der Tastatur benutzen Sie entsprechend die Tasten ⌴Bild↓⌴ (eine Seite weiter), ⌴Bild↑⌴ (eine Seite zurück), ⌴Ende⌴ (letzte Seite) und ⌴Pos1⌴ (erste Seite).

Da Sie in der Seitenansicht sehen, welche Tabellenteile sich auf welchen Seiten befinden, können Sie nun auch die Option »Seiten« des »Drucken«-Dialogfelds sinnvoll einsetzen, um nur ganz bestimmte Seiten auszudrukken.

Klicken Sie mit dem inzwischen als Lupensymbol dargestellten Mauscursor auf irgendeine Stelle einer Seite, die Sie näher interessiert, vergrößert Access den betreffenden Bereich (Bild 2.15).

Bild 2.15:
Die Lupenfunktion

Den in diesem Vergrößerungsmodus gezeigten Ausschnitt können Sie mit den Bildlaufleisten oder den Cursortasten in alle Richtungen verschieben. Klicken Sie erneut irgendeine Stelle an, wird der Vergrößerungsmodus wieder deaktiviert.

Der Befehl ANSICHT | ZOOM ermöglicht Ihnen ebenso wie das abgebildete »Zoomfeld«, einen nahezu beliebigen Vergrößerungs- oder Verkleinerungsfaktor zu wählen.

Die Seitenansicht beenden Sie, indem Sie auf das abgebildete Symbol klicken oder einfach ⎣Esc⎦ drücken. Wollen Sie das Objekt nach Prüfung der Seitengestaltung ausdrucken, ist es jedoch einfacher, statt dessen gleich auf das Drucker-Symbol zu klicken oder DATEI | DRUCKEN... zu wählen, um den Ausdruck einzuleiten.

DATEI | SEITE EINRICHTEN... öffnet das folgende Dialogfeld, dessen Einstellungen sich nur auf das momentan aktive Objekt und dessen Layout auswirken (Bild 2.16).

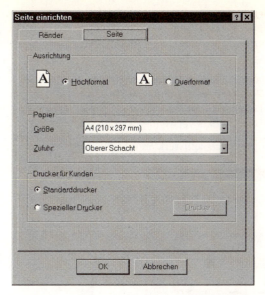

Bild 2.16:
Das Register »Seite«

Unter »Ausrichtung« ist immer »Hochformat« voreingestellt. Sie sollten diese Einstellung nur dann in »Querformat« ändern, wenn Sie eine sehr breite Tabelle drucken wollen und nicht alle Spalten auf das Blatt passen. Im Querformat passen oft auch sehr breite Tabellen noch problemlos auf das Blatt (Bild 2.17).

Bild 2.17:
Querformat

»Größe« muß an das Format des von Ihnen verwendeten Papiers angepaßt werden, beispielsweise an das DIN-A4-Format. »Zufuhr« definiert bei
Laserdruckern mit mehreren »Schächten«, welcher davon für diesen Ausdruck verwendet werden soll.

Statt die Vorgabe »Standarddrucker« zu belassen, können Sie nach Aktivierung von »Spezieller Drucker« die Schaltfläche »Drucker...« aktivieren
und anschließend jenen Drucker auswählen, der von jetzt ab für den Ausdruck des momentan aktiven Objekts verwendet werden soll.

Das Register »Ränder« ist praktisch selbsterklärend (Bild 2.18).

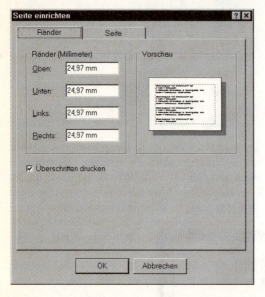

Bild 2.18:
Das Register »Ränder«

Die vier Felder links bestimmen den Abstand zum Blattrand.

Access fügt beim Ausdruck automatisch Kopf- und Fußzeilen ein. Die
Kopfzeile besteht aus dem Objektnamen und dem aktuellen Datum, die
Fußzeile aus der Seitennummer. Deaktivieren Sie »Überschriften druk-
ken«, entfallen die Kopf- und Fußzeilen.

3

Einfache Datenbanken und Tabellen erstellen

Grundlage jeder »relationalen Datenbank« ist eine Tabelle oder »Relation«. Alle Datensätze einer Tabelle müssen den gleichen Aufbau besitzen, also aus denselben Teilen (Feldern) bestehen. Eine Tabelle besteht aus Zeilen und Spalten, wobei jede Zeile einen Datensatz enthält und die Spalten der Tabelle die einzelnen »Datensatzfelder« darstellen. Eine Adresse könnte beispielsweise aus den Feldern »Name«, »Vorname«, »Straße«, »Ort«, »Plz«, »Telefon«, »Beruf« und »Bemerkungen« bestehen.

In diesem Kapitel geht es um die Erstellung einer solchen Tabelle und kompletter Datenbanken mit und ohne die zugehörigen Access-Assistenten.

Anschließend erfahren Sie, wie Sie Daten erfassen und editieren und wie Sie Tabellen sortieren und filtern können.

Mit dem Datenbank-Assistent

Am einfachsten ist das Erstellen einer Tabelle mit dem »Datenbank-Assistent«, der keine einzelne Tabelle erstellt, sondern gleich eine komplette Datenbank, die auf einer »Vorlage« basiert, praktisch einer Art »Datenbankmuster«.

Der Befehl DATEI | NEUE DATENBANK ANLEGEN... öffnet ebenso wie das Anklicken des abgebildeten Symbols ein Dialogfeld, das verschiedene »Datenbankvorlagen« auflistet (Bild 3.1).

Alle Vorlagen außer »Leere Datenbank« (im Register »Allgemein«) stellen Beispieldatenbanken dar und aktivieren den »Datenbank-Assistent«, der Ihnen dabei hilft, zum Beispiel basierend auf der Vorlage »Büchersammlung« eine Datenbank zur Verwaltung von Büchern zu erstellen.

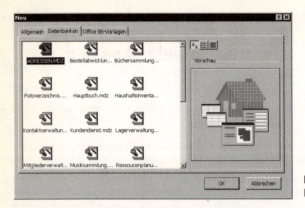

Bild 3.1:
Datenbank anlegen

 Allerdings muß ich Sie darauf hinweisen, daß Datenbanken, die anhand einer solchen Vorlage erstellt werden, meist sehr komplex sind! Außer mindestens einer Tabelle sind darin zumindest noch verschiedene Formulare und Berichte enthalten – und mit all diesen Objekten können Sie momentan noch gar nicht umgehen!

Daher beschreibe ich nun zwar für die Ungeduldigen unter Ihnen die Erstellung einer Datenbank mit dem Assistenten. Danach, beim Versuch, mit der Datenbank und all den darin enthaltenen Objekten umzugehen, sind Sie jedoch auf sich allein gestellt!

Nun gut, Sie sind gewarnt. Selektieren Sie bitte die Vorlage »Adressen«. Nach »OK« müssen Sie angeben, wo und unter welchem Namen die neue Datenbank gespeichert werden soll. Danach meldet sich der Datenbank-Assistent und weist Sie zunächst darauf hin, welche Art von Informationen in der neuen Datenbank gespeichert werden können. Klicken Sie auf »Weiter« (Bild 3.2).

In diesem zweiten Schritt wählen Sie die Felder aus, die in der Datenbank erscheinen sollen. Genauer: in den einzelnen Tabellen der Datenbank. Viele komplexe Datenbanken enthalten nämlich nicht nur eine, sondern mehrere Tabellen. Dann suchen Sie im linken Listenfeld zunächst die interessierende Tabelle aus und klicken darauf. Anschließend erscheinen im rechten Listenfeld alle Felder, die in diese Tabelle eingefügt werden können.

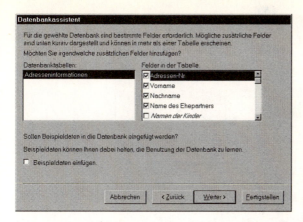

Bild 3.2:
Datenbank-Assistent, Schritt 2

Die Vorlage »Adreßbuch« enthält nur eine Tabelle, »Adresseninformationen«. Entsprechend ist links diese Tabelle bereits vorselektiert und rechts sind alle Felder zu sehen, die diese Tabelle enthalten kann. Aktivierte Kontrollkästchen wie vor »Vorname« und »Nachname« bedeuten, daß die betreffenden Felder in die Tabelle eingefügt werden, ein deaktiviertes Kontrollkästchen wie vor »Namen der Kinder« bedeutet, daß die Tabelle dieses Feld nicht enthalten wird.

Also blättern Sie im rechten Listenfeld alle verfügbaren Felder durch und aktivieren bzw. deaktivieren die zugehörigen Kontrollkästchen, damit genau jene Felder in die Tabelle »Adresseninformationen« eingefügt werden, die Sie tatsächlich interessieren (einige notwendige Felder können übrigens nicht deaktiviert werden).

Aktivieren Sie bitte auch das Kontrollkästchen »Beispieldaten einfügen«, damit die erzeugte Tabelle anschließend ein paar Datensätze enthält. Das Einfügen dieser Datensätze ist unproblematisch, denn Sie können sie später jederzeit löschen und statt dessen Ihre eigenen Daten eingeben.

Klicken Sie danach wieder auf »Weiter«, um den nächsten Schritt einzuleiten (Bild 3.3).

In diesem Schritt geht es um die Optik des zugehörigen »Formulars«. Um sich eine der verfügbaren »Stilrichtungen« auszusuchen, klicken Sie die

69

verfügbaren Optionen einfach der Reihe nach an. Das große »Beispielfeld« wird daraufhin sofort aktualisiert und zeigt in etwa, wie sich der betreffende Stil auf das Formular auswirkt.

Bild 3.3: Datenbank-Assistent, Schritt 3

Auch im nächsten Schritt geht es wieder um die Optik. Und zwar können Sie sich unter verschiedenen Stilrichtungen für Berichte den von Ihnen bevorzugten Stil aussuchen. »Weiter« leitet danach folgenden Schritt ein (Bild 3.4).

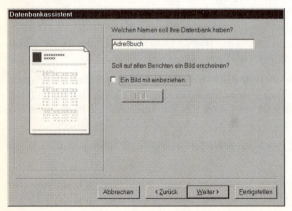

Bild 3.4: Datenbank-Assistent, Schritt 5

Geben Sie der Datenbank eine Überschrift wie »Adreßbuch«, die anschließend im sogenannten »Hauptmenü« erscheint.

Wenn Sie »Ein Bild mit einbeziehen« aktivieren, können Sie anschließend auf die Schaltfläche »Bild...« klicken. Das Dateiauswahl-Dialogfeld erscheint, und Sie suchen sich darin eine Grafikdatei aus, die als Bild auf jedem Bericht erscheinen soll, beispielsweise das Logo Ihrer Firma.

Das war's. Der letzte Schritt ist pure »Formalität« und erfordert nur, daß Sie auf »Fertigstellen« klicken. Access ist danach eine ganze Weile lang mit der Erstellung der Datenbank beschäftigt. Irgendwann sollte der Prozeß jedoch beendet sein, und die Datenbank wird automatisch geöffnet. Das »Hauptmenü« erscheint (Bild 3.5).

Bild 3.5:
Nach dem Öffnen der Datenbank

Um nun beispielsweise Adressen einzugeben oder sich die Berichte in der Seitenvorschau anzusehen, klicken Sie einfach auf das zugehörige Knöpfchen, zum Beispiel auf das oberste. Das dadurch geöffnete Formular dient zur komfortablen Verwaltung Ihrer Adressen (Bild 3.6).

Es wird allerdings noch eine ganze Weile dauern, bis Sie erfahren, wie Sie darin von Datensatz zu Datensatz blättern, Datensätze löschen oder neu eingeben können. Schließen Sie das Formular, erscheint wieder das Hauptmenü, in dem Sie unter anderem die Datenbank schließen können.

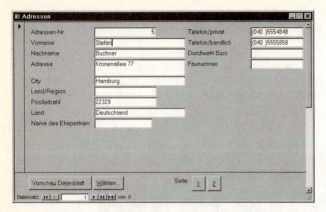

Bild 3.6:
Adreßverwal-
tungsformular

Leere Datenbanken

Um eine leere Datenbank anzulegen, wählen Sie ebenfalls wie zuvor beschrieben DATEI | NEUE DATENBANK ANLEGEN....

Da alle Vorlagen außer »Leere Datenbank« Beispieldatenbanken darstellen und den soeben erläuterten »Datenbank-Assistent« aktivieren, wählen Sie nun jedoch »Leere Datenbank« (im Register »Allgemein«) und danach »OK«.

Daraufhin erscheint das bereits erläuterte Dialogfeld, in dem Sie der neuen Datenbank einen Namen geben und festlegen, auf welchem Laufwerk und in welchem Verzeichnis sie angelegt wird (Bild 3.7).

Bild 3.7:
Name und Ort der
Datenbank

Als Name der Datenbank ist zunächst »db1« vorgegeben. Diesen Namen können Sie jederzeit zum Beispiel durch »Adressen« oder ähnliches ersetzen. Dabei wird die Datei unter dem vollständigen Namen ADRES-SEN.MDB gespeichert, da Access für Datenbanken stets die Erweiterung MDB verwendet.

Nach dem Anlegen der neuen Datenbank erscheint das Datenbankfenster, das zunächst leer ist, da die Datenbank noch keine Objekte enthält (Bild 3.8).

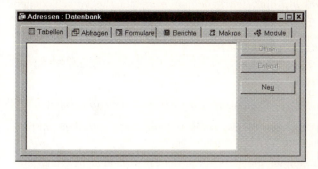

Bild 3.8:
Leeres Daten-
bankfenster

Die Datenbank besitzt nun den in der Titelleiste des Datenbankfensters angezeigten Namen »Adressen«. Paßt Ihnen dieser Name im nachhinein nicht mehr, müssen Sie ihn außerhalb von Access ändern, zum Beispiel mit dem Windows-95-Explorer. Mit dem Access-Befehl BEARBEITEN | UMBE-NENNEN können Sie zwar alle möglichen in einer Datenbank enthaltenen Objekte umbenennen, aber nicht die Datenbank selbst.

 Bei der Arbeit mit Access kann immer nur eine Datenbank gleich-zeitig geöffnet sein. Legen Sie eine neue Datenbank an, oder öff-nen Sie mit DATEI | DATENBANK ÖFFNEN... eine bereits vorhandene andere Datenbank, wird daher die momentan geöffnete Daten-bank automatisch geschlossen.

3.1   Tabellen erstellen

Ich setze voraus, daß Sie wie erläutert eine leere Datenbank angelegt haben; also eine Datenbank, die im Gegensatz zu jenen, die der Datenbank-Assistent erzeugt, keinerlei Objekte enthält.

Wir ändern das nun, indem wir in dieser Datenbank erste Tabellen erstellen. Ebenso wie Datenbanken können Sie entweder eine neue leere Tabelle erzeugen oder aber einen Assistenten aktivieren, der Ihnen bei der Erstellung der Tabelle hilft. Ich gehe nun kurz auf die verschiedenen Möglichkeiten zur Erstellung leerer Tabellen ein und bespreche danach um so ausführlicher den »Tabellen-Assistenten«, mit dessen Hilfe wir eine kleine Adreßdatei aufbauen werden.

Leere Tabellen

◼ Sie haben mehrere Möglichkeiten, neue leere Tabellen zu erstellen:

◼ Sie können eine neue Tabelle in der Datenblattansicht öffnen und sofort damit beginnen, Daten einzugeben.

◼ Statt dessen können Sie sie auch in der Entwurfsansicht öffnen und danach nicht sofort Daten eingeben, dafür jedoch erst einmal den Aufbau der Tabelle exakt festlegen.

◼ Nicht zuletzt können Sie Tabellen auch »importieren« oder »verknüpfen«, das heißt Tabellen erstellen, die auf Tabellen einer anderen Datenbank zurückgreifen.

 In jedem Fall selektieren Sie zunächst im Datenbankfenster das Register »Tabellen« und aktivieren die Schaltfläche »Neu«. Alternativ dazu können Sie bei aktivem Datenbankfenster EINFÜGEN | TABELLE wählen oder auf das zugehörige Symbol klicken, das sich in der Liste des »Neues Objekt«-Symbols (Bild 3.9) befindet.

»Datenblattansicht« erzeugt eine neue Tabelle und öffnet sie in der Datenblattansicht. Sie können sofort damit beginnen, in 30 Zeilen, die in 20 »Standardfelder« unterteilt sind, Daten einzugeben (Bild 3.10).

Bild 3.9:
Neue Tabelle
erstellen

Bild 3.10:
Datenblattan-
sicht

Um eine Spalte umzubenennen und »Feld1« statt dessen beispielsweise als »Nachname« zu bezeichnen, doppelklicken Sie auf den Spaltennamen, den Sie daraufhin editieren können.

Statt dessen können Sie den Spaltennamen auch mit der **rechten** Maustaste anklicken und im zugehörigen »Spalten-Kontextmenü« SPALTE UMBENENNEN... wählen. Mit SPALTEN LÖSCHEN und SPALTE EINFÜGEN können Sie die betreffende Spalte löschen oder unmittelbar vor ihr eine neue leere Spalte einfügen.

Schließen Sie die Tabelle, fragt Access, ob Sie sie speichern wollen. Falls ja, werden Sie danach gefragt, ob Sie einen sogenannten »Primärschlüssel« einfügen wollen, eine Frage, die Sie unbedingt mit »Ja« beantworten sollten. Access fügt daraufhin eine zusätzliche Spalte ein, die eine fortlaufend numerierte Zahl enthält.

Vor allem aber analysiert Access beim Speichern die Daten, die die einzelnen Spalten Ihrer Tabelle enthält. Ausgehend von diesen Daten (Texte, Zahlen, Datum etc.) weist Access den Spalten geeignete »Felddatentypen« zu, die sie anschließend in der Entwurfsansicht näher festlegen können.

Wählen Sie beim Erstellen einer neuen Tabelle die »Entwurfsansicht«, können Sie zwar nicht sofort mit der Dateneingabe beginnen, dafür jedoch in der Entwurfsansicht genau definieren, wie die neue Tabelle aufgebaut sein soll, aus welchen Feldern sie bestehen und welche Datentypen diese Felder besitzen sollen (Bild 3.11).

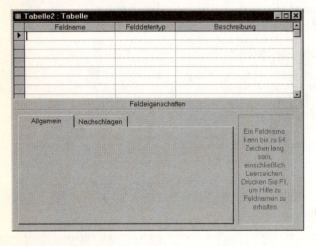

Bild 3.11:
Entwurfsansicht

Der Tabellen-Assistent

Wählen Sie »Tabellen-Assistent«, unterstützt Sie der »Tabellen-Assistent« bei der Erstellung der neuen Tabelle (Bild 3.12).

Das linke der drei Listenfelder enthält Beispieltabellen, die Sie als »Vorlage« verwenden können. Abhängig davon, ob die Option »Geschäftlich« oder aber »Privat« aktiviert ist, wird einer von zwei verschiedenen »Beispiel-Tabellensätzen« eingeblendet. »Privat« würde beispielsweise eher private Beispieltabellen zur Verwaltung von Kochrezepten oder Weinlisten einblenden.

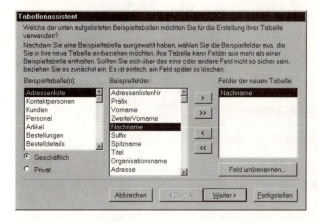

Bild 3.12: Tabellen-Assistent, Schritt 1

Selektieren Sie eine der Beispieltabellen, zeigt das mittlere Listenfeld »Beispielfelder« alle Felder dieser Tabelle an. Mit den Schaltflächen »Weiter >«, und »< Zurück« können Sie jene Felder auswählen, die Sie in Ihre eigene Tabelle übernehmen wollen.

Klicken Sie beispielsweise auf »Nachname« und danach auf »Weiter >«, wird dieses Feld entsprechend der Abbildung in das rechte Listenfeld eingefügt, also in die zu erstellende Tabelle. »< Zurück« würde es genau umgekehrt wieder aus der Tabelle entfernen.

Um unsere Adreßdatei aufzubauen, selektieren Sie bitte die Beispieltabelle »Adressenliste« (Voraussetzung: die Option »Geschäftlich« ist aktiviert). Klicken Sie anschließend in »Beispielfelder« auf die Feldbezeichnung »Nachname« und danach auf »>«, um dieses Feld in das Listenfeld »Felder der neuen Tabelle« zu kopieren und damit in die neu zu erzeugende Tabelle einzufügen.

Fügen Sie auf die gleiche Weise auch die restlichen in der folgenden Abbildung sichtbaren Felder ein (Bild 3.13).

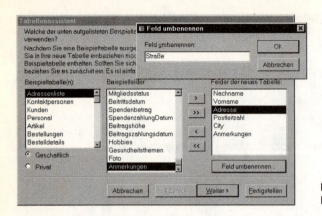

Bild 3.13:
Felder einfügen

Haben Sie sich vertan, korrigieren Sie den Fehler durch »Zurückschieben« aller oder nur des betreffenden Feldes mit »< Zurück«.

 Zur Feldreihenfolge: Jedes weitere Feld der mittleren Liste wird in der rechten Liste immer unter dem momentan darin selektierten Feld eingefügt. Da darin normalerweise immer der letzte Eintrag selektiert ist, wird jedes weitere Feld als neuer letzter Eintrag eingefügt. Statt dessen können Sie jedoch vor dem Klicken auf »Weiter >« ein beliebiges anderes Feld der rechten Liste selektieren, unter dem das neue Feld eingefügt werden soll.

Sind Sie fertig, klicken Sie bitte rechts auf das Feld »Adresse« und danach auf die Schaltfläche »Feld umbenennen...«. Das »Feld umbenennen«-Dialogfeld erscheint, und Sie können dem Feld den neuen Namen »Straße« geben. Auf die gleiche Weise sollten Sie danach »City« in »Ort« umbenennen.

Danach aktivieren Sie die Schaltfläche »Weiter >«, um den nächsten Schritt einzuleiten (Bild 3.14).

Im zweiten Schritt geben Sie Ihrer Tabelle einen Namen wie »Adreßkartei« oder übernehmen einfach den Namen der verwendeten Beispieltabelle (hier »Adressenliste«), den der Assistent automatisch vorgibt.

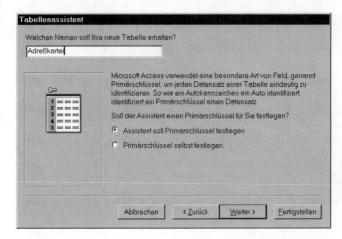

Bild 3.14:
Tabellen-
Assistent,
Schritt 2

Zusätzlich müssen Sie nun eine Entscheidung bezüglich des »Primär-schlüssels« der Tabelle treffen. Was ein Primärschlüssel ist, erläutere ich in Kürze ausführlich. Hier nur soviel: **Jeder Datensatz einer Tabelle muß eindeutig identifizierbar sein**. Am einfachsten ist das, wenn die Tabelle ein Feld enthält, das für jeden Datensatz einen unterschiedlichen Inhalt aufweist. Leider ist ein mehrfach vorkommender Nachname wie »Maier« zweifellos kein eindeutiges Identifizierungsmerkmal, ebensowenig wie ein Ortsname oder ein beliebiges anderes Feld der geplanten Tabelle.

Aktivieren Sie daher bitte die Option »Assistent soll Primärschlüssel fest-legen«. Access fügt daraufhin ein Feld namens »AdreßkarteiKennummer« in Ihre Tabelle ein. Jedesmal, wenn Sie später einen neuen Datensatz ein-geben, trägt Access automatisch als zugehörigen Inhalt dieses Feldes eine fortlaufende Nummer ein, eine 1 für den ersten Datensatz, eine 2 für den zweiten und so weiter. So besitzen Sie nun ohne jegliche Arbeit einen Pri-märschlüssel, der jeden Datensatz Ihrer Tabelle eindeutig identifiziert.

»Primärschlüssel selbst festlegen« dürfen Sie nur wählen, wenn es in der Tabelle tatsächlich ein Feld mit eindeutigem Inhalt für jeden Datensatz gibt, beispielsweise »Kundennummer«, »Lieferantennummer« oder ähn-lich. Dann können Sie diese Option aktivieren, um Access im folgenden Schritt das betreffende Feld bekanntzugeben (Bild 3.15).

Bild 3.15:
Tabellen-
Assistent,
Schritt 3

Das Listenfeld enthält alle Felder Ihrer Tabelle. Sie können es öffnen und
ein eindeutiges Feld wie »Kundennummer« auswählen, das als Primärschlüssel geeignet ist.

Welche der drei Optionen Sie anschließend wählen, hängt vom »Typ« des
Feldes ab. Möglicherweise wird es nicht nur Zahlen, sondern zusätzlich
auch Buchstaben aufnehmen. Ein Beispiel dafür wäre ein Feld »KFZ-Num-
mer«, das Kennzeichendaten wie »LU-ST 417« oder »M-AB 8261« aufnimmt.
Diese Daten sind – wie gefordert – absolut eindeutig, aber zweifellos keine
reinen Zahlen. In diesem Fall müssen Sie die nach dem Erscheinen des
Dialogfelds zunächst vorselektierte Option »Zahlen und/oder Buchstaben, die ich selbst eingebe, ...« beibehalten.

Wird das Feld jedoch **ausschließlich** Zahlen enthalten, beispielsweise
Kundennummern wie 1, 2, 3, 4 etc., haben Sie die Wahl zwischen den beiden anderen Optionen:

▨ »Zahlen, die ich selbst eingebe, wenn ich neue Datensätze hinzufüge«:
Geben Sie einen neuen Datensatz ein, müssen Sie die betreffende Zahl
selbst in das Feld eintippen.

▓ »Fortlaufende Zahlen, die von Microsoft Access automatisch neuen Datensätzen zugewiesen werden«: Access trägt bei jeder Eingabe eines neuen Datensatzes selbständig eine fortlaufende Nummer in das betreffende Feld ein, für den ersten Datensatz eine 1, für den zweiten eine 2 und so weiter.

Die Eingabe der Nummern per Hand ist sinnvoll, wenn Sie mit dieser fortlaufenden Numerierung nichts anfangen können. Beispielsweise, weil Herr Maier unbedingt die Nummer 952 und Herr Müller die Nummer 274 erhalten soll. Ist Ihnen die Numerierung jedoch gleichgültig, wählen Sie bitte die andere Option, bei der sich Access selbständig darum kümmert.

Leiten Sie nun mit »Weiter >« den letzten Schritt ein (Bild 3.16).

Bild 3.16:
Tabellen-Assistent, Schritt 5

»Den Tabellenentwurf ändern« öffnet die Tabelle in der Entwurfsansicht, so daß Sie anschließend den Aufbau noch verändern können, beispielsweise Felder umbenennen, löschen oder zusätzliche Felder einfügen.

»Direkt Daten in die Tabelle eingeben« öffnet die Tabelle dagegen in der Datenblattansicht, in der Sie sofort mit der Eingabe von Daten beginnen können.

»Daten in die Tabelle über ein vom Assistenten erstelltes Formular eingeben« erleichtert die Eingabe durch die zusätzliche Erzeugung eines »Auto-

Formulars«, das die gleichen Felder wie die Tabelle selbst enthält, aber im Umgang »angenehmer« ist. Verzichten Sie bitte auf diese Option, bis Sie wissen, was ein Formular ist und wie es benutzt wird.

Aktivieren Sie nun bitte »Direkt Daten in die Tabelle eingeben«, und klicken Sie auf »Fertigstellen«.

3.2 Daten erfassen und editieren

 Bevor es nun an die Eingabe von Daten in die neuerstellte Tabelle geht, merken Sie sich bitte eine äußerst wichtige Grundregel: Erscheint beim Verlassen eines Feldes oder Datensatzes eine Fehlermeldung, haben Sie gegen irgendeine Regel verstoßen, beispielsweise den »Datentyp« des betreffenden Felds nicht beachtet, ein fehlerhaftes »Eingabeformat« verwendet oder eine »Gültigkeitsregel« verletzt.

Ist der Fehler nicht zu korrigieren (zum Beispiel, weil Sie den Datentyp des Felds gar nicht kennen), können Sie sich in all diesen Fällen »befreien«, indem Sie ⌷Esc⌷ drücken. ⌷Esc⌷ macht die (fehlerhafte) letzte Eingabe rückgängig: im betreffenden Datensatzfeld erscheint wieder der vorhergehende Inhalt.

Möglicherweise betraf der Fehler jedoch irgendein anderes Feld dieses Datensatzes, und beim Verlassen des Datensatzes tritt der Fehler daher immer noch auf. In diesem Fall drücken Sie bitte zweimal nacheinander ⌷Esc⌷. Dadurch wird nicht nur die Editierung des letzten Feldes, sondern die Bearbeitung des gesamten Datensatzes rückgängig gemacht. Er besitzt wieder seinen alten Inhalt, und Access hindert Sie nun garantiert nicht länger am Verlassen dieses Datensatzes!

Kommen wir wieder zu unserer Beispieltabelle. Sie befinden sich inzwischen in der »Datenblattansicht«, in der in jeder Zeile der Tabelle genau ein Datensatz angezeigt wird; allerdings ist die soeben erzeugte Tabelle leer und enthält noch keine Datensätze (Bild 3.17).

Um eine bereits vorhandene Tabelle in dieser Ansicht zu öffnen, selektieren Sie sie im Datenbankfenster und klicken auf die Schaltfläche »Öffnen«.

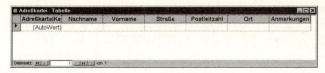

Bild 3.17:
Tabelle
»Adreßkartei«

 Durch Anklicken des abgebildeten Symbols der »Ansicht«-Symbolliste oder mit ANSICHT | ENTWURFSANSICHT können Sie statt der Datenblatt- jederzeit die Entwurfsansicht aktivieren.

 Umgekehrt können Sie durch Anklicken des Datenblattsymbols der »Ansicht«-Symbolliste oder mit ANSICHT | DATENBLATTANSICHT jederzeit wieder die Datenblattansicht aktivieren.

Das Feld »AdreßkarteiKennummer« ganz links ist das von Access selbständig eingefügte Primärschlüsselfeld. Der Hinweis »(AutoWert)« in diesem Feld soll Sie daran erinnern, daß nicht Sie in diesem Feld Daten eingeben, sondern Access das automatisch erledigt: Und zwar trägt Access darin wie erläutert eine fortlaufende Zahl wie 1, 2, 3 etc. ein.

Für Sie interessant sind somit nur die restlichen Tabellenfelder. Bewegen Sie den Cursor wahlweise mit ⇥, →, ↵ oder per Anklicken zum Feld »Nachname«, und geben Sie einen Nachnamen wie »Gerhard« ein. Bewegen Sie den Cursor anschließend zum Feld »Vorname«, geben Sie darin einen Vornamen ein und so weiter.

Erreichen Sie den rechten Rand des Fensters, wird der sichtbare Ausschnitt automatisch verschoben, so daß Sie die Eingabe mit den momentan noch nicht sichtbaren Feldern weiter rechts fortsetzen können.

Nach dem Beenden der Eingabe im letzten Feld »Anmerkungen« mit ⇥, → oder ↵ springt der Cursor automatisch zum ersten Feld der zweiten Zeile, in das Sie nun einen weiteren Datensatz eingeben können.

Geben Sie nun bitte ein paar Datensätze ein, um ein wenig »Material zum Experimentieren« zur Verfügung zu haben (Bild 3.18).

83

Bild 3.18:
Datensatzeingabe

Jedesmal, wenn ein neuer Datensatz eingegeben wird, trägt Access im Feld »AdreßkarteiKennummer« automatisch einen fortlaufenden numerischen Wert ein.

Zusätzlich läuft während der Eingabe die Festplatte eventuell kurz an, da Access Änderungen an Datensätzen nach dem Verlassen der betreffenden Zeile automatisch speichert.

Sind viele Datensätze einzugeben, können Sie mit DATENSÄTZE|DATEN EIN-GEBEN eine komprimierte Tabellenansicht einschalten. Die Anzeige der bereits vorhandenen Sätze wird unterdrückt und statt dessen als erste Tabellenzeile die letzte leere Zeile gezeigt, in der Sie nun einen neuen Datensatz eingeben können. Sobald diese Zeile Daten enthält, wird darunter eine neue leere Zeile angezeigt (Bild 3.19).

Bild 3.19:
Datensatz-Eingabemodus

DATENSÄTZE|FILTER/SORTIERUNG ENTFERNEN schaltet ebenso wie das abgebildete Symbol wieder den Normalmodus ein, in dem alle vorhandenen Datensätze angezeigt werden.

Am unteren Fensterrand zeigt Ihnen der Hinweis »Datensatz: 1«, »Datensatz: 2« etc. ständig Ihre aktuelle Position in der Tabelle an. Rechts daneben wird die Gesamtzahl der momentan vorhandenen Sätze angegeben.

Die Pfeilmarkierung am linken Fensterrand zeigt Ihnen ständig an, in welcher Zeile Sie sich gerade befinden.

Beginnen Sie mit der Eingabe eines Satzes, ersetzt ein Bleistift den Pfeil als Hinweis darauf, daß Sie den betreffenden Satz gerade ändern.

 Das Sternchen »*« kennzeichnet immer den letzten – leeren – Datensatz der Tabelle und wird entsprechend eine Zeile nach unten verschoben, wenn Sie mit der Eingabe eines neuen Datensatzes beginnen.

 In einer Mehrbenutzer-Umgebung kann es passieren, daß neben einem Datensatz das abgebildete Symbol erscheint. Es weist Sie darauf hin, daß der betreffende Satz momentan von einem anderen Benutzer bearbeitet wird und solange für Sie »gesperrt« ist.

Mit den verschiedenen Unterbefehlen von BEARBEITEN I GEHE ZU können Sie sich ebenso wie mit den zugehörigen Navigationssymbolen I◀ , ◀ , ▶ , ▶I und ▶* am unteren Fensterrand auch in umfangreichen Tabellen schnell umherbewegen:

 I◀ bewegt den Cursor zum ersten Datensatz, also zur obersten Tabellenzeile (äquivalent zu BEARBEITEN I GEHE ZU I ERSTEM).

 ▶I springt zum letzten Datensatz (äquivalent zu BEARBEITEN I GEHE ZU I LETZTEM).

 ◀ springt zum jeweils vorhergehenden Datensatz (äquivalent zu BEARBEITEN I GEHE ZU I VORHERIGEM).

 ▶ springt zum jeweils nächsten Datensatz (äquivalent zu BEARBEITEN I GEHE ZU I NÄCHSTEM).

▶* springt zur Leerzeile am unteren Tabellenende, in der Sie anschließend einen neuen Datensatz eingeben können (äquivalent zu BEARBEITEN | GEHE ZU | NEUER DATENSATZ).

Der Mausklick auf ein Feld setzt den Cursor darauf. Alternativ dazu können Sie den mit diesem Symbol verbundenen Pfeil anklicken. Eine Liste aller Tabellenfelder erscheint (»Vorname«, »Nachname« etc.), aus der Sie sich jenes aussuchen können, auf das der Cursor gesetzt werden soll.

Setzt den Cursor in das »Datensatznummernfeld« (den Nummernteil der Anzeige »Datensatz: X« am unteren Fensterrand). Sie können anschließend eine beliebige Datensatznummer eingeben und mit ⏎ direkt zum Satz mit der betreffenden Nummer springen.

Abgesehen von diesen speziellen Symbolen stehen Ihnen alle sonstigen von Windows-Fenstern her gewohnten Bewegungsmöglichkeiten zur Verfügung: Sie können den Fensterinhalt mit den Bildlaufpfeilen oder durch Ziehen und Loslassen der Markierung zwischen diesen Pfeilen nach rechts, links, oben oder unten verschieben.

Die Tasten →, ←, ↓ und ↑ bewegen den Cursor schrittweise in die betreffende Richtung. Bild↓, Bild↑, Strg+Bild↓ und Strg+Bild↑ blättern seitenweise. Pos1 bewegt den Cursor zum ersten Feld des aktuellen Satzes, Ende zum letzten Feld. Strg+Pos1 bewegt ihn zum ersten Feld des ersten Satzes, Strg+Ende zum letzten Feld des letzten Satzes.

Sie ändern einen bestehenden Datensatz, indem Sie den Cursor auf das gewünschte Feld des Satzes setzen und den neuen Feldinhalt eingeben.

Dabei ist zu beachten, daß Sie zunächst mit F2 den Bearbeitungsmodus einschalten müssen, wenn momentan das komplette Feld markiert ist – was nach Bewegungen mit ⇥ oder anderen Cursortasten im Gegensatz zum Anklicken eines Feldes praktisch immer der Fall ist!

Mit dieser Taste können Sie eine Änderung wieder rückgängig machen, wenn Sie das betreffende Feld noch nicht verlassen haben!

Um Daten zu bearbeiten, beispielsweise zu kopieren, müssen Sie sie zuvor »markieren« oder »selektieren«. Um mehrere Zeichen zu markieren, ziehen Sie den Cursor bei gedrückter linker Maustaste darüber. Um komplette Felder zu markieren, steuern Sie den Cursor zum Anfang eines Felds, **wo er sich in ein Kreuz verwandelt**, und drücken die linke Maustaste, um das aktuelle Feld zu markieren, oder ziehen ihn dann nach rechts, links, oben oder unten, um dieses und benachbarte Felder zu markieren.

Um eine vollständige Zeile zu markieren, klicken Sie auf den zugehörigen »Zeilenmarkierer«, das kleine Kästchen in der schmalen Spalte links neben dem Datensatz. Die betreffende Zeile wird vollständig markiert (Sie können statt dessen auch BEARBEITEN | DATENSATZ MARKIEREN wählen) und kann von Ihnen anschließend beispielsweise mit BEARBEITEN | LÖSCHEN gelöscht werden.

 Geht es nur um eine einzige Zeile, die gelöscht werden soll, ist es zwar schneller, statt dessen einfach BEARBEITEN | DATENSATZ LÖSCHEN zu wählen oder auf das zugehörige Symbol zu klicken.

Dafür können Sie jedoch mit Hilfe des Zeilenmarkierers sogar mehrere aufeinanderfolgende Zeilen markieren: Sie klicken auf den Zeilenmarkierer der obersten Zeile und ziehen die Maus nach unten bis zur letzten Zeile, bevor Sie die Maustaste wieder loslassen (Bild 3.20).

AdreßkarteiKe	Nachname	Vorname	Straße	Postleitzahl	Ort	Anmerkungen
1	Maier	Werner	Maierweg 5	30000	Maiershausen	keine
2	Müller	Walter	Müllerstr. 2	10000	Müllersdorf	auch keine
3	Bauer	Gerd	Bauerallee 7	50000	Bauershausen	Programmierer
4	Müller	Arndt	Stollallee 8	60000	Frankfurt	keine
(AutoWert)						

Bild 3.20:
Zeilen markieren

Klicken Sie auf den Zeilenmarkierer in der oberen linken Tabellenecke, links neben der ersten Spaltenüberschrift »Feldname«, werden sogar ebenso wie mit dem Befehl BEARBEITEN | ALLE DATENSÄTZE MARKIEREN alle Zeilen markiert.

Wie gesagt, BEARBEITEN | LÖSCHEN (einfacher: Entf drücken) löscht die momentan markierten Zeichen oder gar Datensätze, und BEARBEITEN | DATENSATZ LÖSCHEN löscht den aktuellen Datensatz auch ohne vorheriges Markieren.

Analog dazu können auch Spalten behandelt werden. BEARBEITEN | SPALTEN LÖSCHEN entfernt dazu die gesamte Spalte, in der sich der Cursor befindet. Umgekehrt können Sie mit EINFÜGEN | SPALTE vor der aktuellen Spalte eine neue leere Spalte einfügen, die einen Standardnamen wie »Feld1« oder »Feld2« erhält. Um den Namen einer Spalte zu ändern, doppelklicken Sie einfach darauf, beispielsweise auf »Vorname«, und können den Text anschließend editieren.

Um die Inhalte von Feldern zu verschieben oder zu kopieren, markieren Sie die betreffenden Zeichen bzw. das komplette Feld (F2), zum Beispiel den Eintrag »Walter«, und wählen BEARBEITEN | AUSSCHNEIDEN oder BEARBEITEN | KOPIEREN. Die markierten Daten werden in die »Windows-Zwischenablage« befördert und dort zur weiteren Verwendung aufbewahrt. AUSSCHNEIDEN löscht die Daten zusätzlich an der alten Position, entfernt den Text also, so daß ein leeres Feld zurückbleibt.

Die in der Zwischenablage enthaltenen Daten können Sie anschließend mit BEARBEITEN | EINFÜGEN in ein beliebiges anderes Feld einfügen, auf das Sie zuvor den Cursor setzen. Wählten Sie zuvor AUSSCHNEIDEN, haben Sie den Feldinhalt dadurch verschoben. Wählten Sie KOPIEREN, so daß er an der alten Position erhalten blieb, haben Sie ihn kopiert.

Um komplette Zeilen zu verschieben oder zu kopieren, gehen Sie ähnlich vor: Sie markieren die betreffende(n) Zeile(n) und wählen AUSSCHNEIDEN, um sie zu entfernen. Markieren Sie nun die Zeile, zu der die ausgeschnittene Zeile verschoben werden soll, und wählen Sie EINFÜGEN. Die in der Zwischenablage enthaltene ausgeschnittene Zeile wird an der betreffenden Position eingefügt und die momentan markierte Zeile dadurch **überschrieben**.

Sie haben somit zwar einen Datensatz verschoben, allerdings auf Kosten eines anderen nun nicht mehr vorhandenen Satzes. Sinnvoller ist es, nach dem Ausschneiden die letzte (leere) Zeile zu markieren und den in der Zwischenablage enthaltenen Satz als neuen Datensatz am Tabellenende einzufügen. Oder Sie wählen BEARBEITEN | AM ENDE ANFÜGEN, was das gleiche bewirkt.

Wählen Sie statt AUSSCHNEIDEN den Befehl KOPIEREN, bleibt der Datensatz an der ursprünglichen Position erhalten und wird nach Wahl von BEARBEITEN | AM ENDE ANFÜGEN zusätzlich am Ende der Tabelle eingefügt, so daß er nun doppelt vorhanden ist (Bild 3.21).

AdreßkarteiKe	Nachname	Vorname	Straße	Postleitzahl	Ort	Anmerkungen
1	Maier	Werner	Maierweg 5	30000	Maiershausen	keine
2	Müller	Walter	Müllerstr. 2	10000	Müllersdorf	auch keine
3	Bauer	Gerd	Bauerallee 7	50000	Bauershausen	Programmierer
4	Müller	Arndt	Stollallee 8	60000	Frankfurt	keine
8	Bauer	Gerd	Bauerallee 7	50000	Bauershausen	Programmierer
(AutoWert)						

Bild 3.21:
Datensätze kopieren

Haben Sie zuvor mit der Tabelle »herumgespielt« und mehrfach zusätzliche Sätze eingetragen und wieder gelöscht, trägt Access in die Kopie nicht den erwarteten Zählerwert 4 ein, sondern einen höheren Wert. Wie erläutert wird der Zähler beim Eintragen eines zusätzlichen Satzes »inkrementiert« (um 1 erhöht) – ohne jedoch umgekehrt beim Löschen eines Datensatzes wieder »dekrementiert« (um 1 vermindert) zu werden!

DATEI | DRUCKEN... druckt das aktive Objekt aus. Zum Beispiel die gerade aktive Tabelle. Wollen Sie nur bestimmte Datensätze ausdrucken, markieren Sie sie zuvor, wählen DATEI | DRUCKEN... und aktivieren die Option »Markierte Datensätze«.

3.3 Sortieren und Filtern

Um Datensätze zu sortieren, bewegen Sie sich in das Feld, das als »Sortierkriterium« verwendet werden soll, beispielsweise »Nachname«, und wählen DATENSÄTZE | SORTIERUNG | AUFSTEIGEND oder klicken auf das zugehörige Symbol; bzw. wählen ABSTEIGEND, wenn Sie die Sortierreihenfolge umkehren wollen (Bild 3.22).

AdreßkarteiKe	Nachname	Vorname	Straße	Postleitzahl	Ort	Anmerkungen
3	Bauer	Gerd	Bauerallee 7	50000	Bauershausen	Programmierer
1	Maier	Werner	Maierweg 5	30000	Maiershausen	keine
2	Müller	Walter	Müllerstr. 2	10000	Müllersdorf	auch keine
4	Müller	Arndt	Stollallee 8	60000	Frankfurt	keine
(AutoWert)						

Bild 3.22:
Sortieren

Die Tabelle ist nun zwar aufsteigend nach Nachnamen sortiert, sollte jedoch aufgrund der beiden identischen Nachnamen »Müller« zusätzlich noch nach »Vorname« sortiert werden, damit »Walter Müller« nach und nicht vor »Arndt Müller« angeordnet wird.

Um mehrere Sortierkriterien **gleichzeitig** zu verwenden, selektieren Sie durch Ziehen der Maus über die betreffenden Spaltenüberschriften mehrere benachbarte Spalten und wählen erneut DATENSÄTZE I SORTIERUNG: Access sortiert die Daten zunächst nach dem Inhalt jener markierten Spalte, die sich am weitesten links befindet. Datensätze, die identische Inhalte in dieser Spalte aufweisen, werden wiederum nach dem Inhalt der Spalte rechts daneben sortiert und so weiter. Je weiter links sich eine Spalte befindet, desto höher ist somit ihre »Sortierpriorität«.

Markieren Sie entsprechend die Spalten »Nachname« und »Vorname«, indem Sie auf die Spaltenüberschrift »Nachname« klicken und die Maus bei gedrückter Maustaste nach rechts zur Spalte »Vorname« ziehen. Wählen Sie danach DATENSÄTZE I SORTIERUNG I AUFSTEIGEND. Das Resultat sehen Sie in Bild 3.23.

Bild 3.23:
Haupt- und
Untersortierkriterium

»Filtern« heißt, bestimmte Datensätze auszuwählen und im Datenblatt statt aller nur noch ganz bestimmte Datensätze anzeigen zu lassen, beispielsweise nur noch »alle Müller, die in Müllersdorf wohnen«.

Am einfachsten erreichen Sie das mit DATENSÄTZE I FILTER I AUSWAHLBASIERTER FILTER. Bevor Sie diesen Befehl wählen bzw. auf das zugehörige Symbol klicken, »zeigen« Sie Access, welche Datensätze Sie sehen wollen, indem Sie irgendwo in der Tabelle den interessierenden Wert selektieren, beispielsweise den Nachnamen »Müller«. Wählen Sie danach DATENSÄTZE I FILTER I AUSWAHLBASIERTER FILTER, werden nur noch Datensätze angezeigt, die im Feld »Nachname« die Zeichenkette »Müller« enthalten (Bild 3.24).

	AdreßkarteiKe	Nachname	Vorname	Straße	Postleitzahl	Ort	Anmerkungen
▶	2	Müller	Walter	Müllerstr. 2	10000	Müllersdorf	auch keine
	4	Müller	Arndt	Stollallee 8	60000	Frankfurt	keine
✱	(AutoWert)						

Bild 3.24:
Filterergebnis

Am unteren Fensterrand weist »Datensatz: X von Y (Gefiltert)« darauf hin, daß momentan nicht alle vorhandenen Datensätze angezeigt werden und informiert gleichzeitig über die Anzahl der Datensätze, die den Filterkriterien entsprechen.

Die Filterung können Sie beliebig fortsetzen. Um beispielsweise nur noch Müller in »Müllersdorf« anzuzeigen, selektieren Sie anschließend im Feld »Ort« den Eintrag »Müllersdorf« und wählen erneut DATENSÄTZE|FILTER|AUSWAHLBASIERTER FILTER.

Bei den selektierten Werten kann es sich auch um Teile eines Feldes handeln. Selektieren Sie im Feld »Postleitzahl« das Zeichen »5«, werden alle Sätze angezeigt, die ebenfalls eine »5« in diesem Feld enthalten, egal ob es sich dabei um die Postleitzahl 50000, 50500 oder 50005 handelt. Selektieren Sie im Feld »Ort« die Zeichenkette »dorf«, werden alle Sätze angezeigt, die irgendwo in diesem Feld diese Zeichenkette enthalten, also »Müllersdorf«, »Dorfstadt« etc.

Um die Filterung wieder aufzuheben, wählen Sie DATENSÄTZE|FILTER/SORTIERUNG AUFHEBEN oder klicken auf das abgebildete »Filter«-Symbol, das bei aktiver Filterung in der Symbolleiste als »eingedrückter Knopf« erscheint. Anklicken genügt, um den Knopf zu »lösen« und die Filterung wieder aufzuheben.

Erheblich weitergehende Filtermöglichkeiten bietet der Befehl DATENSÄTZE|FILTER|FORMULARBASIERTER FILTER bzw. das zugehörige Symbol. Er öffnet das »Filterfenster«, in dem nur eine einzige Datensatzzeile angezeigt wird. Wollen Sie darin doch keinen Filter definieren und wieder die gewohnte Tabelle sehen, schließen Sie dieses Fenster einfach, beispielsweise mit der inzwischen in der Symbolleiste angezeigten Schaltfläche »Schließen«.

Um nun jedoch tatsächlich einen Filter zu definieren, tragen Sie in die einzelnen Felder der Zeile Ihre »Selektionskriterien« ein. Sie könnten beispielsweise im Feld »Postleitzahl« den Ausdruck »>30000« eintragen, der nur Sätze mit Postleitzahlen größer als 30000 anzeigt.

Wesentlich einfacher ist es, das gewünschte Kriterium einfach aus einer Liste auszusuchen: Setzen Sie den Cursor per Anklicken auf eines der Felder, erscheint darin ein Listenpfeil. Klicken Sie darauf, wird die Liste geöffnet. Sie enthält alle Werte Ihrer Datensätze im betreffenden Feld (Bild 3.25).

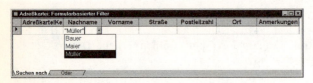

Bild 3.25:
Filterkriterium

Sie wählen daraus den interessierenden Eintrag aus, beispielsweise im Feld »Nachname« den Namen »Müller«. Danach aktivieren Sie die Filterung mit FILTER | FILTER/SORTIERUNG ANWENDEN bzw. dem zugehörigen Symbol (Bild 3.26).

AdreßkarteiKe	Nachname	Vorname	Straße	Postleitzahl	Ort	Anmerkungen
2	Müller	Walter	Müllerstr. 2	10000	Müllersdorf	auch keine
4	Müller	Arndt	Stollallee 8	60000	Frankfurt	keine
*	(AutoWert)					

Bild 3.26:
Gefilterte Tabelle

Nun werden nur noch jene Datensätze angezeigt, die im betreffenden Feld den ausgewählten Eintrag »Müller« enthalten.

Interessieren Sie nicht alle »Müller«, sondern nur jene, die in »Müllersdorf« wohnen, wählen Sie erneut DATENSÄTZE | FILTER | FORMULARBASIERTER FILTER. Das soeben verwendete Filterkriterium »Müller« im Feld »Nachname« ist unverändert vorgegeben. Lassen Sie es unverändert, und wählen Sie in der Filterliste des Felds »Ort« zusätzlich das Kriterium »Müllersdorf« aus (Bild 3.27).

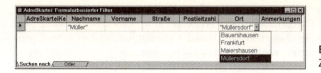

Bild 3.27:
Zweites Kriterium

Die beiden Kriterien werden mit dem logischen Operator »Und« verknüpft und nach Wahl von FILTER | FILTER/SORTIERUNG ANWENDEN nur noch Sätze angezeigt, die **beide** Kriterien erfüllen (Bild 3.28).

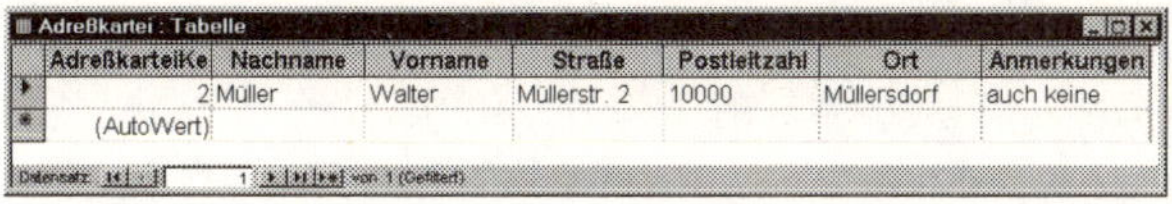

Bild 3.28:
Ergebnis der Filterung

Klicken Sie am unteren Rand des Filterfensters auf die Registerzunge »Oder«, wird das gleichnamige Register aktiviert, das zunächst ebenfalls nur eine leere »Filterzeile« enthält. Kriterien, die Sie in diese Zeile eingeben, werden mit den im Register »Suchen nach« enthaltenen Kriterien verknüpft, und zwar mit dem logischen Operator »Oder«.

Dadurch werden all jene Datensätze angezeigt, die **entweder** den ersten **oder** aber den zweiten Kriterien entsprechen. Sie können nun mehrere Kriterien für ein einziges Feld definieren: Wählen Sie im Register »Suchen nach« als Kriterium für den Nachnamen »Müller« und danach im Register »Oder« als zweites Kriterium für dieses Feld »Maier«, werden alle Sätze angezeigt, die entweder den Namen »Müller« oder aber den Namen »Maier« enthalten.

Sie können beliebig viele Kriterien miteinander verknüpfen, da nach Aktivierung des jeweils letzten »Oder«-Registers immer wieder ein neues »Oder«-Register am rechten Rand der Registerleiste eingefügt wird.

Um die Filterung wieder aufzuheben, wählen Sie DATENSÄTZE | FILTER/SORTIERUNG AUFHEBEN oder klicken erneut auf das bei aktiver Filterung eingedrückte »Filter«-Symbol.

Schließen Sie die Tabelle, fragt Access, ob Sie die Änderungen speichern wollen. Bestätigen Sie das, werden zusammen mit der Tabelle auch die Filterkriterien gespeichert. Beim nächsten Öffnen ist die Tabelle zunächst zwar wieder ungefiltert und es werden alle Datensätze angezeigt. Es genügt jedoch, DATENSÄTZE I FILTER/SORTIERUNG ANWENDEN zu wählen oder auf das zugehörige Symbol zu klicken, um die zusammen mit der Tabelle geladenen Filterkriterien wieder anzuwenden, ohne sie erneut eingeben zu müssen.

4

Das Layout von Tabellen gestalten

Sie können das Tabellenlayout in vielerlei Hinsicht gestalten; beispielsweise die verwendete Schriftart und -größe verändern oder die Breite und Höhe der einzelnen Tabellenspalten/-zeilen; oder nicht benötigte Tabellenspalten einfach aus- und bei Bedarf wieder einblenden.

4.1   Schriftarten

FORMAT | ZEICHEN... öffnet ebenso wie das zugehörige Symbol ein Dialogfeld, in dem Sie eine einheitliche, für die gesamte Tabelle gültige Schriftart wählen können (Bild 4.1).

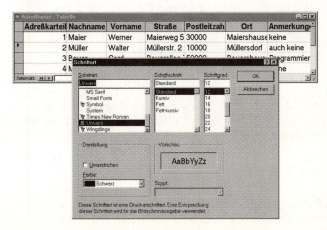

Bild 4.1:
Schriftarten
und -größen

Unabhängig voneinander können Sie in den drei Listenfeldern die Schriftart, den Schriftschnitt und die Schriftgröße festlegen. Zusätzlich können Sie mit dem Kontrollkästchen »Unterstrichen« den Text unterstreichen.

Unter »Vorschau« wird an einem Beispiel gezeigt, wie sich die betreffende Formatierung auf die Bildschirmdarstellung auswirken würde. Sind Sie damit einverstanden, wählen Sie »OK«, und der Tabelle wird die betreffende Formatierung zugewiesen.

4.2 Zellformatierungen

Mit dem Befehl FORMAT | ZELLEN... können Sie die Darstellung der einzelnen Tabellenfelder beeinflussen (Bild 4.2).

Bild 4.2:
Zellen formatieren

 Mit den entsprechenden Kontrollkästchen unter »Rasterlinien anzeigen« können Sie ebenso wie mit der abgebildeten Symbolliste die Anzeige der vertikalen und/oder der waagrechten Gitternetzlinien unterdrücken.

In den beiden Listenfeldern läßt sich die Farbe der Gitternetzlinien und des Tabellenhintergrunds bestimmen.

 Die Optionen unter »Spezialeffekt« bewirken ebenso wie die abgebildete Symbolliste unterschiedliche »Hervorhebungen« der Zellen, beispielsweise die in Bild 5.2 sichtbare Hervorhebung der einzelnen Felder.

4.3 Spalten markieren und verschieben

Sie können eine komplette Spalte markieren, indem Sie auf die zugehörige Spaltenüberschrift klicken, beispielsweise auf »Nachname«. Halten Sie die Maustaste weiter gedrückt, und ziehen Sie die Maus nach rechts oder links, werden auch die dabei »überstrichenen« benachbarten Spalten markiert (Bild 4.3).

Bild 4.3:
Spalten markieren

Eine oder mehrere markierte Spalten können Sie verschieben, indem Sie auf **irgendeine** der nun markierten Feldbezeichnungen klicken, die Maus nach rechts oder nach links ziehen und die Maustaste wieder loslassen.

Beim Ziehen zeigt eine Hervorhebung der dünnen Linie zwischen den Spaltenbegrenzungen an, wo die markierten Spalten beim Loslassen eingefügt werden, beispielsweise vor der Spalte »Nachname« (Bild 4.4).

Bild 4.4:
Verschobene Spalten

4.4 Zeilenhöhe und Spaltenbreite

Sie können die Höhe der Tabellenzeilen und die Breite der Spalten verändern. Um die Höhe zu verändern, bewegen Sie den Mauscursor an den linken Tabellenrand, **zwischen** zwei Zeilenmarkierer. Er verändert seine Form und wird zu einem Doppelpfeil. Sie können die Trennlinie nun anklicken und nach oben (Zeilenhöhe verringern) bzw. nach unten (Zeilenhöhe vergrößern) ziehen. Lassen Sie die Maustaste los, weist Access **allen** Tabellenzeilen die neue Zeilenhöhe zu (Bild 4.5).

Bild 4.5:
Zeilenhöhe ver-
ändern

 Alternativ dazu können Sie auf das abgebildete Symbol klicken oder den Befehl FORMAT | ZEILENHÖHE... wählen (der sich auch im Kontextmenü befindet, das durch Anklicken eines Zeilenmarkierers mit der rechten Maustaste geöffnet wird): Ein Dialogfeld erscheint, in dem die aktuelle Zeilenhöhe (zum Beispiel 10,5 »Punkt«) vorgegeben wird. Sie können einen anderen Wert eintippen oder das Kontrollkästchen »Standardhöhe« aktivieren, wodurch Access die zur verwendeten Schriftgröße optimal passende Höhe einstellt.

Bei den Tabellenspalten können Sie die Breite **jeder** Spalte individuell verändern. Dazu klicken Sie in der obersten Tabellenzeile auf eine Trennlinie zwischen zwei Feldnamen und ziehen sie bei gedrückter Maustaste nach links (Verringerung der Spaltenbreite) bzw. nach rechts (Erhöhung der Breite), bevor Sie die Maustaste wieder loslassen.

 Oder Sie wählen im Access- oder im Spaltenkontextmenü (mit rechter Maustaste auf Feldname klicken) FORMAT | SPALTENBREITE... bzw. benutzen das zugehörige Symbol und geben den gewünschten Wert per Hand ein (Bild 4.6).

Bild 4.6:
Spaltenbreite
verändern

Das Kontrollkästchen »Standardbreite« stellt einfach die Vorgabebreite von Access ein und führt diesmal keine automatische Anpassung an die Schriftgröße aus; das wäre sinnlos, da die benötigte Spaltenbreite weniger von der Schriftgröße als vielmehr von der Länge der eingegebenen Texte bzw. Zahlen abhängt, die von Zeile zu Zeile höchst unterschiedlich sein kann.

Im Gegensatz zur Manipulation der Zeilenhöhe wirkt sich die Veränderung der Spaltenbreite aus diesem Grund **nur auf die momentan aktive Spalte** aus, also auf jene Spalte, in der sich der Cursor vor Anwahl von FORMAT | SPALTENBREITE... befand bzw. an deren rechter Begrenzung Sie zogen.

Mit einem Doppelklick auf eine Spaltenbegrenzung oder der Schaltfläche »Anpassen« des Befehls FORMAT | SPALTENBREITE... lösen Sie die Funktion »Optimale Breite« aus: Access vergrößert bzw. verringert die Spaltenbreite so weit, daß der längste Eintrag in der betreffenden Spalte gerade noch vollständig sichtbar ist.

4.5   Spalten aus-/einblenden und fixieren

»Überflüssige« Spalten können Sie aus- und bei Bedarf wieder einblenden; beispielsweise das Feld »AdreßkarteiKennnummer«, das ja nur von interner Bedeutung für Access selbst ist. Die Spalte wird ausgeblendet, wenn sich der Cursor irgendwo in dieser Spalte befindet und Sie FORMAT | SPALTEN AUSBLENDEN wählen (Bild 4.7).

Um mehrere Spalten gleichzeitig auszublenden, selektieren Sie sie und wählen danach FORMAT | SPALTEN AUSBLENDEN.

 Mit FORMAT | SPALTEN EINBLENDEN... oder dem zugehörigen Symbol können Sie diese Manipulation jederzeit rückgängig machen: Feldnamen mit Häkchen kennzeichnen eingeblendete, Feldnamen ohne Häkchen ausgeblendete Spalten. Um den Zustand einer Spalte umzukehren, aktivieren bzw. deaktivieren Sie das jeweilige Kontrollkästchen.

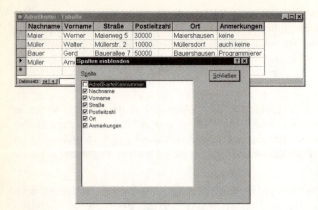

Bild 4.7:
Spalte ausblen-
den

Nehmen wir an, Ihre Tabelle ist trotz Anpassung der Spaltenbreiten zu breit, um vollständig sichtbar zu sein, so daß Sie ständig
nach rechts oder links »scrollen« müssen. Ist »Ort« für Sie ein extrem wichtiges Feld, wollen Sie es sicher ständig sehen, egal welcher Tabellenausschnitt gerade angezeigt wird. Sie können dieses Feld »fixieren«, indem Sie den Cursor in die betreffende
Spalte bewegen und FORMAT I SPALTEN FIXIEREN wählen oder das
zugehörige Symbol anklicken.

Access ändert daraufhin die Feldreihenfolge, verschiebt die fixierte Spalte »Ort« ganz nach links und trennt sie durch einen dicken Strich von den
restlichen Spalten – und sorgt dafür, daß diese Spalte **immer** sichtbar ist;
selbst dann, wenn Sie den Tabellenausschnitt scrollen, um die Spalten zu
sehen, die sich ganz rechts befinden (Bild 4.8).

Ort	Vorname	Straße	Postleitzahl	Anmerkungen
Maiershausen	Werner	Maierweg 5	30000	keine
Müllersdorf	Walter	Müllerstr. 2	10000	auch keine
Bauershausen	Gerd	Bauerallee 7	50000	Programmierer
Frankfurt	Arndt	Stollallee 8	60000	keine

Bild 4.8:
Spaltenfixierung

Auch hier können Sie wieder mehrere benachbarte Spalten markieren und danach mit SPALTEN FIXIEREN alle markierten Spalten gleichzeitig fixieren. Jede weitere fixierte Spalte kommt unmittelbar rechts neben die bereits fixierten.

Der Befehl FORMAT I SPALTENFIXIERUNG AUFHEBEN hebt die Fixierung **aller** Spalten wieder auf (leider ohne »Ort« an die ursprüngliche Position zurückzuschieben).

5

Den Tabellenentwurf optimieren

Im vorliegenden Kapitel geht es darum, die Struktur von Tabellen so zu optimieren, daß Fehleingaben von vornherein vermieden werden und die Suche nach Daten möglichst schnell erfolgt.

Dazu gehört die Verwendung der für den jeweiligen Zweck geeignetsten »Datentypen« und »Feldgrößen«, die Festlegung von Standardwerten und Gültigkeitsprüfungen, vor allem aber die Definition von Indizes und eines »Primärschlüssels«.

5.1   Die Entwurfsansicht

Mit ANSICHT I ENTWURFSANSICHT oder einfacher durch Anklicken des abgebildeten Symbols aktivieren Sie die »Tabellenentwurfs-ansicht«, in der Sie den Aufbau Ihrer Tabelle definieren. Dieser Aufbau ist nach der Erzeugung mit dem Assistenten zwar bereits vorgegeben, kann aber jederzeit von Ihnen verändert werden (Bild 5.1).

Wollen Sie nach Veränderungen wieder in die Datenblattansicht zurückwechseln, klicken Sie das abgebildete Symbol an: Access weist Sie darauf hin, daß der Wechsel von der Entwurfs- zur Datenblattansicht zuvor das Speichern des geänderten Tabellen-layouts erfordert. Sind Sie damit einverstanden, werden Ihre Änderungen gespeichert und anschließend die Datenblattansicht aktiviert.

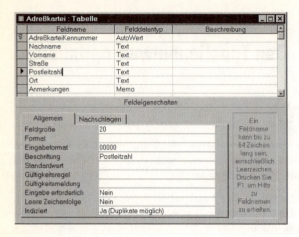

Bild 5.1:
Tabelle »Adreßkartei«
in der Entwurfsansicht

Probleme gibt es bei diesem Wechsel zwischen der Datenblatt- und der Entwurfsansicht nur, wenn Ihre Tabelle bereits Daten enthält und Sie nun in der Entwurfsansicht eine »kritische« Veränderung vornehmen; beispielsweise eine komplette Entwurfszeile und damit auch das darin definierte Tabellenfeld löschen: Access weist Sie darauf hin, daß dadurch alle bereits in dieses Feld eingegebenen Daten verloren gehen würden und überläßt Ihnen die Wahl, ob Sie damit einverstanden sind oder die Entwurfsveränderung rückgängig machen wollen.

 Möglicherweise erstellten Sie Ihre Tabelle nicht mit dem Tabellen-Assistenten, sondern indem Sie im Datenbankfenster auf »Neu« klickten und danach »Entwurfsansicht« wählten. Die neue Tabelle besitzt in diesem Fall noch keinen Namen. Wollen Sie in die Datenblattansicht wechseln, muß der neue Tabellenentwurf gespeichert werden, und Sie werden zuvor entsprechend nach dem gewünschten Namen gefragt (Bild 5.2).

Bild 5.2:
Tabelle benennen

Sie können die Vorgabe übernehmen oder aber durch einen sinnvolleren Namen wie »Adressen« ersetzen. Anschließend erscheint in jedem Fall die folgende Frage (Bild 5.3).

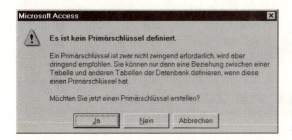

Bild 5.3:
Fehlender Primär-
schlüssel

Sie sahen, wie bei der Tabellenerzeugung mit dem Assistenten der Primärschlüssel definiert wird. Erzeugen Sie eine Tabelle ohne den Assistenten, sind Sie dafür selbst verantwortlich, und Access warnt Sie entsprechend der Abbildung beim Wechseln in die Datenblattansicht, wenn Sie diese Definition vergessen haben.

»Ja« fügt ein zusätzliches Feld in die Tabelle ein, in das Access selbständig fortlaufende Zahlen einträgt, die jeden Datensatz eindeutig identifizieren. »Nein« führt dazu, daß die Tabelle keinen Primärschlüssel besitzt, was jedoch nicht sehr empfehlenswert ist. »Abbrechen« ermöglicht Ihnen, in der Entwurfsansicht zu bleiben und die vergessene Definition nachzuholen.

Jede Zeile des Entwurfsformulars enthält genau eine »Felddefinition«. Diese Definition besteht aus

■ dem Feldnamen

■ dem Felddatentyp

■ der Feldbeschreibung

5.2 Felddefinitionen und Feldeigenschaften

Um Teile einer Definition wie den Feldnamen »AdreßkarteiKennummer« zu ändern, klicken Sie ihn einfach an: der Cursor wird auf das angeklickte Zeichen gesetzt, und Sie können den Text wie gewohnt editieren, beispielsweise die Feldnamen entsprechend der folgenden Abbildung verändern (Bild 5.4).

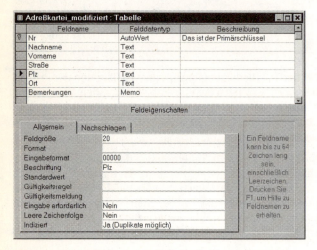

Bild 5.4:
Feldnamen editieren

Hier wurden »AdreßkarteiKennummer« durch »Nr« ersetzt, »Postleitzahl« durch »Plz« und »Anmerkungen« durch »Bemerkungen«.

Soll der geänderte Feldname »Plz« auch in der Datenblattansicht erscheinen, müssen Sie außerdem die Zeile »Plz« selektieren und in der unteren Fensterhälfte den Eintrag »Postleitzahl« ebenfalls durch »Plz« ersetzen oder einfach entfernen.

Geben Sie zusätzlich in der Spalte »Beschreibung« für das Feld »Nr« den Kommentar »Das ist der Primärschlüssel« ein.

Das Entwurfsformular besitzt große Ähnlichkeit mit einer Tabelle. Mit entsprechenden Konsequenzen: Sie können sich in diesem Formular mit den gleichen Techniken bewegen, darin einzelne Zeichen, komplette Felder ([F2]) oder eine bzw. mehrere Zeilen markieren. BEARBEITEN | ALLE DATENSÄTZE MARKIEREN markiert ebenso wie das Anklicken des Zeilenmarkierers in der oberen linken Tabellenecke wieder alle Zeilen.

 BEARBEITEN | ZEILEN LÖSCHEN bzw. das zugehörige Symbol löscht ebenso wie [Entf] die aktuelle Zeile bzw. die momentan markierten Zeilen.

 Im Gegensatz zum Tabellendatenblatt können Sie auch Leerzeilen einfügen. Dazu selektieren Sie eine oder mehrere Zeilen, beispielsweise die Zeile »Bemerkungen« und die beiden folgenden Zeilen und drücken [Einfg] oder klicken auf das zugehörige Symbol bzw. wählen EINFÜGEN | ZEILEN (Bild 5.5).

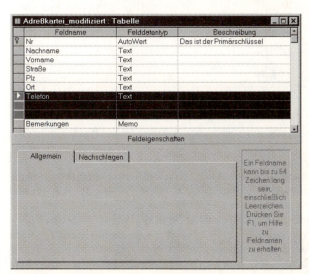

Bild 5.5:
Leerzeilen einfügen

Access fügt vor der ersten markierten Zeile »Bemerkungen« Leerzeilen ein. Die Anzahl der eingefügten Zeilen entspricht dabei der Anzahl der zuvor markierten Zeilen, im Beispiel drei. Sie können anschließend vor »Bemerkungen« drei weitere Felddefinitionen einfügen, beispielsweise entsprechend der Abbildung ein Feld »Telefon«, dem Access zunächst den Standarddatentyp »Text« zuordnet.

 Befindet sich der Cursor in der Spalte »Feldname«, können Sie durch Klicken auf das abgebildete Symbol den Feldeditor aufrufen, statt das betreffende Feld manuell zu definieren (Bild 5.6).

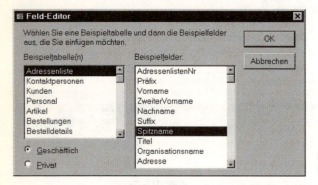

Bild 5.6:
Der Feldeditor

Sie können sich aus einer beliebigen Beispieltabelle ein Feld aussuchen und die zugehörige Definitionszeile an der aktuellen Cursorposition einfügen lassen.

 Analog zum Verschieben von Spalten in der Datenblattansicht können Sie in der Entwurfsansicht komplette Zeilen per »Ziehen und Ablegen« verschieben: Sie markieren die Zeilen und lassen die Maustaste zunächst wieder los. Danach klicken Sie auf den Zeilenmarkierer irgendeiner dieser Zeilen und ziehen die Maus nach oben oder unten. Dadurch wird der markierte Bereich in die betreffende Richtung verschoben. Die aktuelle »Verschiebeposition« hebt Access durch einen dickeren Zeilentrennstrich hervor. Ist die gewünschte Position erreicht, lassen Sie die Maustaste wieder los.

Wenn Sie sich im oberen Fensterteil mit dem Cursor von Feld zu Feld auf- oder abwärts bewegen, werden im unteren Teil ständig die Eigenschaften des betreffenden Feldes angezeigt. Welche Eigenschaften das »aktive« Feld besitzt, hängt vom »Felddatentyp« ab.

Mit ⎡F6⎤ können Sie zwischen dem oberen und dem unteren Fensterteil hin- und herwechseln, ohne dabei die Cursorposition in der betreffenden Hälfte zu verändern.

Um eine Feldeigenschaft wie »Feldgröße«, »Format« oder »Beschriftung« zu ändern, klicken Sie sie an und tippen für die betreffende Eigenschaft einen neuen Wert ein. Dabei schalten Sie ebenso wie im Datenblattmodus mit ⎡F2⎤ zwischen dem Markieren eines Eintrags und dem normalen Editiermodus um.

 Erheblich einfacher ist folgende Technik: Am rechten Rand vieler »Eigenschaftszeilen« erscheint nach dem Anklicken der abgebildete Pfeil. Klicken Sie darauf, öffnet sich eine Liste, die alle möglichen Einstellungen der betreffenden Eigenschaft enthält. Für die Eigenschaft »Eingabe erforderlich« beispielsweise die Alternativen »Ja« und »Nein«. Durch Anklicken wählen Sie die von Ihnen gewünschte Einstellung aus.

Datentypen und Feldgrößen

Geben Sie in einer leeren Zeile einen zusätzlichen Feldnamen ein, und verlassen Sie die Zeile anschließend, fügt Access in der Spalte »Felddatentyp« selbständig den Eintrag »Text« ein, den »Standarddatentyp« eines Feldes. Paßt Ihnen diese Vorgabe nicht oder wollen Sie den Datentyp bereits bestehender Felder nachträglich ändern, klicken Sie die Spalte »Felddatentyp« der betreffenden Zeile an.

Anschließend können Sie den gewünschten Datentyp manuell eintippen (»Text«, »Zahl« etc.) oder aber nach der Aktivierung des Felds auf den zugehörigen Listenpfeil klicken und den gewünschten Datentyp aus der Liste auswählen (Bild 5.7).

Auf diese Weise den Felddatentyp korrekt anzugeben, ist Voraussetzung für spätere »Plausibilitätsprüfungen«. Zur Erläuterung: Es wäre unsinnig, im Feld »Plz« einen Text wie »Hallo« einzugeben. Also teilen Sie Access mit, daß dieses Feld den Typ »Zahl« besitzt, um sicherzustellen, daß der Anwender darin nur Zahlenwerte eingeben darf und Access sich weigert, einen Text wie »Hallo« oder »Maier« zu akzeptieren.

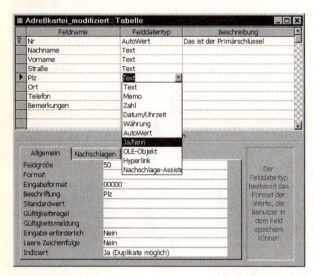

Bild 5.7: ADRESSEN.MDB, Tabelle »Adreßkartei_modifiziert«

Um möglichst exakte Plausibilitätsprüfungen zu ermöglichen, sollte ein Datenbankprogramm über möglichst viele Datentypen verfügen. Die Datentypen von Access:

Tabelle 5.1: Felddatentypen

Datentyp	Zulässige Eingaben	Belegter Platz
Text	Alphanumerische Zeichen	Max. 255 Byte
Memo	Alphanumerische Zeichen	Max. 64.000 Byte
Zahl	Ganz- oder Dezimalzahlen	1, 2, 4 oder 8 Byte (Replikations-ID: 16 Byte)
Datum/Uhrzeit	Ein Datum oder eine Uhrzeit	8 Byte
Währung	Geldwerte (»DM«-Zusatz)	8 Byte

Tabelle 5.1: Felddatentypen

Datentyp	Zulässige Eingaben	Belegter Platz
AutoWert	Von Access bei jedem zusätzlichen Satz inkrementierter Zählerwert	4 Byte (Replikations-ID: 16 Byte)
Ja/Nein	Boolesche Werte	1 Bit
OLE-Objekt	Objekte wie Grafiken oder Excel-Tabellen	Max. 1 Gigabyte
Hyperlink	Hyperlink-Adresse	Max. 3*2048 Byte
Nachschlagefelder	Individuelle Werte	Gleich der Primärschlüssellänge (meist 4 Byte)

»Belegter Platz« ist der von einem Feld des betreffenden Typs pro Eintrag belegte Speicherplatz auf der Festplatte. Verwenden Sie für das Feld »Betrag« einer Buchführungstabelle den Typ »Währung«, belegt dieses Feld **pro Buchung**, also pro Datensatz, 8 Byte auf der Festplatte, bei 1000 Buchungen somit bereits 8000 Byte.

Da ein Byte praktisch einem Zeichen entspricht und ein Textfeld maximal 255 Byte belegt, kann darin zum Beispiel mehrfach hintereinander die Zeichenfolge »Dies ist ein 35 Zeichen langer Text« gespeichert werden.

Reicht Ihnen das nicht, zum Beispiel bei umfangreichen Kommentaren mit voraussichtlich mehr als 255 Zeichen, verwenden Sie statt dessen »Memofelder«: Sie selektieren in der Datentypliste den Typ »Memo«, der maximal 64.000 Zeichen speichern kann, genug, um zu jeder Adresse auch umfangreiche Zusatzbemerkungen zu speichern. Aber bitte nur im Notfall, da Memofelder im Gegensatz zu Textfeldern nicht »indiziert« werden können, das heißt kein schneller Zugriff auf die darin gespeicherten Informationen über einen »Index« möglich ist!

Der Speicherbedarf des Typs »Zahl« ist nicht einheitlich, da Sie bei Wahl dieses Datentyps die Art der im betreffenden Feld zu speichernden Zahlen noch genauer festlegen können. Folgende Alternativen stehen zur Verfügung:

Tabelle 5.2: Numerische Datentypen

Varianten	Zulässige Werte	Belegter Platz
Byte	Ganze Zahlen zwischen 0 und 255	1 Byte
Integer	Ganze Zahlen zwischen -32.768 und 32.767	2 Byte
Long Integer	Ganze Zahlen zwischen -2.147.483.648 und 2.147.483.647	4 Byte
Single	Zahlen (auch Dezimalzahlen) zwischen -3,402823 E38 und 3,402823 E38, die mit sechsstelliger Genauigkeit gespeichert werden	4 Byte
Double	Zahlen (auch Dezimalzahlen) zwischen -1,79769313486232 E308 und 1,79769313486232 E308, die mit zehnstelliger Genauigkeit gespeichert werden	8 Byte
Replikations-ID	Von Access vergebene Identifikationsnummer	16 Byte

»Währung« ähnelt der Variante »Double« des Typs »Zahl«, die die Eingabe beliebiger Dezimalzahlen erlaubt. Allerdings wird zusätzlich das Symbol »DM« angezeigt. Berechnungen erfolgen schneller als mit den allgemeinen Zahlendatentypen »Single« und »Double« und ohne die bei diesen möglichen Rundungsfehler.

»AutoWert« ist ein später von Access automatisch verwalteter Datentyp. Definieren Sie ein Feld dieses Typs, trägt Access darin einen für jeden Datensatz eindeutigen und unverwechselbaren Wert ein. Normalerweise wird für den ersten Datensatz der Wert 1 eingetragen, für den zweiten Datensatz der Wert 2, für den dritten eine 3 etc., also eine fortlaufende Nummer.

Wenn Sie wollen, können Sie das ändern, indem Sie für die Feldeigenschaft »Neue Werte« eines AutoWert-Felds »Zufall« statt der Vorgabe »Inkrement« einstellen. Dann trägt Access für jeden weiteren Datensatz statt einer fortlaufenden Zahl eine (ebenfalls für jeden Satz eindeutige, also niemals »versehentlich« die gleiche) Zufallszahl ein (Bild 5.8).

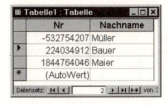

Bild 5.8:
Zufallszahlen

In jedem Fall ist der Datentyp »AutoWert« vorwiegend für Felder wie »Kundennummer« oder »Rechnungsnummer« geeignet, die Nummern enthalten sollen, die den betreffenden Datensatz eindeutig identifizieren und keinesfalls mehrfach vorkommen dürfen.

»Ja/Nein«-Felder erlauben nur die Auswahl unter zwei Alternativen. Der Anwender kann später in dieses Feld nur »Ja« oder »Nein« eingeben, andere Eingaben werden von Access nicht akzeptiert. Dieser Datentyp eignet sich entsprechend für Felder der Art »Berufstätig« oder »Selbständig«, um unnötige Fehleingaben zu vermeiden. Außerdem läßt sich hier Speicherplatz sparen, da es Verschwendung wäre, für diese Felder statt diesem nur 1 Bit belegenden Datentyp den mindestens 1 Byte großen Datentyp »Text« zu verwenden!

»OLE-Objekt«: OLE-Objekte, die in einer Datenbank Verwendung finden, sind meist Grafiken. Mit einem Feld dieses Typs könnten Sie in der Adreßdatei zu jeder Adresse ein Foto der betreffenden Person zeigen.

»Hyperlink«: Hyperlinks sind Verweise und enthalten eine Adresse. Befindet sich der Cursor auf einem Hyperlink, wird er zur zeigenden Hand. Klikken Sie auf den Hyperlink, erfolgt ein Sprung zur angegebenen Adresse, wobei es sich um ein Dokument auf der lokalen Festplatte Ihres oder eines anderen per Netzwerk damit verbundenen Rechners handeln kann, oder um ein Dokument im Internet.

Nachschlagefelder sind Felder, in denen Sie unter einer von Ihnen vorgegebenen Werteliste oder aus Werten, die sich in einer anderen Tabelle befinden, den einzutragenden Wert per Anklicken auswählen.

Die Größe des Feldes bestimmt, wie umfangreich später in das betreffende Feld einzugebende Texte sein dürfen oder in welchem Wertebereich eine einzugebende Zahl liegen darf. Eingaben, die die definierte Feldgröße überschreiten, werden von Access nicht zugelassen!

Beim Datentyp »Zahl« ist mit der Feldgröße eine der Varianten »Byte«, »Integer«, »Long Integer«, »Single«, »Double« oder »Replikations-ID« gemeint. Je nach Typ können Sie nur ganze Zahlen oder auch Dezimalzahlen eingeben, nur relativ kleine positive/negative Werte oder auch größere Werte.

Beim Typ »Text« bestimmt »Feldgröße« die Ausdehnung des Felds auf der Festplatte in Byte oder einfacher: in Zeichen. Je größer das Feld ist, desto mehr Zeichen können darin gespeichert werden, desto umfangreicher dürfen also die von Ihnen eingegebenen Texte sein, desto mehr Platz wird jedoch auf der Festplatte benötigt. Als Standardgröße gibt Access bei Textfeldern 50 Zeichen vor, was in den meisten Fällen ausreicht.

Die Größe von Memofeldern brauchen Sie nicht anzugeben, da diese im Gegensatz zu Textfeldern nicht »statisch« verwaltet werden, also in einmal definierter und damit festgelegter Größe, sondern »dynamisch«: Memofelder beanspruchen immer genau so viel Platz auf der Festplatte, wie Zeichen in das Feld eingetragen wurden, ob das nun zehn oder aber die maximal möglichen 64.000 Zeichen sind. Obwohl Memofelder in dieser Beziehung flexibler sind als Textfelder, sollten Sie sie dennoch nur dann verwenden, wenn die maximal 255 Zeichen eines Textfeldes nicht ausreichen. Memofelder sind nämlich im Gegensatz zu Textfeldern nicht »indizierbar«, was (wie Sie noch sehen werden) oft ein schwerwiegender Nachteil ist.

Anzeige- und Eingabeformat

Die Eigenschaft »Format« bestimmt, wie Werte auf dem Bildschirm dargestellt werden. Nehmen wir an, das Feld »Plz« besitzt den Datentyp »Zahl«. Sie aktivieren das Eigenschaftsfeld »Format« und wählen im zugehörigen Listenfeld die Variante »Festkommazahl« (Bild 5.9).

Anschließend geben Sie darunter als Eigenschaft »Dezimalstellen« eine 2 ein und aktivieren danach die Datenblattansicht. Alle bisher eingegebenen Postleitzahlen werden nun mit zwei Dezimalstellen angezeigt und in der leeren Datensatzzeile ganz unten der Wert 0,00 vorgegeben (Bild 5.10).

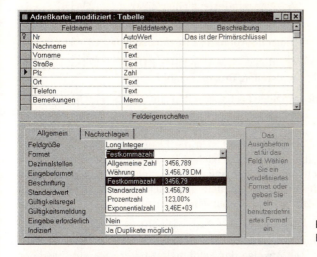

Bild 5.9:
Festkommaformat

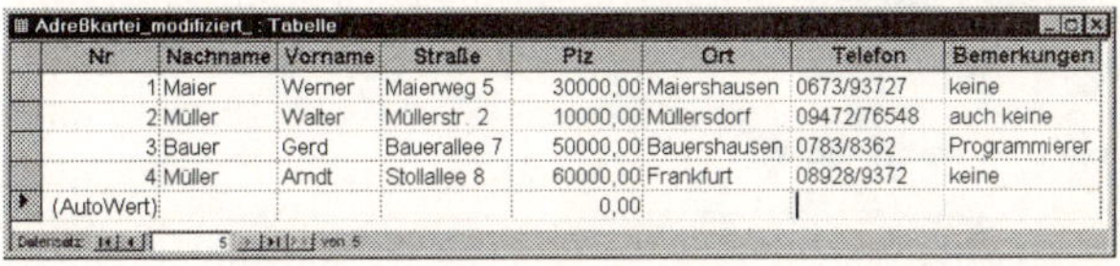

Bild 5.10:
Anzeige mit
festen Dezimal-
stellen

Für die Darstellung von Zahlen und Währungsbeträgen verfügt Access über folgende vordefinierte Formate:

Tabelle 5.3: Zahlen- und Währungsformate

Format	Eigenschaft	Beispiel
Allgemeine Zahl	Anzeige wie eingegeben	12345,678
Währung	Tausenderpunkte; negative Zahlen rot und in Klammern; 2 Dezimalstellen; Währungssymbol	1.2345,67 DM

Tabelle 5.3: Zahlen- und Währungsformate

Format	Eigenschaft	Beispiel
Festkommazahl	Anzeige mindestens einer Ziffer; 2 Dezimalstellen	12345,67
Standardzahl	Tausenderpunkte; 2 Dezimalstellen	12345,67
Prozentzahl	Multipliziert Wert mit 100; 2 Dezimalstellen; Prozentsymbol	1234567%
Exponentialzahl	Anzeige als Exponentialzahl auf Basis 10	1,23E+04

Unterhalb von »Format« befindet sich die Eigenschaft »Dezimalstellen«. Die Access-Vorgabe für diese Eigenschaft lautet »Automatisch«, wodurch jeweils zwei Nachkommastellen angezeigt werden. Paßt Ihnen das nicht, aktivieren Sie dieses Eigenschaftsfeld und selektieren im zugehörigen Listenfeld die gewünschte Nachkommastellenanzahl.

»Datum/Uhrzeit«-Felder können ein Datum wie »01.08.93«, eine Uhrzeit wie »14:24«, oder eine Kombination aus Datum und Uhrzeit wie »01.08.93 14:24« enthalten. Die Anzeige des Feldinhalts steuern Sie mit folgenden Formaten:

Tabelle 5.4: Datums- und Zeitformate

Format	Eigenschaft	Beispiel
Standarddatum	Anzeige von Zeit, Datum oder Zeit und Datum	01.08.95 14:24 oder 01.08.95 oder 14:24
Datum, lang	Ausgeschriebene Tages- und Monatsnamen	Dienstag, 1. August 1995
Datum, mittel	Dreistellige Anzeige des Monatsnamens; 2stellige Jahresanzeige	01. Aug. 95
Datum, kurz	Reine Zahlenanzeige	01.08.93
Zeit, lang	Sekundenanzeige	14:24:12

Tabelle 5.4:   Datums- und Zeitformate

Format	Eigenschaft	Beispiel
Zeit, 12Std	»AM-/PM«-Anzeige	2:24
Zeit, 24Std	24-Stunden-Anzeige	14:24

Der Datentyp »Ja/Nein« ist für Felder der Art »Selbständig« oder »Erstkunde« gedacht, in denen es nur zwei Alternativen gibt, »Ja« oder »Nein«. Access ordnet »Ja/Nein«-Feldern intern einen »Wahrheitswert« zu. Wie dieser Wert angezeigt wird, definieren Sie mit Hilfe eines der folgenden Formate:

Tabelle 5.5:   Ja-/Nein-Formate

Format	Eigenschaft	Beispiel
Wahr/Falsch	Falsch = 0, Ja = Wert ungleich 0	»Falsch« bzw. »Wahr«
Ja/Nein	Nein = 0, Ja = Wert ungleich 0	»Nein« bzw. »Ja«
Ein/Aus	Aus = 0, An = Wert ungleich 0	»Aus« bzw. »An«

Angenommen, Sie weisen einem »Ja/Nein«-Feld namens »Selbständig« das Format »Ja/Nein« zu. Um die Information zu speichern, daß Herr Müller selbständig ist, können Sie später im Datenblattmodus wahlweise einen der Texte »Ja«, »Wahr« oder »Ein« eingeben. Die Bedeutung ist in jedem Fall die gleiche, allerdings wird Access nach dem Verlassen des Feldes aufgrund des »Ja/Nein«-Formats in allen drei Fällen als Feldinhalt »Ja« anzeigen.

Ist Herr Müller nicht selbständig, tragen Sie genau umgekehrt einen der Texte »Nein«, »Falsch« oder »Aus« ein, der nach dem Verlassen des Feldes in jedem Fall als »Nein« angezeigt wird.

Hätten Sie als Format »Ein/Aus« gewählt, würde Ihre Eingabe entsprechend in den Text »Ein« bzw. »Aus« umgewandelt.

 Für Text- und Datum-/Zeitfelder stehen Ihnen außer Anzeigeformaten zusätzliche »Eingabeformate« zur Verfügung, sogenannte »Eingabemasken«. Um das auszuprobieren, fügen Sie bitte in eine

Tabelle ein Feld vom Typ »Datum/Uhrzeit« ein, beispielsweise ein Feld namens »Geburtsdatum«. Aktivieren Sie das Feld »Eingabeformat«, und klicken Sie das abgebildete Editorsymbol an, um den zugehörigen Assistenten aufzurufen (Bild 5.11).

Bild 5.11:
Eingabeformat-
Assistent, Schritt 1

Suchen Sie sich für das aktive Datums/Zeitfeld ein Eingabeformat wie »Datum, kurz« aus. Das zugehörige Beispiel »20.06.1991« demonstriert, wie Eingaben in diesem Format vorzunehmen sind. Klicken Sie das Textfeld »Test« an, erscheint die durch dieses Format definierte »Eingabemaske«, in der bereits Punkte als Trennzeichen der Datumskomponenten vorgegeben sind.

Geben Sie als Tag »23« ein, wird nach Eingabe der »3« der folgende Punkt übersprungen. Sie können sofort mit der Eingabe der Monatsnummer beginnen und beispielsweise »03« eintippen. Nach Eingabe der »3« wird erneut der folgende Punkt übersprungen, und Sie geben nun die Jahreszahl ein.

Diese vorgefertigten »Eingabemasken« ersparen Ihnen nicht nur Tipparbeit, sondern helfen, überflüssige Fehler zu vermeiden, beispielsweise durch die Eingabe eines nicht zulässigen Trennzeichens wie »,« in einem Datumsfeld. Im zweiten Schritt können Sie die vorgegebene Eingabemaske verändern (Bild 5.12).

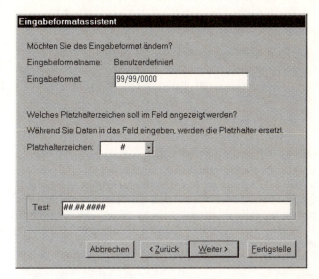

Sie können beispielsweise entsprechend dieser Abbildung die Jahreskomponente um zwei Nullen erweitern, wenn Sie auf vierstelliger Eingabe der Jahreszahl bestehen. Zusätzlich können Sie die bei der Eingabe angezeigten »Platzhalter« für einzutippende Zeichen auswählen und beispielsweise den vorgegebenen Unterstrich »_« durch ein Nummernzeichen »#« ersetzen. In jedem Fall können Sie das Resultat erneut im Feld »Test« ausprobieren.

Das war's. Der letzte Schritt ist »pure Formalität«. Sie aktivieren darin die Schaltfläche »Fertigstellen«, um die erzeugte Definition im Feld »Eingabeformat« zu speichern.

Aktivieren Sie die Datenblattansicht, ist die Spalte »Geburtsdatum« zunächst leer. Sobald Sie jedoch in eines der betreffenden Felder etwas eingeben, erscheint die zuvor definierte Eingabemaske (Bild 5.13).

Bild 5.13:
Eingabemaske

Statt Eingabeformate mit Hilfe des Assistenten zu definieren, können Sie das betreffende Format natürlich auch wie zuvor bei Zahlen-, Datums- und Zeitformaten erläutert direkt im Eigenschaftsfeld »Eingabeformat« eintippen, ohne den Assistenten aufzurufen.

Beschriftung

Access verwendet die von Ihnen im Tabellenentwurf eingetragenen Feldnamen in der Datenblattansicht automatisch auch als Spaltenüberschriften. Tatsächlich sind Feldnamen und Spaltenüberschriften jedoch vollkommen unabhängig voneinander. Sie können ein Feld im Entwurf »Plz« nennen, der betreffenden Datenblattspalte aber dennoch die Überschrift »Postleitzahl« statt »Plz« geben. Dazu tragen Sie die gewünschte Feldbeschriftung einfach als Feldeigenschaft »Beschriftung« ein.

Standardwerte

Zahlen oder Texte, die Sie unter »Standardwert« vorgeben, erscheinen im betreffenden Feld als Vorgabe bei der Eingabe eines neuen Datensatzes. Der Anwender kann diese Vorgabe übernehmen oder nach Bedarf ändern. Geben Sie beispielsweise im Feld »Bemerkungen« als Standardwert »keine« ein (Bild 5.14).

Access setzt den Text »keine« nach der Eingabe automatisch in Anführungszeichen.

Wichtiger ist, daß ab jetzt in der untersten Tabellenzeile, in der Sie einen weiteren Datensatz eintragen, im Feld »Bemerkungen« automatisch diese Vorgabe erscheint (Bild 5.15).

Wollen Sie zum neuen Datensatz keine Bemerkungen hinzufügen, lassen Sie die Vorgabe unverändert, ansonsten überschreiben Sie sie durch den gewünschten Kommentar.

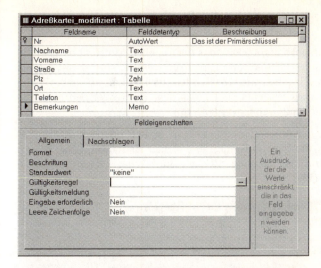

Bild 5.14:
Definition eines
Standardwerts

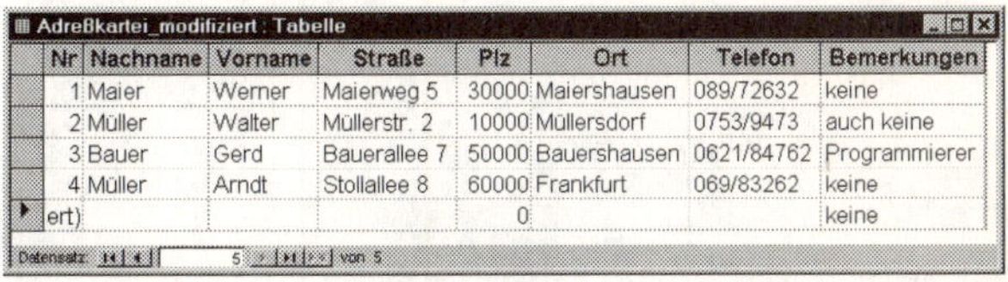

Bild 5.15:
Vorgabe des
Standardwerts

Sinnvoller ist ein Standardwert in einem Feld wie »Selbständig« (»Ja/Nein«-Feld): Ist praktisch keiner Ihrer Kunden selbständig, geben Sie als Standardwert »Nein« vor und übertippen diese Vorgabe nur, wenn Sie ausnahmsweise tatsächlich einmal einen Selbständigen eintragen wollen.

Gültigkeitsregel und Gültigkeitsmeldung

Gültigkeitsregeln eignen sich, um Plausibilitätsprüfungen vorzunehmen. Beispielsweise sind Postleitzahlen ganze Zahlen zwischen 1000 und 99999 (um korrekt zu sein: fünfstellige Zahlen zwischen 01000 und 99999). Ein Feld »Plz« sollte daher den Datentyp »Zahl« erhalten. Als Format wählen Sie »Long Integer«, damit nur ganze Zahlen eingegeben werden können.

»Integer« wäre unzureichend, da der Wertebereich nur von -32.768 und 32.767 reicht.

Dank des Eingabeformats »00000«, das der Tabellen-Assistent beim Einfügen eines Postleitzahlfelds automatisch verwendet, sind damit bereits völlig unsinnige Eingaben wie -13486 oder 105000 nicht möglich, da aufgrund dieses Eingabeformats weder das negative Vorzeichen noch die sechsstellige Zahl eingegeben werden kann.

Allerdings kann der Anwender immer noch Postleitzahlen wie 00001 oder 00500 eingeben, die zwar fünfstellig, aber kleiner als 1000 und damit ebenfalls ungültig sind. Das läßt sich mit einer Gültigkeitsregel für dieses Feld schnell ändern (Bild 5.16).

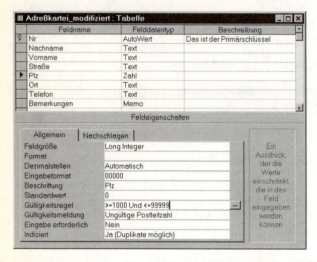

Bild 5.16:
Gültigkeitsregel

Die Regel »>=1000 Und <=99999« besagt: »In dieses Feld müssen Werte eingegeben werden, die größer oder gleich 1000 und kleiner oder gleich 99999 sind«. Die darunter eingegebene Gültigkeitsmeldung »Ungültige Postleitzahl« wird von Access ausgegeben, wenn der Anwender versucht, in dieses Feld einen Wert einzugeben, der der Gültigkeitsregel widerspricht (Bild 5.17).

Bild 5.17:
Gültigkeitsmeldung

Hier wurde versucht, im Feld »Plz« des letzten Datensatzes die unzulässige Postleitzahl 00500 einzugeben, die der erläuterten Gültigkeitsregel widerspricht, da sie kleiner als 1000 ist.

Ändern Sie die Gültigkeitsregel für ein Feld, werden **bereits vorhandene Daten** nur dann anhand der neuen Regel überprüft, wenn Sie nach dem Umschalten in die Datenblattansicht die folgende Frage mit »Ja« beantworten (Bild 5.18).

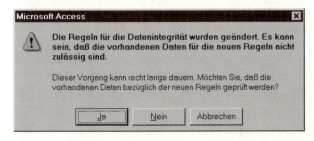

Bild 5.18:
Geänderte Gültigkeitsregel

Ein weiteres Beispiel: Im Feld »Ort« wollen Sie nur die Eingaben »München«, »Frankfurt« oder »Stuttgart« zulassen. Dazu benutzen Sie die Gültigkeitsregel

```
= "München" Oder "Frankfurt" Oder "Stuttgart"
```

Eine Gültigkeitsregel zwingt den Anwender, bei Eingaben diese Regel zu beachten. Sie hindert ihn jedoch nicht daran, gar nichts einzugeben und das Feld einfach zu ignorieren. Zu einer Eingabe zwingen können Sie den Anwender, indem Sie »Eingabe erforderlich« auf »Ja« setzen, was sehr nützlich ist, falls ein Anwender dazu neigt, öfter 'mal versehentlich gar nichts einzugeben.

Allerdings besitzt dieser Zwang den Nachteil, daß der Anwender den Datensatz überhaupt nicht eingeben kann, wenn er den Nachnamen nicht kennt und daher beim besten Willen nicht eingeben kann! Um ihm in solchen Fällen einen Ausweg zu lassen, setzen Sie zusätzlich das Eigenschaftsfeld »Leere Zeichenfolgen«, das nur bei Text- und Memofeldern verfügbar ist, auf »Ja«.

Dann muß der Anwender zwar immer noch etwas im betreffenden Feld eingeben und kann es somit nicht versehentlich übergehen. Kennt er den einzugebenden Nachnamen nicht, bleiben ihm als Ausweg jedoch immer noch zwei »Spezialeingaben«, mit denen sich Access nun auch dann zufrieden gibt, wenn »Eingabe erforderlich« auf »Ja« gesetzt ist:

1. Entweder drückt er die Leertaste, gibt also ein Leerzeichen ein.

2. Oder er gibt die Zeichenkette »""« ein.

In beiden Fällen wird nach dem Verlassen des betreffenden Feldes darin nichts angezeigt, es ist also leer. Dennoch wurde der Anwender dazu gezwungen, etwas einzugeben und es war ihm nicht möglich, das Feld versehentlich zu übergehen. »Ja« für »Eingabe erforderlich« erfüllte somit immer noch seinen Hauptzweck: das versehentliche Überspringen des Feldes zu verhindern und dabei vorhandene Informationen einfach versehentlich nicht einzutragen.

5.3　Tabelleneigenschaften

Der Befehl ANSICHT | EIGENSCHAFTEN öffnet ebenso wie das zugehörige Symbol das »Tabelleneigenschaften«-Dialogfeld (Bild 5.19).

Unter »Beschreibung« können Sie einen Kommentar zur Tabelle eingeben. Vor allem aber ermöglicht Ihnen dieses Dialogfeld die Eingabe einer Gültigkeitsregel auf »Datensatzebene«. Im Gegensatz zu den erläuterten Regeln auf Feldebene können Sie dabei in der Bedingung zusätzlich Bezüge auf Datensatzfelder verwenden. Die Bedingung

```
[Rechnungsdatum] >= [Auftragsdatum]
```

prüft beispielsweise, ob das im Feld »Rechnungsdatum« eingegebene Datum mindestens ebenso groß ist wie das im Feld »Auftragsdatum« eingegebene Datum. Diese Bedingung wird nicht beim Verlassen eines Felds geprüft, sondern erst beim Verlassen des aktuellen Datensatzes (Bild 5.20).

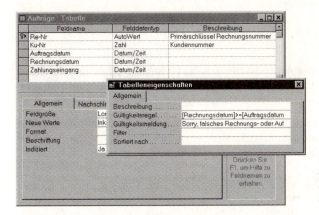

Bild 5.19:
Gültigkeitsregel
auf Datensatz-
ebene

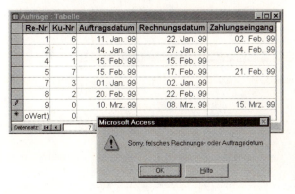

Bild 5.20:
Anwendung der
Gültigkeitsregel

Diese Meldung erschien bei der Eingabe des untersten Datensatzes, da das Rechnungsdatum 08. Mrz. 99 kleiner ist als das Auftragsdatum 10. Mrz. 99.

Sie können eine Gültigkeitsregel auch aus mehreren miteinander verknüpften Bedingungen formulieren, beispielsweise prüfen, ob das Rechnungsdatum vor dem Auftragsdatum liegt und zusätzlich feststellen, ob
das Datum für den Zahlungseingang vor dem Rechnungsdatum liegt, was
ebenso unsinnig wäre:

```
([Rechnungsdatum] >= [Auftragsdatum]) Oder ([Zahlungseingang] >=
[Rechnungsdatum])
```

Die **Oder**-Verknüpfung bedeutet, daß die Bedingung erfüllt und die Gültigkeitsregel damit verletzt ist, wenn wenigstens eine der beiden Teilbedin-
gungen erfüllt ist.

Die Felder »Filter« und »Sortierung« verwendet Access, um Informationen
über die momentan gültige Sortierung und den zuletzt definierten Filter
anzuzeigen (Bild 5.21).

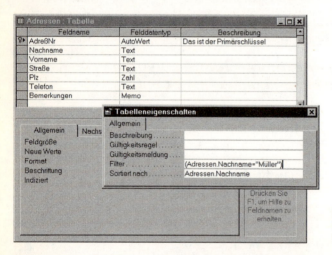

Bild 5.21:
Filter und
Sortierung

Wenn Sie wollen, können Sie beide Felder auch selbst editieren und unter
»Filter« beispielsweise »Nachname="Maier"« oder ähnliches eintragen.
Diesen Filter können Sie anschließend wie gewohnt mit DATENSÄTZE | FIL-
TER/SORTIERUNG ANWENDEN auf die Tabelle anwenden. Allerdings ist das

überflüssiger Aufwand, da Access diese Einstellung beim nächsten interaktiven Erstellen eines formular- oder auswahlbasierten Filters sowieso wieder ändert.

5.4 Indizes

Indizes beschleunigen die Suche nach gewünschten Informationen und ermöglichen es, in umfangreichen Datenbanken mehrere Tabellen miteinander zu »verknüpfen«.

Einzelne und zusammengesetzte Indizes

Setzen Sie die Eigenschaft »Indiziert« eines Feldes auf »Ja (Duplikate möglich)« oder auf »Ja (Ohne Duplikate)«, erzeugen Sie einen »Index« für das betreffende Feld. Dieser Index ist mit dem Stichwortverzeichnis eines Buches vergleichbar und beschleunigt wie dieses die Suche nach Informationen. Dennoch sollten Sie nur die wirklich häufig zur Suche verwendeten Felder indizieren, da Indizes auch Nachteile besitzen:

- Jeder Index benötigt zusätzlichen Festplattenspeicherplatz. Mit sehr vielen Indizes können Sie den Speicherplatzbedarf einer Tabelle verdoppeln oder verdreifachen.

- Indizes verlangsamen Änderungsvorgänge. Tragen Sie einen weiteren Satz ein, wird zunächst der Satz selbst in der Haupttabelle eingetragen. Zusätzlich werden die indizierten Teile in den verschiedenen von Ihnen angelegten Indextabellen eingetragen, was recht aufwendig ist, da diese Dateien ja ständig sortiert sein müssen und es daher im Gegensatz zur Haupttabelle nicht genügt, den zusätzlichen Eintrag einfach am Dateiende anzuhängen!

- Das gleiche gilt bei Änderungen an bestehenden Datensätzen, sobald dadurch indizierte Felder geändert werden.

Beim Indizieren eines Feldes haben Sie die Wahl zwischen einem Index ohne und einem mit Duplikaten. Wählen Sie »Ja (Ohne Duplikate)«, verweigert Access später jede Dateneingabe in dieses Feld, die zu doppelten Einträgen in der Indextabelle führen würde.

Ein Beispiel: Die Tabelle enthält die Adresse eines Herrn Maier und der Index entsprechend auch einen Eintrag »Maier« und die zugehörige Satz-
nummer. Wollen Sie nun einen zweiten Herrn Maier eintragen, würde das
von Access nicht akzeptiert werden, da die von Ihnen gewählte Indexart
»Ohne Duplikate« besagt, daß der Index eindeutig ist und darin kein Eintrag doppelt vorkommen darf.

Die Indizierung ohne Duplikate ist für **natürlicherweise** eindeutige Informationen wie »Kundennummer« oder »Seriennummer« gedacht und ver-
hindert dort Fehleingaben. Versuchen Sie, eine bereits vorhandene Kundennummer einzugeben, verweigert Access das sinnvollerweise, wenn
für das Feld »Kundennummer« ein Index ohne Duplikate erstellt wurde.

 *Für ein Primärschlüsselfeld gilt immer die Indizierung ohne Dupli-
kate. Kein Wunder, denn der Primärschlüssel soll ja jedes Feld der
Tabelle **eindeutig** identifizieren! Diese Indexart ist für das Feld
»Nachname« jedoch vollkommen ungeeignet, so daß Sie in diesem
Beispiel unbedingt »Ja (Duplikate möglich)« wählen müssen.*

Wenn Sie immer wieder als Suchkriterien eine Kombination aus Nachname **und** Vorname verwenden, beispielsweise nach Herrn »Maier, Stefan«
suchen oder nach »Bauer, Gerhard«, und es sehr viele Personen mit den
Nachnamen »Maier« bzw. »Bauer« gibt, kann die Suche recht lange dauern,
wenn nur der Nachname indiziert ist. Statt dessen sollten Sie in diesem
Fall einen »Mehr-Felder-Index« anlegen, einen Index, der nicht nur aus einem einzigen, sondern aus einer Kombination mehrerer Felder besteht.
Im Beispiel würde sich ein Mehr-Felder-Index anbieten, der aus den Feldern »Name« und »Vorname« besteht.

 Dazu benötigen Sie das »Indizes«-Dialogfeld, das Sie mit AN-
SICHT | INDIZES bzw. mit dem zugeordneten Symbol öffnen (Bild
5.22).

Es enthält ausführliche Informationen über alle momentan definierten Indizes. Jeder Index erhält in der Spalte »Indexname« einen eigenen Namen,
der mit dem zugehörigen Feldnamen wie »Nachname« identisch sein, statt
dessen aber auch »xyz« oder »MeinIndex« lauten kann.

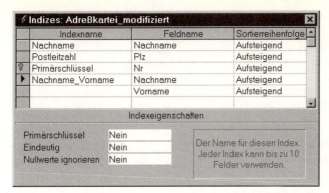

Bild 5.22: Das »Indizes«-Dialogfeld

Für welches Feld ein Index gebildet werden soll, geben Sie in der Spalte »Feldname« an, indem Sie das zugehörige Listenfeld öffnen und darin das gewünschte Feld selektieren.

In der Spalte »Sortierreihenfolge« können Sie zwischen auf- und absteigender Sortierung des Index' wählen.

Zum Aufbau eines Mehr-Felder-Index' werden mehrere Definitionszeilen benötigt:

```
Indexname    Feldname
Name         Feld1
Feld2
Feld3
...
...
```

In der ersten Zeile wird dem Index in der ersten Spalte »Indexname« ein beliebiger Name gegeben. In der zweiten Spalte »Feldname« der gleichen und der folgenden Zeilen werden die Felder angegeben, aus denen sich der Index zusammensetzen soll – wobei wie erläutert die Feldreihenfolge zu beachten ist!

Entsprechend definieren in Abbildung 7.41 die beiden untersten Zeilen den Mehr-Felder-Index »Nachname_Vorname«, der sich aus den Feldern

»Nachname« und »Vorname« zusammensetzt – und zwar genau in dieser Reihenfolge!

Suchen Sie häufig nach einer bestimmten Kombination aus Straße und Ort, würde sich der folgende zusätzliche Mehr-Felder-Index anbieten:

```
IndexnameFeldname
Ort_StraßeOrt
Straße
```

Im unteren Fensterteil legen Sie für die momentan aktive Indexzeile einige weitere Eigenschaften fest. Ist »Eindeutig« auf »Ja« gesetzt, entspricht das der Einstellung »Ja (Ohne Duplikate)«; »Nein« entspricht dagegen der Einstellung »Ja (Duplikate möglich)«.

Mit »Ja« für »Nullwerte ignorieren« werden Datensätze, die im Indexfeld keinen Eintrag enthalten, nicht in den Index aufgenommen. Dadurch wird die Indexdatei kleiner, wenn beispielsweise »Ort« ein Index ist, Sie jedoch bei vielen Adressen den Ort nicht kennen und in diesem Indexfeld nichts eintragen.

Der Primärschlüssel

 *Ein »Primärschlüssel« ist der wichtigste Bestandteil einer Tabelle. Es handelt sich dabei um ein Feld oder eine Kombination von Feldern, das **jeden Datensatz einer Tabelle eindeutig identifiziert**, zum Beispiel ein Feld wie »Kundennummer« oder »Versicherungsnummer«, das in jedem Datensatz einen anderen Wert aufweist. So ist es allein aufgrund der Existenz dieses Feldes ausgeschlossen, daß in einer Tabelle jemals zwei absolut identische Datensätze vorkommen können, da sie sich ja zumindest im Inhalt dieses Feldes unterscheiden.*

Um den Sinn dieses Schlüssels zu verstehen, müssen Sie wissen, daß für die Tabellen einer relationalen Datenbank eine wichtige Regel gilt: **Die Zeilen der Tabelle müssen paarweise verschieden sein. Es darf keine Zeilen geben, die miteinander identisch sind!** Tabellen wie die folgende, die dieser Regel nicht entsprechen, sind keine echten Tabellen im Sinne relationaler Datenbanken:

```
Maier, Gerd, Waldstraße 5, 8000 München
Huber, Müller, Aalstraße 10, 6000 Frankfurt
Maier, Gerd, Waldstraße 5, 8000 München
Müller, Otto, Schmalstraße 1, 6700 Ludwigshafen
```

Die erste und die dritte Zeile sind identisch, was beim »Verknüpfen« dieser Tabelle mit einer anderen zu großen Schwierigkeiten führt: Angenommen, diese Tabelle enthält die Adresse Ihrer Kunden und eine zweite Tabelle »Bestellungen« Informationen über die von diesen Kunden bestellten Artikel. Um eine bestimmte Bestellung dem zugehörigen Kunden zuordnen zu können, muß irgendein Feld der Tabelle »Bestellungen« ein Merkmal enthalten, das den bestellenden Kunden **eindeutig** identifiziert. **Dieses Merkmal ist der Wert des Primärschlüsselfelds im betreffenden Datensatz der Kundentabelle.**

Nehmen wir an, die Kundentabelle enthält ein Feld namens »Kundennummer«, das für jeden Kunden einen anderen eindeutigen Wert besitzt: Der erste Kunde Maier erhält die Kundennummer 1, der zweite Kunde Müller die Nummer 2 etc. Dieses Feld, dessen Inhalt jeden Kunden eindeutig identifiziert, wird als Primärschlüssel der Tabelle »Kunde« definiert. Wird nun in der Tabelle »Bestellungen« zu jeder entgegengenommenen Bestellung außer Informationen über den bestellten Artikel – die gewünschte Stückzahl etc. – zusätzlich die Nummer des Kunden eingetragen, ist die Verbindung zwischen den beiden Tabellen hergestellt: Jede Bestellung kann über das eindeutige Identifizierungsmerkmal »Kundennummer« genau einem Datensatz – dem auftraggebenden Kunden – der Kundentabelle zugeordnet werden.

Sie sind nun in der Lage, Abfragen wie diese durchzuführen: »Zeige mir (in der Kundentabelle enthalten) die Telefonnummer des Kunden, von dem der Auftrag X stammt (in der Bestellungentabelle enthalten)«. Access wird anhand der in der Bestellung enthaltenen Kundennummer den Datensatz der Kundentabelle finden, dem diese Nummer zugeordnet ist und Ihnen seine Telefonnummer zeigen. Ohne dieses Identifizierungsmerkmal in der Tabelle »Bestellungen« hätten Sie keine Chance, die Informationen über den zugehörigen Kunden in der Tabelle »Kunden« jemals wiederzufinden.

Am sichersten ist es, einen Primärschlüssel von Access definieren zu lassen: Erstellen Sie eine Tabelle mit dem Assistenten, wählen Sie dazu im zweiten Schritt die Option »Assistent soll Primärschlüssel festlegen«. Erstellen Sie eine neue Tabelle, fragt Access nach dem Wechsel in die Datenblattansicht, ob es einen Primärschlüssel definieren soll (wenn noch keiner von Ihnen definiert wurde): Sie beantworten diese Frage mit »Ja«.

In beiden Fällen legt Access ein zusätzliches Feld an, das jeden Datensatz eindeutig identifiziert und somit ein geeignetes Primärschlüsselfeld ist. Access verwendet dazu den Datentyp »AutoWert«, der absolut eindeutig ist, da Access bei jedem neu eingetragenen Datensatz in ein Feld dieses Typs einen um 1 höheren Wert einträgt als im zuletzt eingegebenen Satz (oder eine – eindeutige – Zufallszahl). Daher kann es niemals zwei Datensätze geben, die in diesem Feld den gleichen Inhalt aufweisen, so daß dieses Feld jeden Datensatz der Tabelle absolut eindeutig identifiziert.

 Enthält Ihre Tabelle bereits ein Feld mit eindeutigem Inhalt wie »Kundennummer«, wäre es Speicherplatzverschwendung, wenn Access ein in diesem Fall eigentlich überflüssiges zusätzliches Feld einfügen würde. Um das Feld »Kundennummer« selbst als Primärschlüsselfeld festzulegen, setzen Sie den Cursor in die betreffende Entwurfszeile und wählen BEARBEITEN | PRIMÄRSCHLÜSSEL oder klicken einfach auf das abgebildete Schlüsselsymbol. Klikken Sie das Symbol erneut an, wird der Primärschlüssel wieder entfernt.

Ein Beispiel, in dem das Feld »Nachname« unserer Tabelle als Primärschlüssel definiert wird (Bild 5.23).

Das Schlüsselsymbol im »Zeilenmarkierer« am Rand der Zeile deutet an, daß »Nachname« nun das Primärschlüsselfeld der Tabelle ist. Die Eigenschaft »Indiziert« setzt Access automatisch auf »Ja (Ohne Duplikate)«, da der Primärschlüssel einer Tabelle a) immer indiziert ist und b) aus den erläuterten Gründen keinesfalls Duplikate enthalten darf. Entsprechend darf es sich jedoch im Gegensatz zu dieser Abbildung keinesfalls um ein mehrdeutiges Feld wie »Nachname« handeln, in dem Sie später sicherlich mehrmals »Maier« oder »Müller« eintragen!

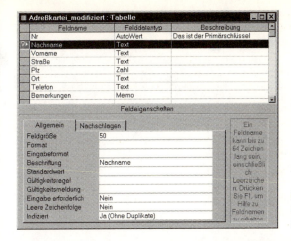

Bild 5.23:
Primärschlüssel festlegen

Existiert in einer Tabelle kein für sich allein eindeutiges Feld, können Sie einen »Mehr-Felder-Primärschlüssel« verwenden, zum Beispiel die Felder »Nachname«, »Vorname« und »Ort«: Sie markieren zunächst die betreffenden Zeilen (auf den Zeilenmarkierer der ersten Zeile klicken, danach bei gedrückter [Strg]-Taste auf den Zeilenmarkierer der nächsten Zeile klikken etc.) und klicken anschließend auf das Schlüsselsymbol (Bild 5.24).

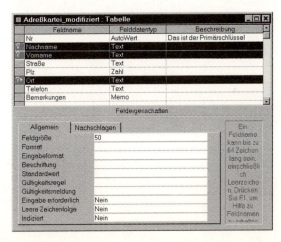

Bild 5.24:
Mehr-Felder-Primärschlüssel

133

6

Komplexe Datenbanken mit mehreren Tabellen entwerfen

Werkzeugkasten »Komplexe Datenbanken mit mehreren Tabellen entwerfen«

Es ist sehr einfach, eine kleine Adreßverwaltung aufzubauen und zu benutzen. Ganz anders dagegen eine »Datenbank«, die eine Ansammlung vieler höchst unterschiedlicher Daten darstellt. Im Falle einer Leihbücherei müssen beispielsweise Informationen darüber gespeichert werden, wer ein Buch entleiht, wann es zurückzugeben ist, wie viele dieser Bücher vorhanden sind etc. Sie können alle diese Daten in einer gemeinsamen Tabelle speichern (Bild 6.1).

Bild 6.1:
Gemeinsame Datenspeicherung in einer Tabelle

In der Datenblattansicht präsentiert sich diese Tabelle folgendermaßen (Bild 6.2).

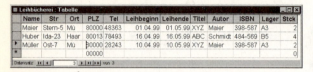

Bild 6.2:
Tabelle »Leihbücherei«

Im Beispiel habe ich drei Datensätze eingegeben, die drei Entleihvorgängen entsprechen. In allen Fällen wurden die Daten des Lesers eingetragen und die Informationen über das von ihm entliehene Buch.

Diese Tabelle ist in der Praxis nahezu unbrauchbar! Bei jedem Entleihvorgang müssen außer den Daten des Lesers immer wieder alle Informationen über das entliehene Buch eingegeben werden, auch dann, wenn sie bereits zuvor eingetragen wurden. Beispielsweise haben Herr Maier und Herr Müller das gleiche Buch mit dem Titel »XYZ« entliehen, von dem zwei Stück vorhanden sind. In beiden Fällen müssen völlig identische Informationen über dieses Buch eingegeben werden, außer seinem Titel zusätzlich der Autor, die ISBN-Nummer, der Standort und die vorhandene Stückzahl.

Statt Informationen wie hier doppelt und dreifach in einer Tabelle zu speichern, ist es sinnvoller, diese »Datenredundanz« (wiederholte Datenspeicherung) durch die Verwendung mehrerer Tabellen zu vermeiden. Angewandt auf das Beispiel würden sich zumindest zwei Tabellen anbieten:

▨ »Bücher«: Sie enthält ausschließlich Informationen über die vorhandenen Bücher.

▨ »Entleihe«: Informationen über einen Entleihvorgang, das heißt über den entleihenden Leser und darüber, welches Buch er entliehen hat.

Wichtig ist, daß es zwischen den Tabellen »Bücher« und »Entleihe« eine Beziehung gibt. In »Entleihe« wird der entleihende Leser eingetragen. Zusätzlich wird darin vermerkt, welches Buch er entliehen hat. Diese Information muß den zugehörigen Datensatz der Tabelle »Bücher« eindeutig identifizieren. Nach den vorhergehenden Kapiteln wissen Sie, daß dieses eindeutige Identifizierungsmerkmal der »Primärschlüssel« der Tabelle

»Bücher« ist. Im Beispiel bietet sich als Primärschlüssel die – von Buch zu Buch unterschiedliche – ISBN-Nummer an (Bild 6.3).

Bild 6.3:
Tabellen »Bücher« und »Entleihe«

Jedes Buch hat als Primärschlüssel eine eindeutige ISBN-Nummer, die es identifiziert. Statt bei einem Entleihvorgang alle Daten des Buches in »Entleihe« einzutragen, genügt es, nur dessen eindeutige ISBN-Nummer einzugeben, um es in der Tabelle »Bücher« wiederzufinden.

6.1 Beziehungen

Zwischen Datensätzen, die in verschiedenen Tabellen gespeichert sind, kann es unterschiedliche Arten von Beziehungen geben.

1:1-Beziehung

Am einfachsten ist die 1:1-Beziehung: Zu jedem Datensatz einer Tabelle gibt es genau einen passenden Datensatz in einer anderen Tabelle. Die beiden Tabellen

```
Name (Ku-Nr, Nachname, Vorname)
Anschrift (Ku-Nr, Straße, Plz, Ort)
```

enthalten jeweils einen Teil einer vollständigen Adresse:

Tabelle 6.1: 1:1-Beziehung

Name

Ku-Nr	Nachname	Vorname
1	Maier	Werner
2	Müller	Walter
3	Bauer	Gerd

Anschrift

Ku-Nr	Straße	Plz	Ort
1	Maierweg 5	30000	Maiershausen
2	Müllerstr.2	10000	Müllersdorf
3	Bauerallee	50000	Bauershausen

Zu jedem Datensatz der Tabelle »Name« gibt es genau einen zugehörigen Satz in der Tabelle »Anschrift« und umgekehrt. Der Primärschlüssel »Ku-Nr«, die Kundennummer, stellt die Verbindung zwischen den beiden Tabellen her. Über diese Kundennummer kann zum Beispiel die Anschrift von Herrn Maier ermittelt werden. Er besitzt die Kundennummer 1; entsprechend sucht Access in der Tabelle »Anschrift« nach einem Datensatz mit dieser Kundennummer und findet die Anschrift »Maierweg 5, 30000 Maiershausen«.

1:1-Beziehungen bedeuten, daß eine Aufteilung meistens überflüssig und höchstens aus Gründen der Übersicht angebracht ist. Ebensogut wäre es möglich, beide Tabellen zu einer einzigen Tabelle »NameAnschrift« zusammenzufassen:

```
NameAnschrift (Ku-Nr, Nachname, Vorname, Straße, Plz, Ort)
```

Tabelle 6.2:   Gemeinsame Tabelle »NameAnschrift«

NameAnschrift					
Ku-Nr	**Nachname**	**Vorname**	**Straße**	**Plz**	**Ort**
1	Maier	Werner	Maierweg 5	30000	Maiershausen
2	Müller	Walter	Müllerstr.2	10000	Müllersdorf
3	Bauer	Gerd	Bauerallee	50000	Bauershausen

 Wie hier »Ku-Nr« werde ich von nun an das Primärschlüsselfeld einer Tabelle unterstreichen, um es hervorzuheben!

1:n-Beziehung

Die verbreitetste Beziehung zwischen zwei Tabellen ist die 1:n-Beziehung: Ein Datensatz in einer Tabelle ist mit einem oder mehreren Datensätzen in einer zweiten Tabelle verknüpft, wie zum Beispiel bei den Tabellen »Kunde« und »Auftrag«.

```
Kunde (Ku-Nr, Nachname, Vorname, Straße, Plz, Ort)
Auftrag (A-Nr, Ku-Nr, Art-Nr, Bezeichnung, Stück)
```

Ein Kunde kann mehrere Aufträge erteilen, ein einzelner Auftrag ist jedoch immer an einen bestimmten Kunden gebunden. Zwischen den beiden Tabellen besteht daher eine 1 (»Kunde«) : n (»Auftrag«) – Beziehung.

Tabelle 6.3:   1:n-Beziehung

Kunde					
Ku-Nr	**Nach-name**	**Vorname**	**Straße**	**Plz**	**Ort**
1	Maier	Werner	Maierweg 5	30000	Maiershausen
2	Müller	Walter	Müllerstr.2	10000	Müllersdorf
3	Bauer	Gerd	Bauerallee	50000	Bauershausen

Auftrag				
A-Nr	**Ku-Nr**	**Art-Nr**	**Bezeichnung**	**Stück**
1	3	3837	Disketten	10
2	1	0389	Monitor	2
3	3	9372	Drucker	5
4	2	0389	Monitor	1
5	2	9272	Tastatur	2
6	3	8263	Maus	1

Die Tabelle »Kunde« enthält die Daten Ihrer Kunden und den eindeutigen Primärschlüssel »Ku-Nr«, die Kundennummer. Die Tabelle »Auftrag« enthält alle Daten über einen Auftrag: die Auftragsnummer, die Nummer und Bezeichnung des bestellten Artikels und die geordnete Stückzahl. Und vor allem: die Nummer des Kunden, der diesen Auftrag erteilt hat!

Diese Information stellt die Beziehung zwischen den beiden Tabellen her. Jeder Auftrag kann über die Kundennummer zum zugehörigen Kunden zurückverfolgt werden, um beispielsweise seine Telefonnummer zu erfahren und ihm mitzuteilen, daß der bestellte Artikel momentan nicht lieferbar ist.

Im Beispiel wurden vom Kunden Bauer beispielsweise zehn Disketten, fünf Drucker und eine Maus bestellt, wie man anhand der Kundennummer »Ku-Nr«, dem Primärschlüssel der Kundentabelle, problemlos zurückverfolgen kann.

 *Allgemein: 1:n-Beziehungen werden hergestellt, indem das Primärschlüsselfeld der Tabelle »1« in die Tabelle »n« eingefügt wird. Das Primärschlüsselfeld, weil es sich um einen **eindeutigen** Schlüssel handeln muß, der zu jedem Datensatz von Tabelle »n« den zugehörigen Datensatz in Tabelle »1« eindeutig identifiziert.*

Kommen wir zum Entwurf der beiden Tabellen, zuerst zur Kundentabelle (Bild 6.4).

Bild 6.4:
Tabelle »Kunde«

Für die Kundennummer wird der Datentyp »AutoWert« verwendet. Access trägt somit bei jedem neuen Kunden in diesem Feld einen um 1 höheren Wert ein als beim zuletzt eingetragenen, so daß dieses Feld problemlos als eindeutiger Primärschlüssel der Tabelle verwendet werden kann. Zur Definition als Primärschlüssel wird die Zeile markiert und danach auf das Schlüsselsymbol geklickt (Tastatur: BEARBEITEN | PRIMÄRSCHLÜSSEL).

Für das Feld »Nachname« wird unter »Indiziert« die Auswahl »Ja (Duplikate möglich)« getroffen, da über dieses Feld wahrscheinlich häufig gesucht wird. Duplikate müssen zugelassen werden, da es sonst nicht möglich ist, zwei Kunden mit identischen Nachnamen wie »Maier« einzutragen.

In der Tabelle »Auftrag« definieren Sie das Feld »A-Nr« als Feld vom Typ »AutoWert« und machen es zum Primärschlüsselfeld. Anschließend fügen Sie das Feld »Ku-Nr« der Tabelle »Kunde« als zweites Feld ein. Entweder, indem Sie die benötigten Definitionen per Hand eingeben oder einfacher, indem Sie:

▦ die bereits vorhandene Tabelle »Kunde« im Entwurfsmodus öffnen

▦ darin die Zeile mit dem Primärschlüsselfeld »Ku-Nr« markieren und mit BEARBEITEN | KOPIEREN in die Zwischenablage befördern

▦ die Tabelle »Auftrag« selektieren und den Cursor zu irgendeiner Position in der noch leeren zweiten Zeile bewegen

▦ und die in der Zwischenablage enthaltene Zeile dort mit BEARBEITEN | EINFÜGEN einfügen. Das Resultat sieht aus wie in Bild 6.5 gezeigt.

Bild 6.5:
Tabellen »Auftrag« und »Kunde«

 *Access fügt die – abgesehen vom Schlüsselsymbol – vollständige Feldbeschreibung ein. Zwei kopierte Eigenschaftseinstellungen müssen Sie jedoch entsprechend der Abbildung ändern: Access übernahm den Datentyp »AutoWert« des Feldes. In »Kunde« ist das zwar sinnvoll, da jeder Schlüsselwert nur einmal vorkommen darf (eindeutiger Primärschlüssel). »Auftrag« ist jedoch die abhängige Tabelle der 1:n-Beziehung, in der zu einem Satz von »Kunde« mit einem bestimmten Schlüsselwert **mehrere** Sätze mit dem gleichen Schlüsselwert gehören. Der Schlüsselwert darin ist keinesfalls eine fortlaufend numerierte Zahl, sondern wird von Ihnen eingetragen!*

Also definieren Sie dieses Feld als »Zahl« mit der Feldgröße »Long Integer«, damit darin ebenfalls nur ganze Zahlen gespeichert werden – und zwar nahezu beliebig große, um mit den Werten im entsprechenden Feld

von »Kunde« mithalten zu können. Es wäre peinlich, wenn der letzte darin eingetragene Kunde die Kundennummer 40274 besäße und Sie bei der Erfassung eines Auftrags dieses Kunden seine Nummer nicht eingeben können, weil Sie das Feld als »Integer« deklarierten, dessen Wertebereich bei 32.767 endet!

Daraus, daß ein bestimmter Schlüsselwert in »Auftrag« mehrfach vorkommen darf, ergibt sich eine zweite Änderung: Da das Primärschlüsselfeld von »Kunde« kopiert wurde, steht unter »Indiziert« der Eintrag »Ja (Ohne Duplikate)«. Sie werden jedoch im Laufe der Zeit zweifellos nicht nur einen, sondern mehrere Aufträge eines Kunden erfassen. Also wählen Sie bitte »Ja (Duplikate möglich)« oder noch besser entsprechend der Abbildung »Nein«, da »Ku-Nr« in dieser Tabelle wahrscheinlich nicht für häufige Suchaktionen verwendet wird (Bild 6.6).

Kunde : Tabelle

Ku-Nr	Nachname	Vorname	Straße	Plz	Ort
1	Maier	Werner	Maierweg 5	30000	Maiershausen
2	Müller	Walter	Müllerstr.2	10000	Müllersdorf
3	Bauer	Gerd	Bauerallee	50000	Bauershausen
:oWert)				00000	

Datensatz: 2 von 3

Auftrag : Tabelle

A-Nr	Ku-Nr	Art-Nr	Bezeichnung	Stück
1	3	3837	Disketten	10
2	1	389	Monitor	2
3	3	9372	Drucker	5
4	2	389	Monitor	1
5	2	9272	Tastatur	2
6	3	8263	Maus	1
Wert)	0	0		0

Datensatz: 6 von 6

Bild 6.6:
In »Kunde« und »Auftrag« enthaltene Datensätze

Nehmen wir als weiteres Beispiel einer 1:n-Beziehung die Beziehung »Lieferant-Artikel«, bei der jeder Lieferant mehrere Artikel liefert. Entsprechend existiert eine Lieferanten- und eine Artikeltabelle:

```
Lieferant(Lief-Nr, Nachname, Vorname, Straße, Plz, Ort)
Artikel(Art-Nr, Bezeichnung, Preis, Lief-Nr)
```

Tabelle 6.4: Mehrere Artikel pro Lieferant

Lieferant

Lief-Nr	Nachname	Vorname	Straße	Plz	Ort
1	Maier	Werner	Maierweg 5	30000	Maiershausen
2	Müller	Walter	Müllerstr.2	10000	Müllersdorf
3	Bauer	Gerd	Bauerallee	50000	Bauershausen

Artikel

Art-Nr	Bezeichnung	Preis	Lief-Nr
1	Disketten	10,30	1
2	Monitor	486,50	3
3	Drucker	1856,00	1
4	Maus	36,97	2

Der eindeutige Primärschlüssel »Lief-Nr« der Tabelle »Lieferant« wird in »Artikel« eingefügt und dadurch die 1:n-Beziehung (1: »Lieferant«; n:»Artikel«) hergestellt. Zu jedem Artikel gehört genau ein Lieferant, aber zu den Lieferanten teilweise mehrere Artikel, die von ihnen bezogen werden. Im Beispiel liefert Maier sowohl die Disketten (Artikel Nr. 1) als auch den Drucker (Artikel Nr. 3).

Dank des eindeutigen Primärschlüssels »Lief-Nr« ist die Rückverfolgung kein Problem. Es ist sehr einfach, beispielsweise den Lieferanten mit der Nummer 2 herauszubekommen, der die Maus liefert, da es in »Lieferant« nur einen Datensatz mit dieser Lieferantennummer gibt, und zwar Müller.

Wird genau umgekehrt ein Artikel von mehreren Lieferanten bezogen, liefert jeder Lieferant jedoch immer nur einen einzigen Artikel, ergäbe sich folgende Struktur:

```
Artikel(Art-Nr, Bezeichnung, Preis)
Lieferant(Lief-Nr, Nachname, Vorname, Straße, Plz, Ort, Art-Nr)
```

Ein Beispiel:

Tabelle 6.5: Mehrere Lieferanten pro Artikel

Artikel

Art-Nr	Bezeichnung	Preis
1	Disketten	10,30
2	Monitor	486,50
3	Drucker	1856,00
4	Maus	36,97

Lieferant

Lief-Nr	Nach-name	Vor-name	Straße	Plz	Ort	Art-Nr
1	Maier	Werner	Maierweg 5	30000	Maiershausen	4
2	Müller	Walter	Müllerstr.2	10000	Müllersdorf	3
3	Bauer	Gerd	Bauerallee	50000	Bauershausen	4

Diesmal wird der Primärschlüssel »Art-Nr« der Tabelle »Artikel« in »Lieferant« eingefügt und dadurch die 1:n-Beziehung (1: »Artikel«; n:»Lieferant«) hergestellt. Zu jedem Lieferanten gehört genau ein Artikel, aber zu den Artikeln teilweise mehrere Lieferanten, von denen sie bezogen werden. Im Beispiel wird der Artikel »Maus« sowohl von Maier als auch von Bauer bezogen. Auch hier gibt es dank des in die Lieferantentabelle eingefügten eindeutigen Primärschlüssels »Art-Nr« der Artikeltabelle keine Probleme: Benötigen Sie Informationen über den Artikel, den Sie vom Lieferanten Maier beziehen, können Sie über die zugehörige Artikelnummer 4 absolut eindeutig auf diesen Artikel in der Artikeltabelle zugreifen und feststellen, daß Sie von Maier eine Maus beziehen.

n:m-Beziehung

Dummerweise gibt es in der realen Welt außer 1:1- und 1:n- auch n:m-Beziehungen, die jedoch nicht direkt mit Access abgebildet werden können.

Im vorhergehenden Beispiel lieferte entweder ein Lieferant mehrere Artikel, oder Sie bezogen einen Artikel von mehreren Lieferanten. In beiden Fällen handelte es sich jeweils um eine 1:n-Beziehung.

Was aber, wenn ein Lieferant mehrere Artikel liefert und Sie einen Artikel wiederum nicht nur von einem, sondern von mehreren Lieferanten beziehen, also eine n:m-Beziehung vorliegt? Zum Beispiel, wenn Herr Maier die Disketten **und** die Maus liefert und Sie andererseits die Maus außer von Maier zusätzlich auch von Bauer beziehen? Um all diese Informationen zu speichern, müßten die beiden Tabellen ungefähr so gestaltet sein:

Tabelle 6.6: Mehrere Lieferanten pro Artikel und mehrere Artikel pro Lieferant, Variante 1

Lieferant					
Lief-Nr	**Nachname**	**Vorname**	**Straße**	**Plz**	**Ort**
1	Maier	Werner	Maierweg 5	30000	Maiershausen
2	Müller	Walter	Müllerstr.2	10000	Müllersdorf
3	Bauer	Gerd	Bauerallee	50000	Bauershausen

Artikel			
Art-Nr	**Bezeichnung**	**Preis**	**Lief-Nr**
1	Disketten	10,30	1
2	Monitor	486,50	2
3	Maus	36,97	1
3	Maus	36,97	3

Die Informationen über Artikel, die von mehreren Lieferanten gleichzeitig bezogen werden, sind notwendigerweise »redundant«, also mehrfach vorhanden. Im Beispiel die Bezeichnung und der Preis von Artikel Nr. 3, der Maus. Bei einer ausführlicheren (mehr Detailinformationen, also mehr Felder) und umfangreicheren Artikeltabelle wäre die Redundanz weitaus größer als in dieser Miniaturtabelle.

Die Redundanz in »Artikel« könnte man nur vermeiden, indem gerade umgekehrt die Informationen über die Lieferanten, die mehrere Artikel gleichzeitig liefern, redundant gespeichert werden:

Tabelle 6.7: Mehrere Lieferanten pro Artikel und mehrere Artikel pro Lieferant, Variante 2

Lieferant						
Lief-Nr	Nach-name	Vor-name	Straße	Plz	Ort	Art-Nr
1	Maier	Werner	Maierweg 5	30000	Maiershausen	1
1	Maier	Werner	Maierweg 5	30000	Maiershausen	3
2	Müller	Walter	Müllerstr.2	10000	Müllersdorf	2
3	Bauer	Gerd	Bauerallee	50000	Bauershausen	3

Artikel		
Art-Nr	Bezeichnung	Preis
1	Disketten	10,30
2	Monitor	486,50
3	Maus	36,97

In dieser Variante ist »Lief-Nr« übrigens nicht mehr als Primärschlüsselfeld der Lieferantentabelle verwendbar, da dieses Feld nun teilweise identische Inhalte aufweist und somit keine eindeutige Identifizierung der zugehörigen Datensätze mehr ermöglicht. In Variante 1 gilt das Gleiche für das Feld »Art-Nr« der Artikeltabelle.

Beide Varianten sind absolut unsinnig, da in beiden Fällen Datensätze mehrfach gespeichert werden müssen, in denen sich nur der Inhalt eines Feldes unterscheidet.

Um dieses n:m-Problem mit geringstmöglicher Datenredundanz und ohne krampfhafte Suche nach brauchbaren Primärschlüsseln zu lösen, gibt es nur eine Möglichkeit: Die Einführung einer dritten Tabelle als »Bindeglied«, mit der die n:m-Beziehung in zwei 1:n-Beziehungen aufgelöst werden kann:

```
Lieferant (Lief-Nr, Nachname, Vorname, Straße, Plz, Ort)
Lief-Art (Lief-Nr, Art-Nr)
Artikel (Art-Nr, Bezeichnung, Preis)
```

Tabelle 6.8: Auflösung einer n:m-Beziehung mit drei Tabellen

Lieferant

Lief-Nr	Nachname	Vorname	Straße	Plz	Ort
1	Maier	Werner	Maierweg 5	30000	Maiershausen
2	Müller	Walter	Müllerstr.2	10000	Müllersdorf
3	Bauer	Gerd	Bauerallee	50000	Bauershausen

Lief-Art

Lief-Nr	Art-Nr
1	1
1	3
2	2
3	3

Artikel

Art-Nr	Bezeichnung	Preis
1	Disketten	10,30
2	Monitor	486,50
3	Maus	36,97

In die Tabelle »Lief-Art« werden die beiden Primärschlüssel der grundlegenden Tabellen »Lieferant« und »Artikel« eingefügt. Aus »Lief-Art« geht eindeutig hervor, welche Artikel ein Lieferant liefert bzw. von welchen Lieferanten ein Artikel bezogen wird.

Zwischen »Lieferant« und »Lief-Art« gibt es eine 1:n-Beziehung, da zu einem Satz in »Lieferant« eventuell mehrere Sätze in »Lief-Art« gehören, die die betreffende Lieferantennummer enthalten, zu jedem Satz in »Lief-Art« jedoch genau ein Satz in »Lieferant«, da darin jede Lieferantennummer nur einmal vorkommt. Das Gleiche gilt – bezogen auf Artikelnummern – für die Beziehung zwischen »Artikel« und »Lief-Art«.

 Es stellt sich die Frage nach dem Primärschlüssel der Bindegliedtabelle »Lief-Art«: Die Lieferantennummer »Lief-Nr« kommt darin mehrfach vor und kann daher nicht verwendet werden – ebensowenig wie die Artikelnummer »Art-Nr«. Keines der beiden Felder ist für sich genommen eindeutig. Beide zusammen allerdings sehr wohl. Denn es gibt immer nur genau eine Kombination aus einer Lieferanten- und einer Artikelnummer. Also wird der Primärschlüssel dieser Tabelle als Mehrfelder-Schlüssel definiert, der aus einer Kombination der beiden Felder »Lief-Nr« und »Art-Nr« besteht.

Zur praktischen Realisierung betrachten Sie bitte Abbildung 6.7.

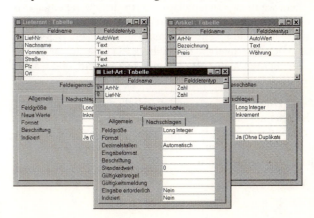

Bild 6.7:
Tabellen »Lieferant«, »Artikel« und »Lief-Art«

Ich habe zunächst die beiden Tabellen »Lieferant« und »Artikel« entworfen. Die Felder »Lief-Nr« bzw. »Art-Nr«, die als Primärschlüsselfelder verwendet werden sollen, sind beide vom Typ »AutoWert«.

Das Feld »Preis« in der Artikeltabelle ist vom Typ »Währung«, das Feld »Plz« in der Lieferantentabelle vom Typ »Zahl« mit der Feldgröße »Long Integer«. Alle anderen Felder der beiden Tabellen sind Textfelder mit der Standardlänge von 50 Zeichen.

Danach legte ich die dritte Tabelle »Lief-Art« an. Sie enthält die Primärschlüsselfelder der beiden Haupttabellen. Der kombinierte Primärschlüssel wurde durch Markieren der beiden Zeilen und Klicken auf das Schlüsselsymbol gebildet.

Als Felddatentyp wurde jeweils »Zahl« in der Feldgröße »Long Integer« verwendet, um die gleichen ganzzahligen Werte eingeben zu können, die Access in den zugehörigen Feldern der Haupttabellen »Lieferant« und »Artikel« einträgt.

Beziehungen definieren

Die in den vorhergehenden Beispielen entworfenen Tabellen sind zwar miteinander verknüpft – das weiß Access allerdings noch nicht! Sie können Access die Beziehungen zwischen den einzelnen Tabellen zwar jedesmal explizit angeben, wenn es – beispielsweise zur Erstellung einer »Abfrage« – notwendig ist. Es ist allerdings einfacher und bietet zudem mehr Möglichkeiten, diese Beziehung ein einziges Mal mit dem Befehl Extras | Beziehungen... bekanntzugeben (einfacher: Klicken Sie im Datenbankfenster mit der rechten Maustaste auf eine leere Stelle, und wählen Sie im Kontextmenü Beziehungen...).

Ich führe den Ablauf zunächst an den beiden Tabellen »Kunde« und »Auftrag« vor, zwischen denen eine 1:n-Beziehung besteht und die über das Feld »Ku-Nr« miteinander verknüpft sind. Wählen Sie Extras | Beziehungen..., erscheint das »Beziehungen«-Fenster, das zunächst leer ist, da noch keine Beziehungen definiert wurden.

Wählen Sie nun bitte BEZIEHUNGEN | TABELLE ANZEIGEN... bzw. klicken Sie auf das abgebildete Symbol (Bild 6.8).

Bild 6.8:
Beziehungen definieren

Ihre Aufgabe besteht nun darin, mit Hilfe des Dialogfelds in das leere Fenster alle Tabellen einzufügen, zwischen denen Sie Beziehungen definieren wollen. Sie können auch Abfragen hinzufügen, die in der Liste angezeigt werden, wenn Sie das Register »Abfragen« aktivieren. Oder Abfragen und Tabellen, indem Sie das Register »Beide« aktivieren.

In unserem Fall genügt das Register »Tabellen«, das die in der Datenbank enthaltenen Tabellen anzeigt. Selektieren Sie beispielsweise die Tabelle »Auftrag«, und wählen Sie »Hinzufügen« (einfacher: Doppelklick auf »Auftrag«), danach »Kunde«, und wählen Sie wieder »Hinzufügen«, und aktivieren Sie zuletzt »Schließen«, erhalten Sie folgendes Resultat (Bild 6.9):

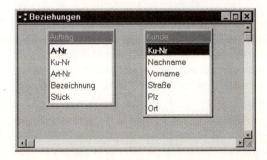

Bild 6.9:
Eingefügte Tabellen

Zwei kleine Fenster erscheinen, die »Feldlisten« der beiden Tabellen. Sie können jederzeit mit BEZIEHUNGEN | TABELLE ANZEIGEN... bzw. dem zugehörigen Symbol weitere Tabellen oder Abfragen hinzufügen.

Um umgekehrt eine nicht mehr benötigte Tabelle zu entfernen, klicken Sie irgendeine Feldbezeichnung der Tabelle an und wählen BEARBEITEN | LÖSCHEN oder drücken einfach ⌊Entf⌋. Mit BEARBEITEN | LAYOUT LÖSCHEN können Sie den Inhalt des »Beziehungen«-Fensters komplett löschen und mit der Definition der Beziehungen von vorne beginnen.

Um nun die Beziehung zwischen den beiden Tabellen zu definieren, klicken Sie mit der Maus das Primärschlüsselfeld »Ku-Nr« der Tabelle »Kunde« an und ziehen es bei gedrückter Maustaste zum gleichnamigen Feld der Tabelle »Auftrag«, bevor Sie die Maustaste wieder loslassen. Daraufhin erscheint folgendes Dialogfeld (Bild 6.10):

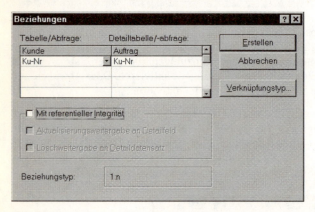

Bild 6.10:
Beziehungen
definieren

Die beiden Tabellen »Kunde« und »Auftrag« sind darin nebeneinander angeordnet. Die Überschrift »Detailtabelle/-abfrage« über »Auftrag« besagt, daß diese Tabelle die »Nebentabelle« ist, die Details zu den Datensätzen der Haupttabelle »Kunde« enthält und in die der Primärschlüssel dieser Tabelle eingefügt ist.

In der Zeile unterhalb der Tabellennamen werden die durch Ziehen mit der Maus miteinander verknüpften Felder »Ku-Nr« angegeben. Haben Sie sich beim Ziehen vertan, klicken Sie das fehlerhafte Feld an. Ein Listenpfeil erscheint. Klicken Sie ihn an, öffnet sich eine Liste aller Felder der betreffenden Tabelle, in der Sie das zu verknüpfende Tabellenfeld auswählen können.

Sind zwei oder drei Tabellenfelder miteinander verknüpft, definieren Sie die zweite und dritte Verknüpfung entsprechend in der zweiten und dritten Zeile, indem Sie diese Zeilen aktivieren und die betreffenden Felder in den zugehörigen Listen selektieren.

Das Kontrollkästchen »Mit referentieller Integrität« ist unscheinbar, seine Aktivierung hat jedoch enorme Auswirkungen. Stellen Sie sich vor, Sie geben versehentlich bei der Auftragsannahme eine falsche Kundennummer ein, die es überhaupt nicht gibt. Ist »Mit referentieller Integrität« aktiviert, weigert sich Access, diese Kundennummer, für die es keinen Primärschlüsseleintrag in »Kunde« gibt, in dem Datensatz zu speichern, den Sie gerade in der Tabelle »Auftrag« eingeben wollen – und vermeidet dadurch von vornherein spätere Probleme bei der Suche nach dem nicht existierenden Kunden, der diesen Auftrag erteilte!

Zusätzlich weigert sich Access, in der Haupttabelle »Kunde« einen Datensatz zu löschen, wenn in der Detailtabelle »Auftrag« korrespondierende Datensätze (Datensätze mit dem zugehörigen Primärschlüsselwert) vorhanden sind (Bild 6.11).

Bild 6.11: Auswirkungen referentieller Integrität

Hier wurde versucht, den ersten Datensatz (Herrn Maier mit der Kundennummer 1) zu löschen. Zweifellos ist diese Weigerung sinnvoll, denn Herrn Maier als Kunden zu löschen, bevor alle seine Aufträge bearbeitet wurden, ist wohl undenkbar. Und immerhin ist in der Tabelle »Auftrag« tatsächlich ein Auftrag von Herrn Maier vorhanden, nämlich der zweite Datensatz, der die Auftragsnummer 2 besitzt.

Allerdings gibt es Ausnahmen. Zum Beispiel, wenn Herr Maier gestorben ist: Dann müssen jedoch außer dem betreffenden Kunden zusätzlich auch alle von ihm vergebenen Aufträge gelöscht werden.

Nach Aktivierung von »Mit referentieller Integrität« sind auch die beiden Kontrollkästchen darunter verfügbar. Aktivieren Sie »Löschweitergabe an Detaildatensatz«, weigert sich Access nicht mehr, sondern übernimmt statt dessen auch diese Aufgabe (Bild 6.12).

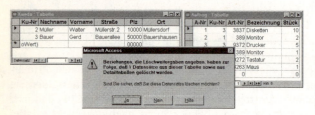

Bild 6.12:
Löschweitergabe

Zuerst wird in der Haupttabelle »Kunde« der gewünschte Datensatz »Müller« gelöscht, was in diesem Moment noch rückgängig zu machen ist. Bestätigen Sie jedoch den entsprechenden Hinweis, werden danach auch alle zugehörigen Datensätze der Detailtabelle gelöscht, oder besser gesagt als gelöscht gekennzeichnet (Bild 6.13).

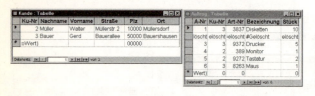

Bild 6.13:
Löschen der verknüpften Datensätze

Schließen Sie die Tabelle »Auftrag« und öffnen Sie sie danach erneut, wird die Anzeige aktualisiert: die zuvor nur als gelöscht gekennzeichneten Datensätze sind nun tatsächlich nicht mehr vorhanden.

Bei aktivierter Integritätsüberwachung weigert sich Access übrigens, in der Haupttabelle Änderungen vorzunehmen, die »verwaiste Datensätze« in der Detailtabelle zur Folge hätten.

Ein Beispiel: Der zweite Datensatz in »Auftrag« enthält die Kundennummer 1. Ändern Sie in »Kunde« die Kundennnummer 1 von Herrn Maier in 5 (nicht möglich, da »Ku-Nr« vom Typ »AutoWert« ist), wäre dieser Auftragsdatensatz anschließend »verwaist«: Es gäbe keinen Kunden mehr mit der darin enthaltenen Kundennummer 1. Mit aktivierter Integritätsüberwachung erkennt das auch Access und weigert sich entsprechend, die Kundennummer zu ändern.

Wichtige Ausnahme auch in diesem Fall: Ist zusätzlich »Aktualisierungsweitergabe an Detailfeld« aktiviert, ändert Access wie gewünscht die Kundennummer im Datensatz der Haupttabelle – und ändert zusätzlich auch die damit verknüpfte Kundennummer in den zugehörigen Datensätzen der Detailtabelle entsprechend!

Mit der Schaltfläche »Verknüpfungstyp...« legen Sie die Art und Weise fest, in der die beiden Tabellen miteinander verknüpft sind (Bild 6.14).

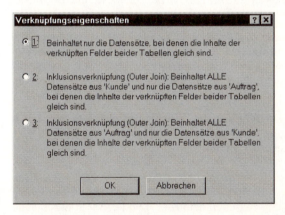

Bild 6.14:
Verknüpfungstypen

Welche der drei Alternativen aktiviert ist, wirkt sich nicht auf den unmittelbaren Umgang mit Tabellen aus, sondern auf »tabellenübergreifende Abfragen«.

Schließen Sie das »Beziehungen«-Dialogfeld mit »OK«, stellt Access die Verknüpfung der beiden Tabellen grafisch dar (Bild 6.15).

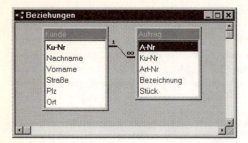

Bild 6.15:
Grafische Verknüpfungsanzeige

Dabei zeigt die Verbindungslinie gleichzeitig die Beziehungsart an: Die »1« stellt die »1«-Seite der »1:n«-Beziehung dar. Die »Brille« (Unendlich-Symbol) steht für die »n«-Seite.

Sie können bereits definierte Beziehungen jederzeit nachträglich editieren. Wählen Sie zunächst wie zuvor EXTRAS | BEZIEHUNGEN…, um das »Beziehungen«-Fenster zu öffnen.

Um darin eine Beziehung zu löschen, selektieren Sie die Verbindungslinie durch Anklicken des **mittleren** Teils und drücken $\boxed{\text{Entf}}$. Um sie zu editieren, doppelklicken Sie auf den **mittleren** Teil der Linie, worauf sich das »Beziehungen«-Dialogfeld öffnet, in dem Sie die Beziehungsdefinition ändern können.

Wie wichtig die korrekte Definition der Beziehungen zwischen zwei Tabellen vor allem für korrekt funktionierende »Abfragen« ist, möchte ich kurz demonstrieren. Nehmen wir an, die beiden verknüpften Felder besitzen nicht die gleiche Bezeichnung »Ku-Nr« – dann erkennt Access die Verknüpfung bereits anhand der identischen Feldnamen – sondern in »Kunde« heißt das betreffende Feld »Kunden-Nr«. Nehmen wir weiter an, Sie vergaßen, die Beziehung zwischen dem Feld »Kunden-Nr« in der Tabelle »Kunde« und dem Feld »Ku-Nr« in der Tabelle »Auftrag« zu definieren. Nun erstellen Sie eine Abfrage, die Auskunft darüber geben soll, welcher Kunde welches Produkt bestellt hat (Bild 6.16).

Das Ergebnis ist ernüchternd: Angeblich hat **jeder der drei Kunden jedes Produkt** bestellt! Hätten Sie Access zuvor bekanntgegeben, auf welche Weise die beiden Tabellen miteinander verknüpft sind, würde die Abfrage wie geplant funktionieren (Bild 6.17).

Bild 6.16:
Fehlerhafte
Abfrage mangels Beziehungsdefinition

Bild 6.17:
Funktionierende
Abfrage

Es ist zwar möglich, die Beziehung zwischen den beiden Tabellen zu definieren, indem Sie im »Abfrageentwurfsfenster« nachträglich die fehlende Verbindungslinie ziehen. Dieser Vorgang ist jedoch bei jeder einzelnen Abfrage notwendig! Sie ersparen sich daher viel Arbeit, wenn Sie häufig verwendete Beziehungen zwischen Tabellen einmalig mit EXTRAS | BEZIEHUNGEN... definieren.

Als weiteres Beispiel möchte ich Ihnen die Beziehungsdefinition am Beispiel der drei Tabellen »Lieferant«, »Artikel« und »Lief-Art« zeigen (Bild 6.18).

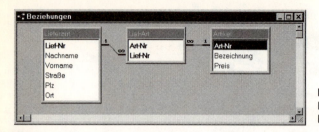

Bild 6.18:
Definierte Beziehungen

Um diese Beziehungen zu definieren, wählte ich BEZIEHUNGEN | TABELLE AN-
ZEIGEN... und fügte im zugehörigen Dialogfeld die Feldlisten aller drei Tabellen ein.

Danach zog ich das Feld »Lief-Nr« der Tabelle »Lieferant« zum gleichnamigen Feld der Tabelle »Lief-Art« und das Feld »Art-Nr« der Tabelle »Artikel«
ebenfalls zum gleichnamigen Feld der Tabelle »Lief-Art«.

Dadurch erschien jeweils das »Beziehungen«-Dialogfeld, in dem ich mit
»Mit referentieller Integrität« und danach »Aktualisierungsweitergabe...«
und »Löschweitergabe...« aktivierte. Das Resultat sind die gezeigten Ver-
bindungslinien.

Nach dem Festlegen der Standardbeziehungen kann eine Abfrage formu-
liert werden, zum Beispiel: »Zeige die Bezeichnungen aller Artikel und die
Namen der zugehörigen Lieferanten an«. Dazu aktivieren Sie im Datenbankfenster das Register »Abfrage«, klicken auf »Neu« und wählen »Entwurfsansicht«. Das bekannte Dialogfeld zum Hinzufügen von Tabellen/Ab-
fragen erscheint, in dem Sie nun der Reihe nach alle drei Tabellen
hinzufügen (Bild 6.19).

Klicken Sie auf das Feld »Bezeichnung« der Artikeltabelle, und ziehen Sie
es in die erste Spalte der ersten Zeile des Abfrageformulars, wird es nach
dem Loslassen dort eingefügt. Auf die gleiche Weise fügen Sie die Felder
»Nachname« und »Vorname« der Lieferantentabelle in die benachbarten
Spalten ein. Aktivieren Sie anschließend die Datenblattansicht (Bild 6.20).

Ein wunderbar übersichtliches Ergebnis. Sie sehen auf einen Blick, daß
sowohl Herr Maier als auch Herr Bauer Disketten liefern, Sie den Monitor
von Müller und die Maus ebenfalls von Bauer beziehen.

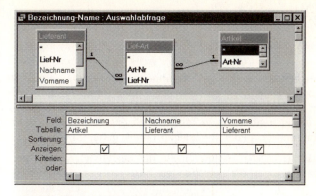

Bild 6.19:
LIEF-ART.MDB,
Abfrage
»Bezeichnung-
Name«

Bild 6.20:
Ergebnis der Abfrage

Zum Abschluß möchte ich Sie noch einmal auf die entscheidenden Punkte beim Verknüpfen von Tabellen hinweisen:

▦ Das verknüpfende Feld muß in der Haupttabelle das Primärschlüsselfeld sein (Mehr-Felder-Primärschlüssel sind ebenfalls zulässig). Liegt eine 1:1-Beziehung vor, muß es in **beiden** Tabellen das Primärschlüsselfeld sein.

▦ Das in die Detailtabelle eingefügte Feld kann einen anderen Namen besitzen als in der Haupttabelle. Es muß jedoch vom gleichen Datentyp und der gleichen Feldgröße sein!

▦ Ausnahme: Ist das Feld in der Haupttabelle vom Typ »AutoWert«, weil darin eine fortlaufende Numerierung ausreicht, deklarieren Sie es statt dessen in der Detailtabelle als normales ganzzahliges Feld (der Typ »AutoWert« ist ganzzahlig), da in der Detailtabelle eine solche fortlaufende Numerierung unbrauchbar ist: In dieser Tabelle müssen Sie schließlich die zur Haupttabelle korrespondierenden Werte selbst eintragen, zum Beispiel die Nummer des Kunden, der eine Bestellung vornimmt.

▨ Aus dem gleichen Grund darf bei der üblichen 1:n-Beziehung das in die Detailtabelle eingefügte Feld keinesfalls ohne Duplikate indiziert sein, da eine 1:n-Beziehung ja gerade bedeutet, daß zu einem (Schlüssel-)Eintrag in der unabhängigen Tabelle **mehrere** Einträge mit dem gleichen Schlüsselwert in der abhängigen Tabelle gehören!

▨ Mit EXTRAS I BEZIEHUNGEN... definieren Sie die Beziehungen zwischen den Tabellen: Sie fügen die betreffenden Tabellen hinzu und stellen durch Anklicken eines Feldes der Haupttabelle und Ziehen zum »korrespondierenden« Feld der Detailtabelle die Beziehung her. Anschließend sollten Sie zur Sicherheit »Mit referentieller Integrität« und gegebenenfalls zusätzlich »Löschweitergabe an Detaildatensatz« und/oder »Aktualisierungsweitergabe an Detailfeld« aktivieren.

6.2 Aufbau einer komplexen Datenbank ▨

Ich möchte Ihnen nun den Aufbau einer komplexen Datenbank zeigen, die ich EDV.MDB nenne. Sie orientiert sich an den Bedürfnissen eines EDV-Einzelhändlers, der an seine Kunden Artikel wie Drucker, Notebooks, Tastaturen etc. verkauft, die er von verschiedenen Lieferanten bezieht. Das Beispiel ist so ausgelegt, daß es sich ohne allzu große Änderungen an andere Liefer- und Handelsbeziehungen anpassen läßt, beispielsweise an einen Elektrofachhandel oder eine Buchhandlung.

Entwurf

Die Geschäftsgrundlage des EDV-Händlers bildet der Verkauf verschiedener Artikel. Also muß zumindest eine Artikeltabelle existieren, die alle benötigten Informationen über die Artikel enthält, die Bezeichnung, die Art des Artikels, die Bestellnummer, den Einzelpreis, die vorhandene Stückzahl etc.

Zu den Informationen über einen Artikel gehört zweifellos auch der Name und die Anschrift des Lieferanten. Also wird eine Lieferantentabelle benötigt, in der alle Informationen über die verschiedenen Lieferanten enthalten sind – und zusätzlich ein eindeutiger Schlüssel wie eine Lieferantennummer, die in die Artikeltabelle eingefügt wird und die Verbindung zwischen einem Artikel und dem zugehörigen Lieferanten herstellt!

Von einem Lieferanten werden mehrere Artikel bezogen. Werden bestimmte Artikel jedoch zusätzlich nicht nur von einem, sondern von mehreren Lieferanten bezogen, liegt eine n:m-Beziehung vor. Sie wird wie erläutert mit Hilfe einer dritten zwischengeschalteten Tabelle, die die Primärschlüssel beider Tabellen enthält, in zwei 1:n-Beziehungen aufgelöst. Damit ergeben sich zunächst drei Tabellen:

```
Lieferanten (Lief-Nr, Nachname, Vorname, Straße, Plz, Ort,
Telefon, Fax, Rabatt)
Artikel (Art-Nr, Typ, Bezeichnung, VK-Preis, Stück)
Artikel-Lieferanten (Art-Nr, Lief-Nr, Bestellnr, EK-Preis)
```

Die Kombination der Primärschlüssel »Art-Nr« und »Lief-Nr« der beiden Haupttabellen bildet den eindeutigen Primärschlüssel der zwischengeschalteten Tabelle »Artikel-Lieferanten«.

Zu den einzelnen Feldern: In der Tabelle »Lieferanten« ist mit »Rabatt« der Rabatt gemeint, den Sie von einem bestimmten Lieferanten erhalten. Zum Beispiel die 5%, die Ihnen Herr Müller bei Bestellungen gewährt. Ist Ihr Rabatt bei Herrn Müller dagegen von Artikel von Artikel unterschiedlich, wäre er keine Eigenschaft des Lieferanten, sondern eine Eigenschaft des Artikels selbst und müßte entsprechend in der Artikeltabelle gespeichert werden.

In der Tabelle »Artikel« meint »VK-Preis« den Preis, den Sie für einen Artikel verlangen und »Stück« die Stückzahl, die Sie vom betreffenden Artikel auf Lager haben.

In »Artikel-Lieferanten« ist »Bestellnr« die Bestellnummer eines Artikels, die Sie bei einem bestimmten Lieferanten angeben müssen. »EK-Preis« ist Ihr Einkaufspreis für diesen Artikel beim jeweiligen Lieferanten.

Zusätzlich werden Informationen über Ihre Stammkunden benötigt, zum Beispiel deren Namen, Anschrift, Telefon- und Faxnummer. Die Telefonnummer werden Sie sicherlich häufiger benötigen, um einem Kunden zu erklären, daß der von ihm bestellte Artikel nicht lieferbar ist. Und die Anschrift, weil Sie bestimmt keine Lust haben, bei jeder Bestellung von Herrn Maier dessen komplette Anschrift immer wieder per Hand in die Rechnung einzutippen, sondern das Programm das für Sie erledigen soll. Also muß seine Anschrift irgendwo gespeichert sein.

»Irgendwo« bedeutet, daß Sie eine separate Kundentabelle benötigen, die mit einer zusätzlichen Kundennummer als eindeutigem Identifizierungsmerkmal folgendermaßen aufgebaut sein könnte:

```
Kunden (Ku-Nr, Nachname, Vorname, Straße, Plz, Ort, Telefon, Fax,
Rabatt)
```

»Rabatt« ist analog zum gleichnamigen Feld in der Lieferantentabelle der Rabatt, den Sie einem bestimmten Kunden gewähren.

Wie im vorhergehenden Kapitel erläutert wurde, benötigen Sie eine zusätzliche Tabelle »Aufträge«, in der die verschiedenen Aufträge Ihrer Kunden gespeichert werden; Informationen darüber, welche Artikel der Kunde bestellt, an welchem Datum der Auftrag erteilt wurde, wann Sie ihn ausführten, die Rechnung stellten, wann der Kunde bezahlte etc.

Da in einem Auftrag mehrere Artikel bestellt werden können und ein Artikel wiederum in mehreren Aufträgen vorkommen kann, liegt zwischen den Tabellen »Artikel« und »Aufträge« eine n:m-Beziehung vor, die mit einer dritten Tabelle »Auftragspositionen« in zwei 1:n-Beziehungen aufgelöst wird:

```
Artikel (Art-Nr, Typ, Bezeichnung, VK-Preis, Stück)
Aufträge (Re-Nr, Ku-Nr, Auftragsdatum, Rechnungsdatum,
Zahlungseingang)
Auftragspositionen (Re-Nr, Art-Nr, Stück, Auslieferungsdatum)
```

Die einzelnen Artikel werden über ihre Artikelnummer identifiziert. Entsprechend wird das Primärschlüsselfeld »Art-Nr« der Tabelle »Artikel« in die Tabelle »Aufträge« eingefügt. Über das ebenfalls eingefügte Primär-

schlüsselfeld »Re-Nr« der Tabelle »Aufträge« läßt sich zu jeder Artikelbe-
stellung der zugehörige Auftrag ermitteln.

Beide Felder zusammen bilden den Primärschlüssel der Tabelle »Auftragspositionen«, der jeden darin enthaltenen Datensatz, also jede Kombination aus einem Auftrag und einem darin bestellten Artikel, eindeutig
identifiziert. Zusätzlich enthält »Auftragspositionen« zu jeder Artikelbe-
stellung die gewünschte Stückzahl und das Datum, an dem Sie den betreffenden Artikel an den Kunden liefern.

Die Datenbank enthält eine weitere Tabelle, »Typ«: Wenn Sie einen neuen
Artikel eingeben, müssen Sie außer der exakten Artikelbezeichnung
(»NEC 5D«, »Epson LQ 850« etc.) im Feld »Typ« der Artikeltabelle einen
Oberbegriff wie »Drucker«, »Monitor«, »Maus« etc. eintippen. Die separate
Tabelle »Typ« erleichtert Ihnen diese Eingabe:

```
Typ (Typ)
```

Tabelle 6.9:   Die Tabelle »Typ«

Typ
Drucker
Maus
Monitor
Notebook
Telefon

Die Tabelle enthält ein einziges Feld, ein Textfeld mit Einträgen wie »Drukker«, »Monitor«, »Maus« etc., also mit den verschiedenen Typenbezeichnungen Ihrer Artikel. Der Inhalt dieser Datei, diese Texte, wird später in einem Listenfeld vorgegeben werden, so daß Sie sich den gewünschten
Text bequem aussuchen können (Bild 6.21).

Die Tabelle »Typ« dient somit nur zur Erhöhung des Komforts. Darüber
hinaus besitzt sie keine Bedeutung und ist nicht mit anderen Tabellen verknüpft.

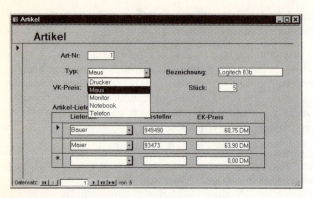

Bild 6.21:
Vorgabe des Artikeltyps

Das folgende Schema zeigt den Aufbau aller Tabellen und die Verknüpfungen zwischen ihnen (Bild 6.22).

Bild 6.22:
EDV.MDB,
alle relevanten Tabellen

- Lieferanten (<u>Lief-Nr</u>, Nachname, Vorname, Straße, Plz, Ort, Telefon, Fax, Rabatt): Lieferantentabelle.

- Artikel (<u>Art-Nr</u>, Typ, Bezeichnung, VK-Preis, Stück): Artikeltabelle.

- Artikel-Lieferanten (<u>Art-Nr</u>, <u>Lief-Nr</u>, Bestellnr, EK-Preis): Bindeglied zwischen Lieferanten- und Artikeltabelle (n:m-Beziehung) mit Informationen über die Bestellnummer eines Artikels und seinen Einkaufspreis bei einem bestimmten Lieferanten.

- Kunden (<u>Ku-Nr</u>, Nachname, Vorname, Straße, Plz, Ort, Telefon, Fax, Rabatt): Kundentabelle.

- Aufträge (<u>Re-Nr</u>, Ku-Nr, Auftragsdatum, Rechnungsdatum, Zahlungseingang): Auftrags- und Rechnungstabelle.

▓ Auftragspositionen (<u>Re-Nr</u>, <u>Art-Nr</u>, Stück, Auslieferungsdatum): Binde-glied zwischen Artikel- und Auftragstabelle (n:m-Beziehung) mit Infor-mationen über die einzelnen Artikelbestellungen mit zugehörigem Auftrag, Stückzahl und Auslieferungsdatum.

▓ Typ (<u>Typ</u>): Typenbezeichnungen der Artikelgattungen zur Erleichte-rung der Eingabe.

Tabellen und Beziehungen

Einige Hinweise zum Anlegen der einzelnen Tabellen:

▓ Für das Feld »Plz« wird jeweils das Eingabeformat »00000« und die Gül-tigkeitsprüfung »>=1000 Und <=99999« verwendet; und das (Anzeige-)Format »00000«, um zu verhindern, daß Access bei einer Postleitzahl wie »01000« die vorangestellte Null entfernt.

▓ In Feldern, in die Beträge eingegeben werden (»EK-Preis«, »VK-Preis« etc.), verwende ich prinzipiell die Gültigkeitsregel >=0 und eine ent-sprechende Gültigkeitsmeldung, um zu ermöglichen, daß der Anwen-der vorläufig – weil eventuell noch nicht bekannt – das Feld nicht nur leer lassen, sondern statt dessen auch eine 0 eingeben kann, aber kei-nesfalls einen unsinnigen negativen Betrag wie -24 DM.

▓ In Tabellen mit den Feldern »Nachname« und »Vorname« bilden diese Felder – in dieser Reihenfolge – immer einen Mehr-Felder-Index, der es ermöglicht, sehr schnell über den Namen oder eine Kombination aus Name und Vorname einen Lieferanten oder Kunden zu finden.

▓ In eine Tabelle eingefügte Primärschlüsselfelder einer anderen Tabelle sind immer vom Typ »Long Integer«, um die Eingabe der von Access in der Haupttabelle eingetragenen Zählerwerte zu ermöglichen. Zusätz-lich wird mit der Gültigkeitsregel >=0 die Eingabe negativer Werte ver-hindert.

▓ Kommen wir zur Artikeltabelle (Bild 6.23).

▓ »Art-Nr«: Primärschlüssel, »AutoWert«

▓ »Typ«: »Text«, Feldgröße 20

▓ »Bezeichnung«: »Text«, Feldgröße 30

Bild 6.23:
Tabelle »Artikel«

▪ »VK-Preis«: »Währung«, Gültigkeitsregel **>=0**, Gültigkeitsmeldung »Der VK-Preis muß größer oder gleich 0,00 DM sein«

▪ »Stück«: »Zahl«, Feldgröße »Integer«, Gültigkeitsregel **>=0**, Gültigkeitsmeldung »Fehlerhafte Stückzahl«

Der Aufbau der Lieferantentabelle (Bild 6.24).

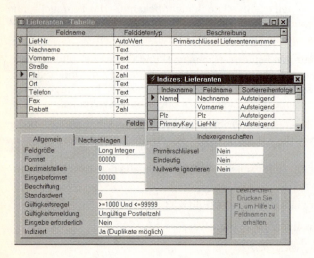

Bild 6.24:
Tabelle »Liefe-
ranten«

- »Lief-Nr«: Primärschlüssel, »AutoWert«

- »Nachname«: »Text«, Feldgröße 30

- »Vorname«: »Text«, Feldgröße 20

- »Straße«: »Text«, Feldgröße 40

- »Plz«: »Zahl«, Feldgröße »Long Integer«, Gültigkeitsregel **>=1000 Und <=99999**, Gültigkeitsmeldung »Ungültige Postleitzahl«

- »Ort«: »Text«, Feldgröße 40

- »Telefon«: »Text«, Feldgröße 20

- »Fax«: »Text«, Feldgröße 20

- »Rabatt«: »Zahl«, Feldgröße »Single«, Gültigkeitsregel **>=0**, Gültigkeitsmeldung »Ungültiger Rabatt«

  Ich indizierte das häufig zur Suche benutzte Feld »Plz« und definierte zusätzlich den Mehr-Felder-Index »Name«, der sich aus den Feldern »Nachname« und »Vorname« zusammensetzt, da Sie wahrscheinlich häufig über seinen Namen die Adresse eines bestimmten Lieferanten suchen werden.

Die Tabelle »Artikel-Lieferanten« (Bild 6.25).

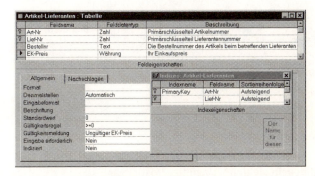

Bild 6.25:
Tabelle »Artikel-Lieferanten«

- »Art-Nr«: 1.Primärschlüsselteil, »Zahl«, Feldgröße »Long Integer«, Gültigkeitsregel **>=0**, Gültigkeitsmeldung »Ungültige Artikelnummer«

- »Lief-Nr«: 2. Primärschlüsselteil, »Zahl«, Feldgröße »Long Integer«, Gültigkeitsregel **>=0**, Gültigkeitsmeldung »Ungültige Lieferantennummer«

▨ »Bestellnr«: »Text«, Feldgröße 20

▨ »EK-Preis«: »Währung«, Gültigkeitsregel **>=0**, Gültigkeitsmeldung »Ungültiger EK-Preis«

»Art-Nr« und »Lief-Nr« bilden **gemeinsam** den Primärschlüssel der Tabelle.

Die Kundentabelle (Bild 6.26).

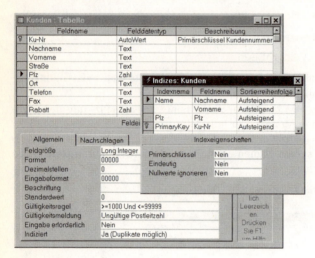

Bild 6.26:
Tabelle »Kunden«

▨ »Ku-Nr«: Primärschlüssel, »AutoWert«

▨ »Nachname«: »Text«, Feldgröße 30

▨ »Vorname«: »Text«, Feldgröße 20

▨ »Straße«: »Text«, Feldgröße 40

▨ »Plz«: »Zahl«, Feldgröße »Long Integer«, Gültigkeitsregel **>=1000 Und <=99999**, Gültigkeitsmeldung »Ungültige Postleitzahl«

▨ »Ort«: »Text«, Feldgröße 40

▨ »Telefon«: »Text«, Feldgröße 20

■ »Fax«: »Text«, Feldgröße 20

■ »Rabatt«: »Zahl«, Feldgröße »Single«, Gültigkeitsregel >=0, Gültigkeitsmeldung »Ungültiger Rabatt«

Wie zuvor in der Lieferantentabelle indizierte ich das häufig zur Suche
benutzte Feld »Plz« und definierte zusätzlich den Mehr-Felder-Index
»Name«, der sich aus »Nachname« und »Vorname« zusammensetzt, da
Sie auch einen Kunden häufig über seinen Namen – eventuell in Kombination mit seinem Vornamen – suchen werden.

Die Auftragstabelle (Bild 6.27).

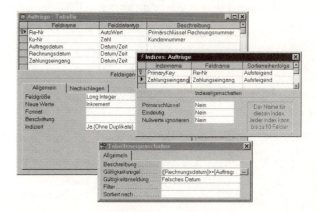

Bild 6.27:
Tabelle »Aufträ-
ge«

3. »Re-Nr«: Primärschlüssel, »AutoWert«

■ »Ku-Nr«: »Zahl«, Feldgröße »Long Integer«, Gültigkeitsregel >=0, Gültigkeitsmeldung »Ungültige Kundennummer«

■ »Auftragsdatum«: »Datum/Uhrzeit«, Format »Datum, mittel«

■ »Rechnungsdatum«: »Datum/Uhrzeit«, Format »Datum, mittel«

■ »Zahlungseingang«: »Datum/Uhrzeit«, Format »Datum, mittel«, Indiziert »Ja (Duplikate möglich)«

Das Feld »Zahlungseingang« wurde indiziert, um häufig vorkommende
Abfragen der Art »Zeige alle Aufträge an, bei denen der Zahlungseingang seit mindestens zwei Wochen überfällig ist« zu beschleunigen.

169

Zusätzlich wollte ich verhindern, daß ein unsinniges Rechnungsdatum eingegeben wird, das vor dem Auftragsdatum liegt, oder ein unsinniges Datum für den Zahlungseingang, das vor dem Rechnungsdatum liegt. Dazu wird folgende etwas komplizierte Gültigkeitsregel im »Tabelleneigenschaften«-Fenster benötigt, die ich bei der Besprechung von »Tabelleneigenschaften« erläutern werde:

```
([Rechnungsdatum] >= [Auftragsdatum] Oder [Rechnungsdatum] Ist
Null) Und ([Zahlungseingang] >= [Rechnungsdatum] Oder
[Zahlungseingang] Ist Null)
```

Die Tabelle mit den Auftragspositionen, also den einzelnen Bestellungen (Bild 6.28).

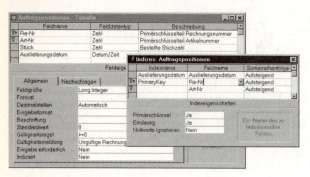

Bild 6.28:
Tabelle »Auftragspositionen«

▓ »Re-Nr«: 1.Primärschlüsselteil, »Zahl«, Feldgröße »Long Integer«, Gültigkeitsregel **>=0**, Gültigkeitsmeldung »Ungültige Rechnungsnummer«

▓ »Art-Nr«: 2.Primärschlüsselteil, »Zahl«, Feldgröße »Long Integer«, Gültigkeitsregel **>=0**, Gültigkeitsmeldung »Ungültige Artikelnummer«

▓ »Stück«: »Zahl«, Feldgröße »Integer«, Gültigkeitsregel **>=0**, Gültigkeitsmeldung »Ungültige Stückzahl«

▓ »Auslieferungsdatum«: »Datum/Uhrzeit«, Format »Datum, mittel«, Indiziert »Ja (Duplikate möglich)«

»Auslieferungsdatum« wurde indiziert, um häufig vorkommende Abfragen der Art »Zeige mir alle bisher noch nicht ausgelieferten Bestellungen« zu beschleunigen.

Die Tabelle »Typ« (Bild 6.29).

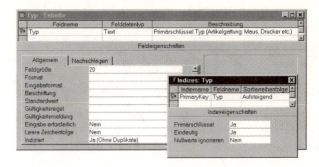

Bild 6.29:
Tabelle »Typ«

▓ »Typ«: Primärschlüssel, »Text«, Feldgröße 20

Umgang mit der Datenbank

Gehen wir von einigen Beispieldatensätzen aus. Zum Beispiel einigen Lieferanten, mehreren von diesen bezogene Artikeln und – in »Artikel-Lieferanten« – Informationen darüber, welcher Artikel von welchem Lieferanten bezogen wird, welche Bestellnummer er beim betreffenden Lieferanten hat und wie hoch der Einkaufspreis bei diesem ist (Bild 6.30).

Zur Interpretation: Aus »Artikel-Lieferanten« geht beispielsweise hervor, daß der Artikel Nummer 3, der Notebook (siehe Tabelle »Artikel«), von den Lieferanten mit den Nummern 1, 2 und 4 bezogen wird, also von (siehe »Lieferanten«) Schmidt, Müller und Keller. Und daß Lieferant Nummer 1, Schmidt, die Artikel mit den Nummern 3 und 4 liefert, außer dem Notebook also zusätzlich den Eizo-Monitor.

In dieser Demodatenbank ist Schmidt übrigens der einzige Lieferant, von dem mehrere Artikel bezogen werden (Bild 6.31).

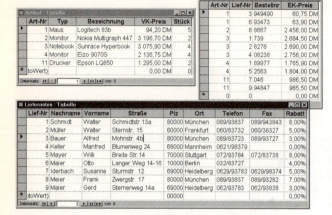

Artikel-Lieferanten : Tabelle

Art-Nr	Lief-Nr	Bestellnr	EK-Preis
1	3	949490	60,75 DM
1	6	93473	63,90 DM
2	8	8667	2.456,00 DM
3	1	739	2.684,50 DM
3	2	8276	2.690,00 DM
3	4	08238	2.756,00 DM
4	1	89977	1.765,90 DM
4	5	2563	1.804,00 DM
11	7	046	986,50 DM
11	9	94847	965,50 DM
0	0		0,00 DM

Artikel : Tabelle

Art-Nr	Typ	Bezeichnung	VK-Preis	Stück
1	Maus	Logitech 83b	94,20 DM	5
2	Monitor	Nokia Multigraph 447	3.196,70 DM	2
3	Notebook	Sunrace Hyperbook	3.075,90 DM	4
4	Monitor	Eizo 9070S	2.136,75 DM	4
11	Drucker	Epson LQ850	1.295,00 DM	2
(toWert)			0,00 DM	0

Datensatz: 1 von 5

Lieferanten : Tabelle

Lief-Nr	Nachname	Vorname	Straße	Plz	Ort	Telefon	Fax	Rabatt
1	Schmidt	Walter	Schmidtstr.13a	80000	München	089/93837	089/943843	8,00%
2	Müller	Walter	Sternstr. 15	60000	Frankfurt	060/83732	060/38327	5,00%
3	Bauer	Alfred	Mohnstr. 4b	80000	München	089/83723	089/93727	3,00%
4	Keller	Manfred	Blumenweg 24	68000	Mannheim	0621/98379		0,00%
5	Mayer	Willi	Breite Str.14	70000	Stuttgart	072/93784	072/83738	8,00%
6	Maier	Otto	Langer Weg 14-16	10000	Berlin	032/83727		4,00%
7	Iderbach	Susanne	Sturmstr. 12	69000	Heidelberg	0629/93783	0629/98374	5,00%
8	Meier	Frank	Zwergstr. 17	80000	München	089/93837	089/93282	7,00%
9	Maier	Gerd	Sternaweg 14a	69000	Heidelberg	062/93838	062/93838	3,00%
(itoWert)				00000				0,00%

Datensatz: 3 von 9

Bild 6.30: Datensätze in »Artikel«, »Lieferanten« und »Artikel-Lieferanten«

Kunden : Tabelle

Ku-Nr	Nachname	Vorname	Straße	Plz	Ort	Telefon	Fax	Rabatt
1	Krause	Gerhard	Adolf-Damaschke-Ring 23	70000	Stuttgart	070/837326	070/836378	6,00%
2	Renner	Christa	Rheinstr.25	80000	München	089/983737	089/837378	3,00%
3	Baloui	Hans	Schmale Gasse 5	23900	Flensburg	024/843738	024/837368	0,00%
4	Spießbauch	Werner	Dürerring 12	67100	Frankenthal	06231/93739	06231/93837	5,00%
5	Renner	Otto	Ginsterweg 1	67300	Neustadt	0634/83736	0634/83732	8,00%
6	Maierbach	Eileen	Wacholderweg 10	60000	Frankfurt	069/93732	069/83737	3,00%
7	Schlaak	Willi	Maistr.6	80000	München	089/93837	089/837837	7,00%
(oWert)				00000				0,00%

Datensatz: 6 von 7

Aufträge : Tabelle

Re-Nr	Ku-Nr	Auftragsdatum	Rechnungsdatum	Zahlungseingang
1	6	11. Jan. 99	22. Jan. 99	02. Feb. 99
2	2	14. Jan. 99	27. Jan. 99	04. Feb. 99
4	1	15. Feb. 99	15. Feb. 99	
5	7	15. Feb. 99	17. Feb. 99	21. Feb. 99
7	3	01. Jan. 99	02. Jan. 99	
8	2	20. Feb. 99	22. Feb. 99	
(oWert)	0			

Datensatz: 2 von 8

Auftragspositionen : Tabelle

Re-Nr	Art-Nr	Stück	Auslieferungsdatum
1	4	1	20. Jan. 99
2	1	3	25. Jan. 99
2	3	1	27. Jan. 99
4	11	1	15. Feb. 99
5	1	1	15. Feb. 99
5	3	1	17. Feb. 99
8	1	2	28. Feb. 99
8	11	1	28. Feb. 99
0	0	0	

Datensatz: 3 von 8

Bild 6.31: Datensätze in »Kunden«, »Aufträge« und »Auftragspositionen«

Aus der Tabelle »Aufträge« geht unter anderem hervor, daß sich die Rechnung Nummer 5 auf den Kunden Nummer 7 bezieht, also (siehe »Kunden«) auf Herrn Schlaak. Er bestellte einmal den Artikel Nummer 1 und ebenfalls einmal den Artikel Nummer 3 (siehe »Auftragspositionen«). Der Tabelle »Artikel« läßt sich wiederum entnehmen, daß es sich dabei um eine Maus und einen Notebook handelt.

Kommen wir zum praktischen Umgang mit dieser Datenbank. Um einen neuen Lieferanten und die von ihm bezogenen Artikel einzutragen, benötigen Sie drei Schritte:

1. Öffnen Sie »Lieferanten«, und tragen Sie seine Anschrift als zusätzlichen Datensatz am Ende der Tabelle ein. Access vergibt im Feld »Lief-Nr« selbständig eine neue Lieferantennummer.

2. Öffnen Sie »Artikel«, und tragen Sie die von ihm bezogenen Artikel als neue Datensätze ein. Access vergibt im Feld »Art-Nr« selbständig eine neue Artikelnummer.

3. Öffnen Sie »Artikel-Lieferanten«, und tragen Sie für jeden Artikel die von Access in den beiden Haupttabellen vergebene Lieferanten- und die Artikelnummern ein. Tragen Sie zusätzlich die Bestellnummern der Artikel bei diesem Lieferanten ein und die bei diesem zu zahlenden Einkaufspreise.

Einen neuen Kunden erfassen Sie als zusätzlichen Datensatz in der Tabelle »Kunden«. Und ein neuer Auftrag eines bereits erfaßten Kunden wird mit den folgenden Schritten eingetragen:

4. In »Aufträge« legen Sie einen neuen Datensatz an und geben darin die Nummer des Kunden und das Auftragsdatum ein. Die Felder »Rechnungsdatum« und »Zahlungseingang« können Sie natürlich erst ausfüllen, wenn Sie über die entsprechenden Informationen verfügen. Das »Rechnungsdatum« tragen Sie erst ein, wenn Sie die Rechnung verschicken, und den »Zahlungseingang« vermerken Sie, wenn von der Bank ein entsprechender Kontoauszug vorliegt. Solange diese Informationen fehlen, lassen Sie die Felder einfach leer.

5. In »Auftragspositionen« geben Sie für jede einzelne Bestellung, die der Auftrag umfaßt, einen neuen Datensatz ein. Darin tragen Sie die soeben von Access in »Aufträge« vergebene Rechnungsnummer ein, die Nummer des bestellten Artikels, die gewünschte Stückzahl und das Auslieferungsdatum, falls Sie den Artikel gleich wegschicken. Lassen Sie dieses Feld einfach frei, wenn der Versand des Artikels erst am nächsten oder übernächsten Tag erfolgt.

7 Mit anderen Anwendungen Daten austauschen

Dieses Kapitel erläutert,

- wie Sie am einfachsten Daten mit anderen Windows-Anwendungen per »Drag&Drop« und »OLE« austauschen

- wie Sie in Ihre Tabellen Daten aus anderen Access- oder sonstigen Datenbanken oder aus Kalkulationstabellen importieren oder genau umgekehrt darin enthaltene Daten exportieren

- und welche Möglichkeiten »Hyperlinks« und die »Internet«-Features von Access bieten

7.1 Spezielle Windows-Techniken

Windows selbst ermöglicht den Datenaustausch zwischen nahezu beliebigen Windows-Programmen per »OLE« oder mit Hilfe der Zwischenablage. Diese Techniken können Sie nicht nur in Tabellen anwenden, sondern beispielsweise auch in den später erläuterten Formularen und Berichten. Die grundlegenden Unterschiede:

 Daten kopieren und einfügen (Zwischenablage): Die Zwischenablage verwenden Sie zwischen verschiedenen Anwendungen auf die gleiche Weise wie bisher innerhalb von Access. Sie markieren die einzufügenden Daten (Datensätze einer Access-Tabelle, einen Bereich einer Excel-Tabelle, ein Paint-Bild etc.), wählen BEARBEITEN\KOPIEREN und fügen sie in der anderen Anwendung an der gewünschten Stelle mit BEARBEITEN\EINFÜGEN ein. Die Zwischenablage ist vor allem zum Austausch von Daten geeignet, die beide

Anwendungen »verstehen«, beispielsweise von Texten in einem Winword-Dokument, die Sie in ein Feld einer Access-Tabelle einfügen wollen.

Beim Einfügen über die Zwischenablage besteht keine Verbindung zur Anwendung, mit der die Daten erzeugt wurden: Ändert sich der aus Winword kopierte Text, bleibt der Inhalt des Tabellenfeldes, in das er eingefügt wurde, davon unberührt, es erfolgt also keine Aktualisierung.

 Objekte einbetten oder verknüpfen *(OLE: »Object linking and embedding« = »Objekte verknüpfen und einbetten«): OLE ist hervorragend geeignet, um beliebige »Objekte« eines Programms in ein anderes einzufügen, das mit diesen Objekten eigentlich überhaupt nichts anfangen und sie nicht selbst bearbeiten kann.*

Beispielsweise läßt sich ein Paint-Bild in ein Access-Formular einfügen. Fügen Sie es über die Zwischenablage ein, ist das Bild »statisch« eingefügt. Wollen Sie es verändern, müssen Sie Paint aufrufen, es erneut malen und wie zuvor über die Zwischenablage in Ihr Formular einfügen.

Fügen Sie das Bild dagegen über OLE ein, wird es ebenfalls in Ihrer Access-Datenbank gespeichert, allerdings mit einem zusätzlichen Verweis auf den »Objektlieferanten«, auf Paint. Nun genügt ein Doppelklick auf das Bild, um Paint zu starten und das automatisch in Paint geladene Bild zu bearbeiten. Nach dem Beenden von Paint wird das im Access-Formular angezeigte Bild automatisch entsprechend aktualisiert.

»Drag&Drop« und die Zwischenablage

Nehmen wir an, Sie wollen einige Datensätze einer Access-Tabelle in eine andere Windows-Anwendung einfügen, beispielsweise in die kleine zu Windows 95 gehörende Textverarbeitung »WordPad«. Dazu markieren Sie zunächst die betreffenden Felder der Tabelle. Danach befördern Sie die markierten Daten mit BEARBEITEN | KOPIEREN in die Zwischenablage. Nun wechseln Sie zu WordPad, setzen den Cursor an die Textstelle, an der die Datensätze eingefügt werden sollen, und wählen BEARBEITEN | EINFÜGEN (Bild 7.1).

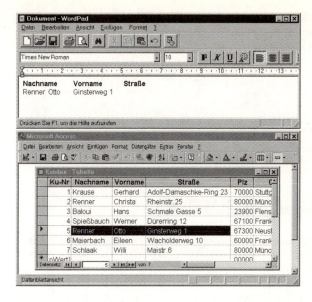

Bild 7.1:
Access-Daten in WordPad einfügen

Außer den markierten Daten selbst werden automatisch auch die Spaltenüberschriften in den Text eingefügt. Daß die Ausrichtung nicht ganz stimmt, liegt nur an den Tabulatoreinstellungen in WordPad. Nach dem Anpassen befinden sich die Daten wie gewünscht unterhalb der zugehörigen Spaltenüberschriften.

Statt einzelner Felder können Sie natürlich auch einen oder mehrere zuvor markierte Datensätze einfügen.

Beim Einfügen von Daten in Word oder Excel verhält sich Access besonders »kooperativ« (Bild 7.2).

Die markierten Datensätze werden inklusive Formatierung (Schriftgrößen etc.) als echte Tabellen in Word bzw. in Excel eingefügt, so daß die Optik mit der des Originals nahezu perfekt übereinstimmt.

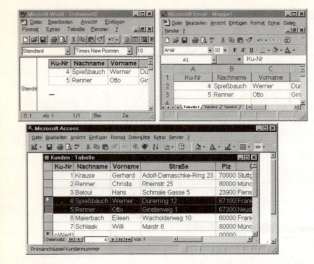

Bild 7.2:
Daten in Word/
Excel einfügen

 Bei vielen Programmen (WordPad, Word, Excel etc.) geht das Ganze per »Drag&Drop« (Ziehen und Ablegen) wesentlich einfacher: Sie markieren zunächst wie zuvor die gewünschten Datensätze. Danach bewegen Sie den Cursor zum oberen oder unteren Rand der Markierung, wo er zu einem Pfeil wird. Nun drücken Sie die linke Maustaste, ziehen den Cursor bei weiter gedrückter Taste zur gewünschten Anwendung (dabei »schleppt« er ein Symbol hinter sich her), beispielsweise in ein Word-Dokument, und legen das Symbol an der gewünschten Stelle im Dokument einfach ab.

Das Resultat ist das gleiche wie zuvor: Die markierten Datensätze werden in die andere Anwendung eingefügt. Bei Anwendungen wie Word oder Excel sogar als optisch nahezu identische Tabelle inklusive aller Formatierungen.

Sie müssen das betreffende Objekt noch nicht einmal öffnen! Statt dessen können Sie sich im Datenbankfenster eine Tabelle wie »Kunden« »schnappen«, zu Word oder zu Excel ziehen und dort ablegen, um sie in ein Dokument einzufügen.

»Schleppt« der Cursor beim Ziehen ein »+«-Zeichen mit sich herum, werden die Daten beim Ablegen in das betreffende Dokument kopiert, bleiben also in der Originalanwendung erhalten. Ohne »+«-Zeichen werden die Daten statt dessen in der Originalanwendung ausgeschnitten, beispielsweise in Word. Sollen sie dort jedoch erhalten bleiben, halten Sie vor dem Ablegen die ⌈Strg⌉-Taste gedrückt.

Das Ganze funktioniert auch in umgekehrter Richtung. Sie können beispielsweise in Word oder in Excel einen Text markieren und per Drag&Drop in ein Textfeld einer Access-Tabelle einfügen.

OLE-Objekte

 *Um mit »**OLE-Objekten**« arbeiten zu können, muß außer Access auch das andere Programm OLE unterstützen, was beispielsweise bei allen Programmen des Office-Pakets ebenso wie bei verschiedenen Windows-Utilities wie Paint oder WordPad der Fall ist.*

»OLE-Objekte« (OLE = Object linking and embedding = Objekt verknüpfen und einbetten) sind beliebige Objekte wie Grafiken, Text- oder Tabellenausschnitte, die entweder bereits zuvor mit einem anderen Programm erzeugt wurden und als Datei vorliegen oder aber erst noch erzeugt werden sollen.

Beim Einfügen von Objekten, die sich in einer Datei befinden, beispielsweise einer gespeicherten Grafik, haben Sie die Wahl zwischen dem Verknüpfen und dem Einbetten von Objekten. »Einbetten« bedeutet, daß eine Kopie des Originalobjekts in die Datenbank eingefügt wird, »Verknüpfen« dagegen, daß eine dauerhafte Verbindung zwischen dem in der Datenbank enthaltenen und dem Originalobjekt erzeugt wird. Mit dem Resultat, daß jede Änderung des Originalobjekts automatisch eine entsprechende Aktualisierung des in der Access-Datenbank enthaltenen Objekts zur Folge hat.

Ein praktisches Beispiel: Sie betten in ein OLE-Feld eines Datensatzes die Grafik ÄGYPTEN.BMP ein, die sich im Windows-Verzeichnis befindet. Nehmen wir an, Sie bearbeiten diese Datei anschließend mit Paint und speichern die geänderte Version. Eine damit verknüpfte Grafik in der Access-

Datenbank wird automatisch entsprechend aktualisiert. Wurde die Grafik jedoch eingebettet, besitzt diese Änderung des Originals keine Auswirkungen auf die Kopie in der Access-Datenbank.

Ob Sie ein OLE-Objekt einbetten oder verknüpfen: In beiden Fällen genügt ein Doppelklick darauf, um den »Objekt-Server« zu öffnen und jene Anwendung aufzurufen, mit der das Objekt bearbeitet werden kann, beispielsweise Paint. Beim Aufruf wird das Objekt »übergeben«, das nun automatisch in Paint erscheint. Sie können es jetzt bearbeiten und danach mit einem Befehl wie DATEI | BEENDEN & ZURÜCK ZU (oder DATEI | SCHLIEßEN UND ZURÜCKKEHREN ZU) die Bearbeitung abschließen. Danach wird das in die Access-Datenbank eingebettete oder verknüpfte Objekt automatisch aktualisiert.

Als Beispiel verwende ich eine Tabelle namens »Adresse + Foto«, die ein Feld namens »Foto« mit dem Felddatentyp »OLE-Objekt« enthält (Bild 7.3).

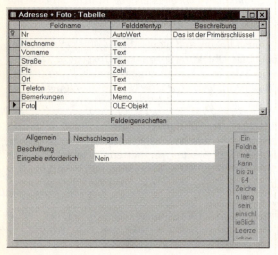

Bild 7.3:
Tabelle »Adresse + Foto«

In das zusätzliche Feld Daten einzugeben, ist zunächst gar nicht so einfach: Wie »tippen« Sie eine Grafik ein? Gar nicht, das überlassen Sie Access. Bei dazu geeigneten Programmen (Word, Excel etc.) ist die einfachste Methode dazu erneut »Drag&Drop«: Sie öffnen beispielsweise ein

Word-Dokument, in dem sich eine Grafik befindet, selektieren diese Grafik, lassen die Maustaste los, klicken das Objekt am Rand an und ziehen es »auf« das Access-OLE-Feld, wo sie es ablegen und in das es nun eingebettet wird.

Die allgemeinere Technik, die mit wesentlich mehr Programmen funktioniert: Sie klicken auf das Tabellenfeld, in das die Grafik eingefügt werden soll und wählen EINFÜGEN | OBJEKT... (Bild 7.4).

Bild 7.4:
OLE-Objekt einfügen

Welche OLE-Objekte in diesem Listenfeld verfügbar sind, hängt davon ab, welche Windows-Anwendungen bei Ihnen installiert sind, die als »OLE-Server« benutzt werden können.

»OK« ruft mit der vorselektierten Option »Neu erstellen« jenes Programm auf, das für die Erzeugung des ausgewählten Objekts zuständig ist; beispielsweise Paintbrush, wenn Sie entsprechend der Abbildung »Paintbrush-Bild« selektierten (Bild 7.5).

Sie können nun eine Zeichnung erstellen. Sind Sie fertig, beenden Sie Paintbrush mit dem Befehl DATEI | BEENDEN & ZURÜCK ZU [NAME DER ACCESS-TABELLE]: TABELLE.

Durch Selektion von »Microsoft Word-Grafik« hätten Sie statt dessen Word aufgerufen. Danach könnten Sie beispielsweise Word aufrufen, mit dem darin integrierten Zeichenprogramm eine Grafik erstellen und diese Grafik anschließend in das OLE-Feld einfügen.

181

Bild 7.5:
OLE-Objekt erstellen

Die Grafik wird nun in die Access-Datenbank »eingebettet«. Sie sehen davon allerdings zunächst recht wenig, nämlich nur entsprechend der Abbildung den Hinweis »Bitmap« bzw. – falls Sie Word zur Erstellung des OLE-Objekts verwendeten – »Microsoft Word-Grafik« in jenem Feld, in das die Grafik eingebettet wurde.

Grafiken werden nur in Formularen und Berichten angezeigt; in Tabellen oder Abfragen erscheint nur ein Hinweis auf die eingebettete Grafik. Nur in einem auf dieser Tabelle basierenden Formular oder Bericht kann die eingebettete Grafik dargestellt werden (Bild 7.6).

Aktivieren Sie im Dialogfeld zum Einfügen eines Objekts »Als Symbol darstellen«, wird die Grafik in einem solchen Formular statt dessen nur als Symbol dargestellt, wobei Sie sich mit der Schaltfläche »Symbol wechseln« das angezeigte Symbol aussuchen können. Stammt die Grafik beispielsweise aus Word, haben Sie die Wahl unter folgenden Symbolen (Bild 7.7).

Zunächst wird unter »Aktuell« das »Standard«-Word-Symbol vorgegeben. Statt dessen können Sie jedoch eines der restlichen vorgegebenen Word-Symbole selektieren oder »Durchsuchen...« aktivieren, um im Dateiselektions-Dialogfeld eine Grafikdatei auszuwählen (.ICO), die ein passendes Symbol enthält.

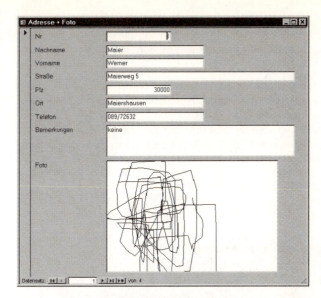

Bild 7.6:
Formular »Adresse + Foto«

Bild 7.7:
Symboldarstellung

In jedem Fall wird in der rechten unteren Dialogfeldecke die »Vorschau«
des betreffenden Symbol angezeigt.

Statt beim Einfügen eines Objekts in ein OLE-Tabellenfeld wie zuvor eine neue Grafik zu erstellen, können Sie auch eine bereits als Datei vorhandene Grafik einfügen, beispielsweise ein eingescanntes Foto des Herrn, um dessen Adresse es geht.

Dazu selektieren Sie wieder das OLE-Feld des betreffenden Datensatzes und wählen EINFÜGEN I OBJEKT.... Danach selektieren Sie im »Objekt einfügen«-Dialogfeld jedoch die Option »Aus Datei erstellen«. Der Inhalt des Dialogfelds ändert sich. Sie können nun den Namen der einzubettenden Datei angeben oder aber mit der Schaltfläche »Durchsuchen« das Dateiselektions-Dialogfeld öffnen, um die Datei interaktiv auszuwählen (Bild 7.8).

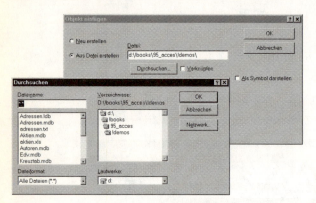

Bild 7.8:
Datei einbetten

Aktivieren Sie die Schaltfläche »Verknüpfen«, wird das Objekt mit dem Originalobjekt verknüpft und jede Änderung dieses Originals führt zur sofortigen Aktualisierung der in der Access-Datenbank enthaltenen Kopie.

Um ein in die Tabelle eingebettetes OLE-Objekt zu bearbeiten, genügt ein Doppelklick darauf (Alternative: OLE-Feld aktivieren und BEARBEITEN I ...-OBJEKT I ÖFFNEN wählen): Das Programm, mit dem das Objekt erzeugt wurde, wird aufgerufen, und Sie können es damit bearbeiten. Anschließend wählen Sie erneut DATEI I SCHLIESSEN UND ZURÜCKKEHREN ZU... und beantworten eine eventuelle Frage nach der Aktualisierung des eingebetteten Objekts in Access mit »Ja«.

Eine weitere Möglichkeit, OLE-Objekte in eine Tabelle einzufügen, besteht darin, das betreffende Objekt im Fremdprogramm zu selektieren, es mit BEARBEITEN | KOPIEREN in die Zwischenablage zu befördern, das Tabellenfeld zu aktivieren, in das das Objekt eingefügt werden soll, und es mit BEARBEITEN | INHALTE EINFÜGEN... einzufügen (Bild 7.9).

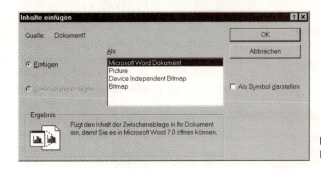

Bild 7.9:
Inhalte einfügen

Die oberste »...Document«-Option im Listenfeld fügt das Objekt als OLE-Objekt ein, das Sie später per Doppelklick editieren können.

Die »Picture«- und »Bitmap«-Optionen fügen es dagegen als separate Grafik ein (im Feld erscheint der Hinweis »Bild«), die in der Datenbank weniger Platz benötigt und zwar nicht editiert werden kann – dafür können Sie jedoch die Größe, in der das Objekt auf einem Formular oder Bericht dargestellt wird, jederzeit individuell verändern!

7.2 Tabellen importieren und verknüpfen

Wenn Sie von dBase, Paradox oder einem anderen Datenbankprogramm auf Access umsteigen, wollen Sie sicher die altgewohnten und bereits seit längerem vorhandenen Tabellen jener anderen Datenbank verwenden. Kein Problem, Access kann Paradox-, FoxPro-, dBase-, Btrieve und »ODBC-Datenbanken« importieren, Excel- und Lotus- Tabellenkalkulationsblätter, und verschiedenste Arten von Textformaten.

Sie können in diesen Formaten gespeicherte Tabellen mit DA-TEI | EXTERNE DATEN | IMPORTIEREN... bzw. dem zugehörigen Symbol »importieren«.

 Oder die betreffenden Tabellen mit DATEI | EXTERNE DATEN | TABEL-LEN VERKNÜPFEN... bzw. dem zugehörigen Symbol mit der momentan geöffneten Datenbank »verknüpfen«.

Fremdformate

In beiden Fällen erscheint ein praktisch identisches Dialogfeld (Bild 7.10).

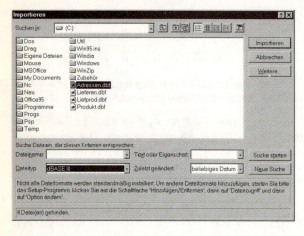

Bild 7.10:
Datei importieren/
verknüpfen

Unter »Dateityp« wählen Sie den gewünschten Typ aus, beispielsweise »dBASE III«. Im Listenfeld werden nun nur noch Dateien vom betreffenden Typ angezeigt. Sie selektieren die zu importierende Datei und klicken auf »Importieren« bzw. – beim Verknüpfen von Tabellen – auf die Schaltfläche »Verknüpfen«.

Danach folgen je nach Dateityp eventuell noch mehrere Schritte, in denen Sie den Import/die Verknüpfung näher festlegen müssen. Danach bleibt das Dialogfeld geöffnet, um Ihnen den Import/die Verknüpfung weiterer

Dateien zu ermöglichen. Nach dem Schließen des Dialogfelds befindet sich im Datenbankfenster der aktuellen Access-Datenbank die zusätzliche Tabelle.

Traten beim Import Fehler auf, erzeugt Access in der aktuellen Datenbank eine neue Tabelle, die eine detaillierte Auflistung der Fehler enthält, und teilt Ihnen den Namen dieser Tabelle mit.

Gehen wir von einer dBase-Datei namens ADRESSEN.DBF aus: Importieren heißt, daß Access eine echte Access-Tabelle erzeugt und die in der Fremdtabelle ADRESSEN.DBF enthaltenen Daten in diese Access-Tabelle kopiert.

Danach enthält die Access-Datenbank eine zusätzliche Tabelle »ADRESSEN«, die Sie wie jede andere Access-Tabelle auch benutzen können und die vollkommen unabhängig von der Originaltabelle ADRESSEN.DBF ist.

Änderungen in der Access-Tabelle wie das Hinzufügen oder Löschen von Datensätzen besitzen keinerlei Rückwirkungen auf die ursprüngliche externe Tabelle ADRESSEN.DBF. Wird sie nicht länger benötigt, können Sie die Originaltabelle ADRESSEN.DBF nun sogar löschen.

Beim Verknüpfen einer externen Tabelle mit DATEI | EXTERNE DATEN | TABELLEN VERKNÜPFEN... wird keine zusätzliche Access-Tabelle erzeugt. Statt dessen greift Access anschließend einfach auf die Originaltabelle ADRESSEN.DBF zu!

Fügen Sie der Tabelle beispielsweise einen neuen Datensatz hinzu, bleibt die Access-Datenbank unverändert. Statt dessen trägt Access den zusätzlichen Datensatz in der dBase-Datei ADRESSEN.DBF ein und aktualisiert gegebenenfalls sogar zugehörige Original-dBase-Indexdateien.

 Analog dazu würde Access beim Einfügen neuer Daten in eine eingebundene Textdatei oder in eine eingebundene Excel-Tabelle diese Daten in die Textdatei bzw. die Excel-Tabelle selbst einfügen!

Daß eine Tabelle eingebunden ist, erkennen Sie im Datenbankfenster an einem speziellen Zusatz. Neben dem Tabellennamen, beispielsweise »ADRESSEN«, befindet sich ein Zusatz, der den Typ der externen Datei angibt, bei dBase-Dateien beispielsweise »dB«, und ein kleiner Pfeil, der »eingebundene externe Tabelle« bedeutet (Bild 7.11).

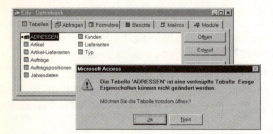

Bild 7.11:
Hinweis auf eingebundene Tabelle

Aktivieren Sie die Entwurfsansicht einer eingebundenen Tabelle, weist Sie Access darauf hin, daß Sie nicht alle Tabelleneigenschaften verändern können. Dennoch erscheint die Tabelle auch in der Entwurfsansicht zunächst wie eine ganz normale Access-Tabelle (Bild 7.12).

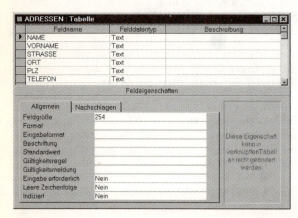

Bild 7.12:
Entwurfsansicht

Allerdings erscheint bei Aktivierung aller Feldeigenschaften außer »Format«, »Eingabeformat« und »Beschriftung« ein Hinweis, daß die betreffende Eigenschaft bei eingebundenen Tabellen nicht geändert werden. Außerdem können Sie weder Felder hinzufügen noch löschen. Genauer: Sie können zwar ein zusätzliches Feld einfügen, anschließend jedoch keine Daten darin eingeben!

Access-Datenbanken

Um in eine Access-Datenbank Tabellen und beliebige andere Objekte einer anderen Access-Datenbank zu importieren, wählen Sie wie zuvor DATEI | EXTERNE DATEN | IMPORTIEREN... oder DATEI | EXTERNE DATEN | TABELLE VERKNÜPFEN..., selektieren als Dateiformat »Microsoft Access«, und wählen die interessierende Access-Datenbank aus. Danach erscheint das – leicht modifizierte – Datenbankfenster der betreffenden Access-Datenbank (Bild 7.13).

Bild 7.13:
Access-Tabellen importieren/verknüpfen

Sie selektieren in den verschiedenen Registern die zu importierenden Objekte, wobei »Alle auswählen« die Arbeit vereinfacht und alle Objekte des gerade aktiven Registers markiert.

Klicken Sie auf »Optionen >>«, wird das Dialogfeld entsprechend der Abbildung erweitert, und Sie können unter verschiedenen Importoptionen für die einzelnen Objekttypen wählen:

▨ ob die in der externen Datenbank definierten Beziehungen zwischen Tabellen, die benutzerdefinierten Menü- und Symbolleisten und die »Import/Export-Spezifikationen« importiert werden sollen,

▨ ob bei Tabellen nur der Entwurf importiert werden soll oder auch die darin enthaltenen Datensätze,

▨ ob Abfragen unverändert importiert werden oder statt dessen als Tabellen importiert werden, die nur die »Ergebnisse« dieser Abfragen (=die dadurch ausgewählten Datensätze) enthalten.

»OK« importiert alle zuvor ausgewählten Objekte entsprechend diesen Einstellungen in die aktuelle Datenbank.

Kalkulationstabellen

Angenommen, Sie wollen eine Excel-Arbeitsmappe namens AKTIEN.XLS importieren (Bild 7.14).

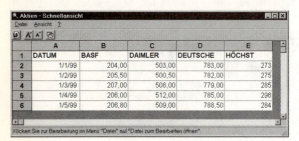

Bild 7.14:
Die Excel-Tabelle
AKTIEN.XLS

Dazu wählen Sie DATEI I EXTERNE DATEN I IMPORTIEREN..., selektieren unter »Dateityp« »Microsoft Excel«, wählen die Excel-Tabelle aus und aktivieren »Importieren«. Danach meldet sich folgender Assistent (Bild 7.15).

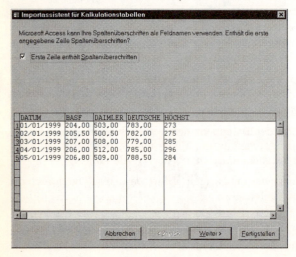

Bild 7.15:
Dateivorschau

Enthält die erste Tabellenzeile wie in diesem Beispiel Spaltenüberschriften, die als Feldnamen geeignet sind, muß das Kontrollkästchen »Erste Zeile enthält Spaltenüberschriften« aktiviert werden, um diese Texte zu übernehmen. Sonst verwendet Access später in der Tabelle statt dieser Spaltenüberschriften eine fortlaufende Nummer als Feldnamen!

Im zweiten Schritt wählen Sie, ob die zu importierenden Daten in einer neuen Tabelle gespeichert oder aber in eine bereits existierende und von Ihnen auszuwählende Tabelle der aktuellen Datenbank eingefügt werden sollen.

Interessanter ist der dritte Schritt, in dem Sie festlegen, wie die einzelnen Tabellenspalten importiert werden sollen (Bild 7.16).

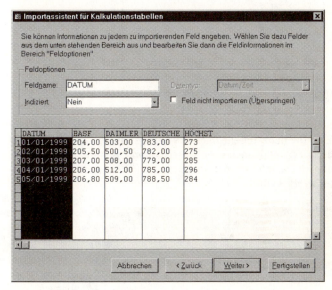

Bild 7.16: Importoptionen

Dazu klicken Sie im Vorschaufenster auf die zu verändernde Spalte. Unter »Feldname« wird der Name des Feldes angezeigt, den Sie nun editieren können, und unter »Indiziert« können Sie für dieses Feld zwischen den üblichen drei Indizierungsoptionen wählen. Wollen Sie das Feld beim Import übergehen, aktivieren Sie »Feld nicht importieren (Überspringen)«.

Danach geht es um die Definition des Primärschlüssels der Tabelle, wobei die altbekannten Optionen zur Verfügung stehen (Bild 7.17).

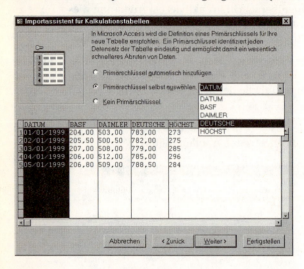

Bild 7.17:
Primärschlüssel-optionen

Im letzten Schritt legen Sie den Namen der zu erzeugenden Tabelle fest und wählen, ob die neue Tabelle nach der Fertigstellung »analysiert« werden soll (siehe »Tabellenanalyse«). Anschließend befindet sich die erzeugte Tabelle im Datenbankfenster und kann wie jede andere Access-Tabelle geöffnet werden (Bild 7.18).

	DATUM	BASF	DAIMLER	DEUTSCHE	HÖCHST
▶	01.01.99	204	503	783	273
	02.01.99	205,5	500,5	782	275
	03.01.99	207	508	779	285
	04.01.99	206	512	785	296
	05.01.99	206,8	509	788,5	284

Datensatz: 1 von 5

Bild 7.18:
Importierte Tabelle

7.3 Daten exportieren

Sie können

■ beliebige Datenbankobjekte in andere Access-Datenbanken exportieren,

■ Tabellen und Abfragen in unterschiedlichen Datenbank-, Kalkulations- oder Textformaten exportieren, im Word für Windows-Serienbriefformat oder in eine ODBC-Datenbank.

Dateiformate

Dazu öffnen Sie das betreffende Objekt oder selektieren es im Datenbankfenster und wählen DATEI I SPEICHERN UNTER/EXPORTIEREN... (Bild 7.19).

Bild 7.19:
Objekte exportieren

Wählen Sie »In eine externe Datei oder Datenbank«, erscheint das bekannte »Speichern«-Dialogfeld, in dem Sie festlegen, in welchem Format und wohin das selektierte Objekt exportiert werden soll (Bild 7.20).

Im Feld »Dateityp« wählen Sie das Dateiformat aus. Wählen Sie »Microsoft Access«, werden im Listenfeld nur noch Access-Datenbanken angezeigt. Sie wählen die gewünschte aus, beispielsweise ADRESSEN.MDB, und klicken auf »Exportieren« (Bild 7.21).

Danach geben Sie den Namen an, den das Objekt nach dem Export in der betreffenden Datenbank erhalten soll. Bei Tabellen können Sie zusätzlich wählen, ob nur der Tabellenentwurf exportiert werden soll oder auch die in der Tabelle enthaltenen Daten.

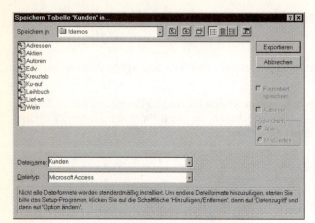

Bild 7.20: »Speichern«-Dialogfeld zum Export von Objekten

Bild 7.21: Export in Access-Datenbank

Wählen Sie eines der Excel-Formate, werden im Listenfeld analog dazu nur noch Excel-Dateien angezeigt. Sie können einen neuen Dateinamen eingeben, um die betreffende Excel-Datei von Access anlegen zu lassen oder eine bereits vorhandene Excel-Datei selektieren, in die die Daten eingefügt werden sollen. Beim Einfügen in eine Excel-3.0/4.0-Datei werden die Daten zusätzlich in der einzigen darin vorhandenen Tabelle gespeichert, beim Einfügen in eine Arbeitsmappe einer höheren Excel-Version wird dagegen ein neues Blatt angelegt, das die Daten anschließend enthält.

In jedem Fall wird von Access automatisch ein Excel-»Name« für den Tabellenbereich definiert, der die exportierten Daten enthält und den Sie bei Bezügen auf diese Daten verwenden können (Bild 7.22).

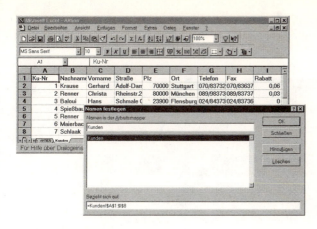

Bild 7.22:
Export in Excel-
Arbeitsmappe

Office-Verknüpfungen

Die verschiedenen Unterbefehle von EXTRAS I OFFICE-VERKNÜPFUNGEN bzw.
die zugehörigen Symbole der »Office-Verknüpfungen«-Symbolliste sind
speziell zur möglichst einfachen Übergabe eines Objekts an Word oder
Excel gedacht (Bild 7.23).

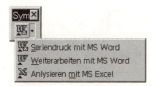

Bild 7.23:
»Office-Verknüpfungen«-Symbolliste

Gibt die im Objekt enthaltenen Daten inklusive Formatierung in
eine Excel-Arbeitsmappe aus und ruft Excel auf, so daß Sie die
Daten sofort darauf in Excel bearbeiten können.

Gibt das Objekt in eine RTF-Datei aus, ruft Word auf und zeigt die
Datei in Word an.

195

Ruft den Word-Seriendruck-Assistenten auf, um den Seriendruck mit den im Objekt enthaltenen Daten einzuleiten (Bild
7.24).

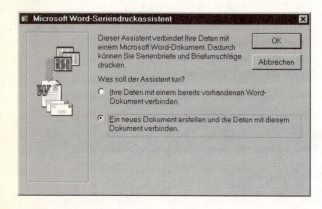

Bild 7.24:
Ausgabe an
Word-Serien-
druck

Abhängig von der nun gewählten Option wird Word aufgerufen, und darin
erscheint entweder das angegebene Hauptdokument, oder es wird ein
neues Hauptdokument erstellt. Als Datenquelle ist das exportierte Access-Objekt vorgegeben.

Ihre Aufgabe besteht nun darin, mit der Schaltfläche »Seriendruckfeld
einf.« Platzhalter für die verschiedenen Felder der Access-Tabelle in Ihr
Word-Dokument einzufügen und eventuell zusätzlichen Text einzugeben,
beispielsweise so (Bild 7.25).

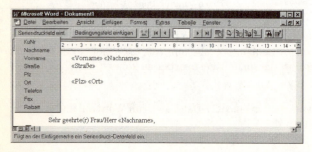

Bild 7.25:
Platzhalter für
einzufügende
Daten

196

Um das Dokument anschließend mit den einzufügenden Daten zu verbinden, wählen Sie EXTRAS I SERIENDRUCK..., aktivieren im zugehörigen Dialogfeld die Schaltfläche »Ausführen...« und im folgenden Dialogfeld »Verbinden«. (Bild 7.26):

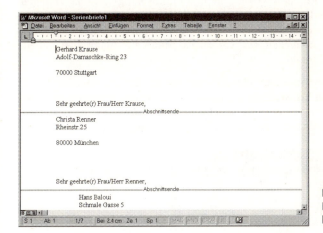

Bild 7.26:
Erzeugte Serienbriefe

7.4 Hyperlinks und das Internet

Access besitzt verschiedene Möglichkeiten, Verweise zu unterschiedlichsten Arten von Dokumenten zu verwalten, die sich an einem praktisch beliebigen »Ort« befinden dürfen, und per Anklicken eines solchen »Hyperlinks« das betreffende Dokument auf Ihren Bildschirm zu bringen. Der »Ort« kann Ihre Festplatte sein, es kann die Festplatte eines anderen Rechners in Ihrem unternehmenseigenen Netz sein, oder aber ein Rechner, der zum »Internet« gehört, dem weltweiten Rechnerverbundnetz.

 *Ich erläutere zunächst die einfachste Form, **Hyperlinks** zu Dokumenten, die sich auf Ihrer Festplatte befinden, die Sie also auch ohne Browser und Internet-Zugang nutzen können.*

Hyperlinks

Nehmen wir an, Sie arbeiten ständig mit einer Tabelle »Kunden«. Ruft der höchst ungeduldige Kunde »Gerhard Krause« an, benötigen Sie sofortigen Zugriff auf die Tabelle »Artikel«, um ihm ohne Verzögerung die aktuellen Preise verschiedener Artikel durchgeben zu können. Dazu fügen Sie dem Datensatz dieses Kunden einfach einen Verweis auf die Artikeltabelle hinzu, um durch Anklicken des Verweises sofort zur benötigten Tabelle »springen« zu können.

Als Beispiel verwende ich eine Kundentabelle namens »Hyperlink« mit dem benötigten Verweis, die sich in einer Datenbank EDV.MDB befindet. Dazu fügte ich zunächst in die Tabelle ein Feld namens »Verweis« ein, das den Typ »Hyperlink« besitzt (Bild 7.27).

	Ku-Nr	Nachname	Vorname	Verweis
▶	1	Krause	Gerhard	Tabelle Artikel
	2	Renner	Christa	AKTIEN.XLS
	3	Baloui	Hans	SPALTEN.TXT
	4	Spießbauch	Werner	
	5	Renner	Otto	
	6	Maierbach	Eileen	
	7	Schlaak	Willi	
*	:oWert)			

Datensatz: ◄◄ ◄ 1 ► ►► ►* von 7

Bild 7.27:
Tabelle »Hyperlnk«

Um den Verweis auf die Artikeltabelle einzufügen, klickte ich in der Datenblattansicht auf das Feld »Verweis« des Satzes mit den Daten des Kunden und wählte EINFÜGEN | HYPERLINK... (Bild 7.28).

In diesem Dialogfeld gab ich die »Zieladresse« an. Das geschlossene Listenfeld enthält die zuvor von Ihnen benutzten Adressen. Kommt keine davon in Frage, tippen Sie die gewünschte neue Adresse ein oder klicken auf »Durchsuchen...«, um das Dateiauswahl-Dialogfeld zu öffnen und darin die Datei auszuwählen, auf die Sie verweisen wollen (Bild 7.29).

Da sich das Ziel im Beispiel ebenfalls in der Access-Datenbank namens EDV.MDB befindet, wählte ich diese Datenbank aus.

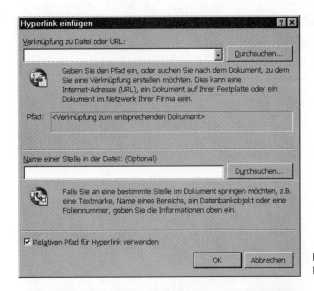

Bild 7.28:
Hyperlink einfügen

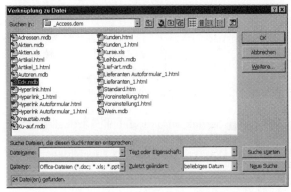

Bild 7.29:
Zieldatei
auswählen

Im unteren Feld können Sie das Ziel näher definieren und ein Objekt **innerhalb** der Zieldatei angeben. Ist die Zieldatei wie hier die gleiche Access-Datenbank, **muß** das Ziel sogar näher definiert werden; am einfachsten durch Klicken auf die zugehörige »Durchsuchen...«-Schaltfläche, die das Datenbankfenster zeigt (Bild 7.30).

Bild 7.30:
Zielobjekt
auswählen

Als »Zielobjekt« von EDV.MDB wählte ich darin die Tabelle »Artikel« aus.

Das Resultat sieht in der Datenblattansicht der Tabelle »Hyperlink« folgendermaßen aus (Bild 7.31).

Bild 7.31:
Resultierender Hyperlink

Klicken Sie auf den Hyperlink, wird die Tabelle »Artikel« geöffnet und angezeigt, so daß Sie Herrn Krause die gewünschten Preise durchgeben können. Durch Klicken auf das abgebildete Symbol der automatisch eingeblendeten »Web«-Leiste kommen Sie wieder zur Tabelle »Hyperlink« zurück.

Analog dazu könnten Sie in das Feld »Verweis« der restlichen Datensätze ebenfalls Hyperlinks zu Daten einfügen, die beim Anruf der betreffenden Kunden schnellstmöglichst verfügbar sein müssen. Nach »Benutzung« eines Hyperlinks ändert dieser übrigens seine Farbe, um anzuzeigen, daß Sie die Informationen, auf die er verweist, bereits eingesehen haben.

Um einen Hyperlink zu editieren, klicken Sie mit der rechten Maustaste auf die Zelle, die ihn enthält, und wählen im Kontextmenü HYPERLINK | HYPERLINK BEARBEITEN.... Daraufhin erscheint wieder das erläuterte Dialogfeld zur Angabe der »Zieladresse«, die Sie nun ändern können.

Dokumentarten

Hyperlinks können nicht nur auf beliebige Objekte in der aktuellen oder einer beliebigen anderen Access-Datenbank zeigen, sondern auf jedes Objekt, das mit Hilfe eines installierten Anwendungsprogramms angezeigt werden kann; beispielsweise auf eine Excel-Tabelle (Bild 7.32).

Bild 7.32:
Hyperlink auf eine
Excel-Arbeitsmappe

Die Abbildung zeigt, wie ich in den zweiten Datensatz den im Hintergrund gezeigten Verweis auf die Mappe AKTIEN.XLS einfügte: im oberen Listenfeld wählte ich die Excel-Datei AKTIEN.XLS aus.

Der dritte Datensatz der Tabelle »Kunden« enthält übrigens einen Verweis auf ein Textdokument, auf die Textdatei SPALTEN.TXT. Klicken Sie darauf, wird der Windows-Editor aufgerufen und darin die Textdatei geöffnet (Bild 7.33).

Bild 7.33:
Hyperlink auf eine Textdatei

Das Internet und die Web-Leiste

Das durch Klicken auf die obere »Durchsuchen...«-Schaltfläche geöffnete Dateiauswahl-Dialogfeld ermöglicht die Auswahl von Dateien, die sich an einem beliebigen »Ort« befinden. Außer Ihrer Festplatte können Sie dabei als Zieladresse auch eine Festplatte eines anderen Rechners angeben, der mit Ihrem Rechner im firmeneigenen Netzwerk verbunden ist.

 Sie können sogar eine »FTP«-Adresse angeben, das heißt die Adresse eines Rechners (eines »FTP-Servers«), der sich im Internet befindet, und auf dem Dateien abrufbereit »lagern«! Oder eine »HTTP«-Adresse, eine Internet-Adresse, die sich auf das »WWW« bezieht, das »World Wide Web«; zum Beispiel die Adresse »http:// www.microsoft.com«, die Microsoft-»Startseite«. Dann aktiviert das Anklicken des Hyperlinks den zusammen mit dem Office-Paket installierten Internet-Browser und übergibt ihm diese Adresse, so daß nach Stöbern im Internet und entsprechender Wartezeit die betreffende Web-Seite angezeigt wird (Bild 7.34).

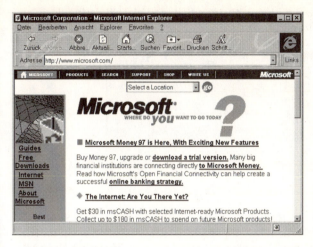

Bild 7.34:
Sprung zur
Microsoft-Start-
seite

In jedem Fall können Sie die »Umherspringerei« mit Hilfe der automatisch eingeblendeten »Web«-Leiste steuern. Die Symbole zum Vor- und Zurückblättern, Unterbrechen der aktuellen Datenübertragung, Aktualisieren der Seite, Springen zur Startseite etc. sind die gleichen, die Sie möglicherweise bereits von Ihrem Web-Browser her kennen.

Am wichtigsten sind dabei zweifellos die Symbole zum »Blättern«. Dieses Symbol springt zur zuletzt eingesehenen »Seite« zurück, egal ob das eine Web-Seite oder eine lokale Access-Datenbank auf Ihrer Festplatte ist.

Und dieses Symbol blättert genau umgekehrt wieder »vorwärts«.

Hyperlinks in Formularen und Berichten

Ich greife damit zwar ein wenig vor, da Abfragen, Formulare und Berichte erst später erläutert werden, aber auch in diese Access-Objekte können Sie Hyperlinks einfügen. Erzeugen Sie beispielsweise aus der in Bild 7.27

gezeigten Tabelle ein Formular, wird das Hyperlink-Feld darin folgendermaßen dargestellt (Bild 7.35).

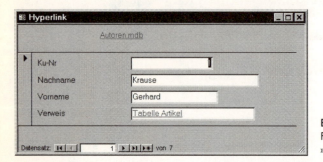

Bild 7.35:
Formular
»Hyperlink«

In Formulare können Hyperlinks auch mit Hilfe verschiedener Steuerelemente eingefügt werden. Die Abbildung zeigt beispielsweise ein im Formularkopf eingefügtes Bezeichnungsfeld, das einen Hyperlink darstellt. Klicken Sie darauf, wird im Beispiel eine Abfrage namens »Autoren und Co-Autoren1« in einer Datenbank AUTOREN.MDB geöffnet. Diese Technik ist äußerst nützlich, um bei der Benutzung des Formulars jederzeit auf bestimmte oft benötigte Informationen zugreifen zu können, beispielsweise auf irgendeine Excel-Tabelle oder ein Word-Dokument.

Um ein solches Hyperlink-Bezeichnungsfeld in ein Formular einzufügen, öffnen Sie es in der Entwurfsansicht, aktivieren durch Anklicken beispielsweise den Formularkopf und wählen EINFÜGEN | HYPERLINK.... Daraufhin erscheint das inzwischen bekannte Dialogfeld zur Angabe des Sprungziels, in dem Sie dieses festlegen.

Web-Seiten erzeugen

 »HTML«, die »Hypertext Markup Language«, ist eine Sprache, mit deren Hilfe Web-Seiten aufgebaut werden. Access beherrscht diese Sprache und kann eine Tabelle als »Web-Seite« im HTML-Format auf Ihrer Festplatte speichern (mit der Endung HTM). Die erzeugte Datei ist eine Textdatei mit HTML-Befehlen, die den Aufbau der Seite definieren (Bild 7.36).

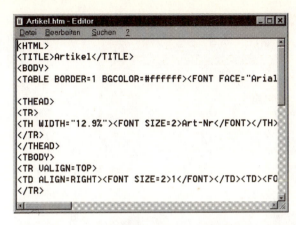

Bild 7.36:
Die Sprache HTML

Access wird zur Betrachtung einer solchen Seite nicht benötigt. Jeder Benutzer, der über einen Internet-Browser verfügt, kann sich diese Seite ansehen. Der Browser interpretiert nach dem Doppelklicken auf die Datei die darin enthaltenen Befehle und zeigt auf der Seite den durch diese Befehle festgelegten Text in den ebenfalls durch diese Befehle definierten Formatierungen auf. Enthält die Seite Hyperlinks zu anderen Seiten, kann der Anwender wie anhand von Access-, Excel- und Textobjekten gezeigt durch Anklicken zu den betreffenden Web-Seiten springen.

Um eine solche Web-Seite zu erzeugen, selektieren Sie im Datenbankfenster ein Access-Objekt, beispielsweise die Tabelle »Hyperlnk« oder ein Formular, und wählen DATEI | Speichern unter / Exportieren.... Wählen Sie im folgenden Dialogfeld »In eine externe Datei oder Datenbank« und danach im Dateiauswahl-Dialogfeld das Format »HTML-Dokumente«. Access speichert daraufhin den Objektinhalt als HTML-Datei, wobei es als Verzeichnis das Standard-Datenbankverzeichnis vorgibt (normalerweise C:\EIGENE DATEIEN), als Dateinamen jenen Namen, den das Objekt selbst besitzt, und als Endung HTML. Anschließend genügt ein Doppelklick auf diese Web-Datei, um sie in Ihrem Web-Browser anzuzeigen (Bild 7.37).

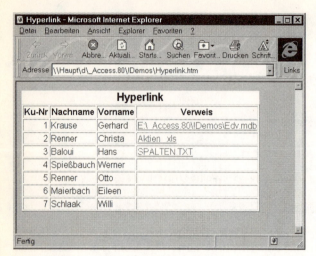

Bild 7.37:
Erzeugte Web-
Seite

8

Abfragen zur Auswahl von Daten erstellen

Abfragen (»Queries«) basieren auf bereits vorhandenen Tabellen (oder anderen Abfragen) einer Datenbank. Die am häufigsten verwendeten »Auswahlabfragen« extrahieren von Ihnen gesuchte Informationen aus einer oder mehreren Tabellen und entsprechen umgangssprachlichen Fragen wie »Welche Artikel beziehe ich von Maier?« oder »Von welchem Artikel sind weniger als drei Stück auf Lager?« oder »Von welchen Kunden stammten 1999 die zehn größten Bestellungen?«.

Es gibt mehrere Möglichkeiten, um eine Abfrage zu erstellen und die interessierenden Tabellen und Felder »einzufügen«: Sie können im Datenbankfenster auf die Kategorie »Abfragen« und danach auf die Schaltfläche »Neu« klicken. Dann erscheint folgendes Dialogfeld (Bild 8.1).

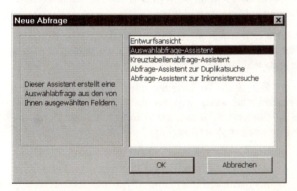

Bild 8.1:
Neue Abfrage erzeugen

»Entwurfsansicht« erstellt eine »leere Abfrage«. Anschließend müssen Sie in der automatisch aktivierten Entwurfsansicht angeben, auf welcher Tabelle und auf welchen Feldern dieser Tabelle die Abfrage basieren soll.

Werden Felder aus mehreren Tabellen benötigt, zwischen denen eine n:m-Beziehung besteht, müssen Sie darauf achten, zusätzlich auch die »Bindegliedtabelle« einzufügen.

 Etwas einfacher ist es, zunächst im Datenbankfenster die Tabelle zu selektieren, aus der Sie Daten extrahieren wollen, beispielsweise »Kunden«, und danach auf das abgebildete Symbol der »Neues Objekt«-Symbolliste zu klicken oder den dazu äquivalenten Menübefehl EINFÜGEN | ABFRAGE zu wählen: Das gleiche Dialogfeld erscheint, und »Entwurfsansicht« erstellt wieder eine »leere Abfrage«. Diesmal ist jedoch immerhin bereits die zuvor im Datenbankfenster selektierte Tabelle darin enthalten; Sie müssen nur noch angeben, welche Felder dieser Tabelle Sie benötigen.

8.1 Der Auswahlabfragen-Assistent ▬▬▬

Am einfachsten ist es sicherlich, Abfragen mit Hilfe des »Auswahlabfragen-Assistent« zu erstellen. Diese Technik hat den großen Vorteil, daß der Assistent selbst herauszufinden versucht, ob zwischen den von Ihnen eingefügten Tabellen eine n:m-Beziehung besteht und, falls ja, auch die zugehörige Bindegliedtabelle automatisch einfügt.

Aktivieren Sie nun bitte den Assistenten, indem Sie das »Neue Abfrage«-Dialogfeld wie zuvor erläutert öffnen und statt »Entwurfsansicht« »Auswahlabfragen-Assistent« wählen.

Abfragen basieren auf Daten, die in Tabellen oder in anderen Abfragen enthalten sind. Verständlicherweise will der Assistent daher zunächst wissen, an welchen Tabellen oder Abfragen und an welchen der darin enthaltenen Felder Sie interessiert sind (Bild 8.2).

Nehmen wir an, momentan ist die Datenbank EDV.MDB geöffnet. Sie wollen wissen, welche Artikel es gibt und welchen Typ jeder Artikel besitzt. Dazu benötigen Sie in Ihrer Abfrage die Felder »Typ« und »Bezeichnung« der Tabelle »Artikel«.

Zunächst selektieren Sie im Listenfeld »Tabellen/Abfragen« die Tabelle »Artikel«. Darunter werden alle Felder aufgelistet, die diese Tabelle enthält. Sie selektieren »Typ« und fügen dieses Feld mit der Schaltfläche »>« in das rechte Listenfeld ein. Auf die gleiche Weise fügen Sie auch »Bezeichnung« ein.

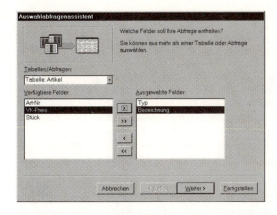

Bild 8.2:
Tabelle und Felder auswählen

»Weiter >« leitet den zweiten und gleichzeitig letzten Schritt ein, in dem Sie der Abfrage einen Namen geben und den Modus wählen, in dem sie geöffnet wird (Bild 8.3).

Bild 8.3:
Zweiter Schritt

»Die Abfrage öffnen« öffnet die Abfrage in der Datenblattansicht (Bild 8.4).

Bild 8.4:
Abfrage »Artikel Abfrage«

Sie sehen auf einen Blick, welche Artikel die Tabelle enthält.

Wollen Sie zusätzlich wissen, von welchen Lieferanten Sie die verschiedenen Artikel beziehen, benötigen Sie in der Abfrage zusätzlich zumindest das Feld »Nachname« der Tabelle »Lieferanten«, das diese Information enthält. Dieses Feld von »Lieferanten« hätten Sie zwar gleich mit dem Assistenten einfügen können, nun ist es jedoch zu spät dazu!

In Kürze zeige ich, wie Sie einer bereits erstellten Abfrage auch nachträglich noch Tabellen und Felder hinzufügen können. Momentan bleibt nur ein Weg: Erstellen Sie eine neue Abfrage mit dem Assistenten. Fügen Sie diesmal nicht nur die Felder »Typ« und »Bezeichnung« der Tabelle »Artikel« ein, sondern selektieren Sie danach im Listenfeld die Tabelle »Lieferanten«, und fügen Sie zusätzlich auch die Felder »Nachname« und »Rabatt« dieser Tabelle ein (Bild 8.5).

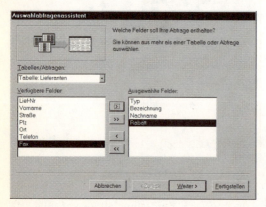

Bild 8.5:
Felder aus mehreren Tabellen einfügen

Enthält die Abfrage Felder aus mehreren miteinander verknüpften Tabellen, will der Assistent im nächsten Schritt wissen, ob eine »Detailabfrage« oder eine »Übersichtsabfrage« erstellt werden soll (Bild 8.6).

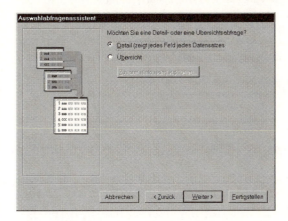

Bild 8.6:
Abfragetyp angeben

»Detail« würde zu folgendem Datenblatt führen (Bild 8.7).

Typ	Bezeichnung	Nachname	Rabatt
Maus	Logitech 83b	Bauer	3,00%
Maus	Logitech 83b	Maier	4,00%
Monitor	Nokia Multigraph 447	Meier	7,00%
Notebook	Sunrace Hyperbook	Schmidt	8,00%
Notebook	Sunrace Hyperbook	Müller	5,00%
Notebook	Sunrace Hyperbook	Keller	0,00%
Monitor	Eizo 9070S	Schmidt	8,00%
Monitor	Eizo 9070S	Mayer	8,00%
Drucker	Epson LQ850	Iderbach	5,00%
Drucker	Epson LQ850	Maier	3,00%

Bild 8.7:
Details

Sie sehen auf einen Blick, welche Artikel es gibt, von welchen Lieferanten Sie sie beziehen und welchen Rabatt Sie von diesen Lieferanten erhalten. Zum Beispiel liefern Ihnen Bauer und Maier die Maus, von Schmidt, Müller und Keller beziehen Sie den Notebook und so weiter. Vergleichen Sie diese Abbildung mit den Ausgangsdaten der zugrundeliegenden Tabellen, stellen Sie fest, daß dieses Ergebnis absolut korrekt ist.

»Übersicht« erzeugt eine völlig andere Abfrageart, nämlich eine sehr komplexe »gruppierte Abfrage«, die eine Art »Zusammenfassung« darstellt. Dazu müssen Sie nicht nur »Übersicht« wählen, sondern zusätzlich die Schaltfläche »Zusammenfassungsoptionen...« und im zugehörigen Dialogfeld das Kontrollkästchen »Datensätze zählen in ...« aktivieren (Bild 8.8).

Bezeichnung	ErsterWert von Nachname	ErsterWert von Rabatt	Anzahl von Lieferanten
Epson LQ850	Iderbach	5,00%	2
Logitech 83b	Bauer	3,00%	2
Eizo 9070S	Schmidt	8,00%	2
Nokia Multigraph 447	Meier	7,00%	1
Sunrace Hyperbook	Schmidt	8,00%	3

Bild 8.8:
Übersicht

In dieser Übersicht wird jeder Artikel nur einmal angegeben, auch wenn es zu einem Artikel wie dem Notebook drei Lieferanten gibt, also mehrere »Detaildatensätze«.

Statt wie zuvor in separaten Datensätzen über diese drei Lieferanten zu informieren, wird in dieser Übersicht nur der erste Lieferant und der zugehörige Rabatt genannt. Immerhin erfahren Sie jedoch, wie viele Lieferanten es für einen Artikel gibt, also wie viele Datensätze der Tabelle »Lieferanten« mit einem Datensatz der Tabelle »Artikel« verknüpft sind.

Allgemein: Gibt es zu einem Datensatz einer Tabelle mehrere damit verknüpfte Detaildatensätze, enthalten Detailabfragen für jedes Detail einen eigenen Datensatz. Übersichtsabfragen »verschweigen« diese Details. Sie enthalten nur für die Datensätze der Haupttabelle einen Abfragedatensatz – der jedoch zumindest mit zusätzlichen Feldern darüber informiert, wie viele zugehörige Detaildatensätze es gibt.

Zur Erstellung von Übersichtsabfragen mit verknüpften Tabellen **müssen** Sie die Schaltfläche »Zusammenfassungsoptionen...« aktivieren. Fügten Sie numerische Felder der »n«-Tabelle in die Abfrage ein, können Sie anschließend für jedes davon wählen, welche zusammenfassenden Berechnungen damit durchgeführt werden sollen (Bild 8.9).

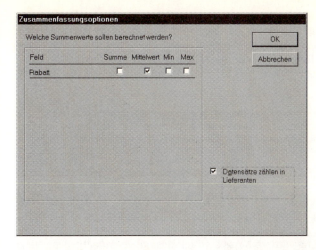

Bild 8.9:
Zusammenfas-
sungsoptionen

Im Beispiel enthält die Abfrage nur ein numerisches Feld der Detailtabelle
»Lieferanten«: Das Feld »Rabatt«, also den Rabatt, den Ihnen der betreffende Lieferant einräumt. Aktivieren Sie entsprechend der Abbildung »Mittelwert«, wird für jeden Artikel der Mittelwert des Rabatts ermittelt, den Sie
beim zugehörigen Lieferanten erhalten (Bild 8.10).

Typ	Bezeichnung	ErsterWert Nachname	Mittelwert Rabatt	Anzahl Lieferanten
Drucker	Epson LQ850	Iderbach	4,00%	2
Maus	Logitech 83b	Bauer	3,50%	2
Monitor	Eizo 9070S	Schmidt	8,00%	2
Monitor	Nokia Multigraph 447	Meier	7,00%	1
Notebook	Sunrace Hyperbook	Schmidt	4,33%	3

Bild 8.10:
Mittelwert

Beispielsweise gibt es zum Datensatz »Notebook« der Artikeltabelle drei
damit verknüpfte Datensätze in der Lieferantentabelle, also drei Lieferanten, von denen Sie den Notebook beziehen. Bei diesen Lieferanten haben
Sie 8%, 5% und 0% Rabatt, so daß sich ein durchschnittlicher Rabatt von
4,33% ergibt.

»Artikel-Lieferanten« ist übrigens keine 1:n-, sondern eine n:m-Beziehung.
Zu jedem Artikel können wie gezeigt mehrere Lieferanten gehören, jeder
Lieferant kann jedoch seinerseits mehrere Artikel liefern!

Bei derartigen n:m-Beziehungen ist es außerordentlich wichtig, in welcher **Reihenfolge** die Felder der einzelnen Tabelle in die Abfrage eingefügt werden. Fügen Sie beispielsweise zuerst die Felder »Nachname« und »Vorname« der Tabelle »Lieferanten« ein und danach die Felder »Typ« und »Bezeichnung« der Tabelle »Artikel«, wird folgende Übersicht erstellt (Bild 8.11).

Nachname	Vorname	ErsterWert von Typ	ErsterWert von Bezeichnung	Anzahl von Artikel
Bauer	Alfred	Maus	Logitech 83b	1
Iderbach	Susanne	Drucker	Epson LQ850	1
Keller	Manfred	Notebook	Sunrace Hyperbook	1
Maier	Gerd	Drucker	Epson LQ850	1
Maier	Otto	Maus	Logitech 83b	1
Mayer	Willi	Monitor	Eizo 9070S	1
Meier	Frank	Monitor	Nokia Multigraph 447	1
Müller	Walter	Notebook	Sunrace Hyperbook	1
Schmidt	Walter	Notebook	Sunrace Hyperbook	2

Bild 8.11: Gruppierung verändern

Die n:m-Beziehung wird vom Assistenten diesmal genau entgegengesetzt interpretiert: Er geht davon aus, daß die zuerst eingefügte Tabelle »Lieferanten« die Hauptdaten enthält und die danach eingefügte Tabelle »Artikel« die zugehörigen Detaildaten. Daher wird die Zusammenfassung diesmal nicht nach »Typ« und »Bezeichnung«, sondern nach »Nachname« und »Vorname« der Lieferanten »gruppiert«.

8.2 Abfragen erweitern

Nichts gegen die Erzeugung von Abfragen mit dem Assistenten, aber in der Praxis müssen Sie oft Tabellen und Felder nachträglich manuell hinzufügen. Nehmen wir an, Sie haben eine Abfrage mit den Feldern »Typ« und »Bezeichnung« der Tabelle »Artikel« erstellt.

Im Abfragedatenblatt sehen Sie, welche Artikel vorhanden sind. Wollen Sie nun jedoch zusätzlich wissen, von welchen Lieferanten Sie diese Artikel beziehen, benötigen Sie in der Abfrage zusätzlich auch das Feld »Nachname« der Tabelle »Lieferanten«. Bestehen Sie darauf, Abfragen ausschließlich mit dem Assistenten zu erzeugen, müssen Sie die fertige Abfrage »wegschmeißen« und die gesamte Prozedur erneut durchlaufen.

Das ist jedoch keineswegs notwendig, da Sie zusätzliche Tabellenfelder jederzeit manuell hinzufügen können. Dazu müssen Sie die Entwurfsansicht Ihrer Abfrage aktivieren (Bild 8.12).

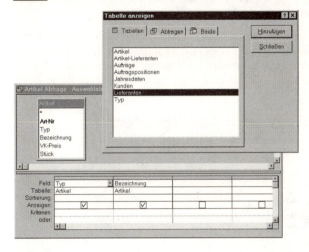

Bild 8.12:
Abfrage »Artikel Abfrage«

Die obere Hälfte des »Abfrageentwurfsfenster« enthält die »Feldlisten« aller momentan in die Abfrage eingefügten Tabellen. Die untere Hälfte enthält die aus diesen Tabellen eingefügten Felder. Um in die obere Hälfte zusätzlich auch die Lieferantentabelle einzufügen, wählen Sie ABFRAGE I TABELLE ANZEIGEN... bzw. klicken auf das zugehörige Symbol.

Selektieren Sie danach entsprechend der Abbildung im zugehörigen Dialogfeld das Register »Tabellen« und darin die Tabelle »Lieferanten«. Fügen Sie sie mit »Hinzufügen« hinzu (schneller: Doppelklick auf »Lieferanten«). In der oberen Fensterhälfte erscheint nun auch die Feldliste von »Lieferanten«. Schließen Sie das Dialogfeld danach mit »Schließen«.

*Um umgekehrt eine nicht mehr benötigte Tabelle/Abfrage zu entfernen, selektieren Sie die betreffende Feldliste durch Anklicken **irgendeines** der darin enthaltenen Feldnamen und drücken* [Entf] *oder wählen BEARBEITEN I LÖSCHEN.*

Nun müssen Sie in die untere Fensterhälfte die interessierenden Felder der Tabelle »Lieferanten« einfügen. Dazu klicken Sie in der Feldliste von »Lieferanten« auf das interessierende Feld, ziehen es bei weiterhin gedrückter Maustaste in der unteren Hälfte zur ersten Spalte, und legen es dort ab (=Maustaste loslassen).

Ziehen Sie auf diese Weise bitte das Feld »Nachname« der Lieferantentabelle zur ersten Spalte. Es wird dort eingefügt und sowohl »Typ« als auch »Bezeichnung« werden automatisch um eine Spalte nach rechts verschoben. Anschließend legen Sie das Feld »Vorname« »auf« die zweite Spalte ab (Bild 8.13).

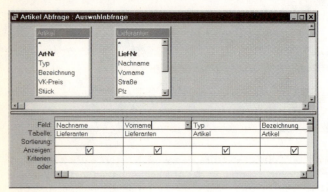

Bild 8.13:
Erweiterte
Abfrage

8.3   Abfragen ausführen

Um das Ergebnis der geänderten Abfrage zu sehen, aktivieren Sie die Datenblattansicht.

Alternativ dazu können Sie auch ABFRAGE I AUSFÜHREN wählen bzw. auf das zugehörige Symbol klicken. Das Resultat ist in beiden Fällen identisch (Bild 8.14).

Nachname	Vorname	Typ	Bezeichnung
Schmidt	Walter	Maus	Logitech 83b
Schmidt	Walter	Monitor	Nokia Multigraph 447
Schmidt	Walter	Notebook	Sunrace Hyperbook
Schmidt	Walter	Monitor	Eizo 9070S
Schmidt	Walter	Drucker	Epson LQ850
Müller	Walter	Maus	Logitech 83b
Müller	Walter	Monitor	Nokia Multigraph 447
Müller	Walter	Notebook	Sunrace Hyperbook
Müller	Walter	Monitor	Eizo 9070S
Müller	Walter	Drucker	Epson LQ850
Bauer	Alfred	Maus	Logitech 83b
Bauer	Alfred	Monitor	Nokia Multigraph 447
Bauer	Alfred	Notebook	Sunrace Hyperbook
Bauer	Alfred	Monitor	Eizo 9070S
Bauer	Alfred	Drucker	Epson LQ850
Keller	Manfred	Maus	Logitech 83b
Keller	Manfred	Monitor	Nokia Multigraph 447
Keller	Manfred	Notebook	Sunrace Hyperbook
Keller	Manfred	Monitor	Eizo 9070S
Keller	Manfred	Drucker	Epson LQ850
Mayer	Willi	Maus	Logitech 83b
Mayer	Willi	Monitor	Nokia Multigraph 447
Mayer	Willi	Notebook	Sunrace Hyperbook

Datensatz: 1 von 45

Bild 8.14:
Ergebnis der
Abfrage

Das Ergebnis ist etwas merkwürdig: Angeblich beziehen Sie die fünf in »Artikel« vorhandenen Artikel vom Lieferanten Schmidt, vom Lieferanten Müller, von Bauer etc. Kurz gesagt: Laut diesem Datenblatt beziehen Sie **jeden** der fünf Artikel von **jedem** der neun Lieferanten (darum 45 Datensätze, siehe unterer Fensterrand), was zweifellos Unfug ist!

Ursache dafür ist die fehlende Verknüpfung der beiden Tabellen. Access weiß nicht, wie die Artikel mit den Lieferanten verbunden sind und umgekehrt: In der Abfrage fehlt die verknüpfende Tabelle »Artikel-Lieferanten«, in der diese Beziehungen definiert sind und die zu diesem Zweck die Kombinationen aus Lieferanten- und Artikelnummern enthält, also die Informationen darüber, welcher Lieferant welche Artikel liefert.

Aktivieren Sie bitte mit ANSICHT I ENTWURFSANSICHT bzw. dem abge-
bildeten Symbol wieder die Entwurfsansicht. Wählen Sie erneut
ABFRAGE I TABELLE ANZEIGEN... bzw. klicken Sie auf das zugehörige
Symbol, und fügen Sie die Tabelle »Artikel-Lieferanten« hinzu
(Bild 8.15).

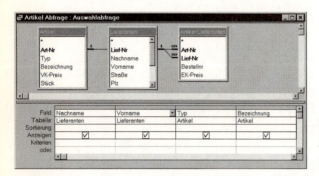

Bild 8.15:
Hinzugefügte
Tabelle »Artikel-
Lieferanten«

Die Striche zwischen den drei Feldlisten symbolisieren die Beziehungen
zwischen den drei Tabellen. Die Grafik ist im Moment nur schwer durch-
schaubar, weil der Strich zwischen »Lieferanten« und »Artikel« nur schein-
bar diese beiden Tabellen miteinander verbindet. In Wirklichkeit verbindet er die Tabellen »Lieferanten« und »Artikel-Lieferanten« und die Tabelle
»Artikel« liegt dabei nur zufällig im Weg.

Die wahren Verhältnisse offenbaren sich, wenn Sie die Feldliste »Artikel«
nach rechts neben die Feldliste »Artikel-Lieferanten« ziehen, indem Sie die
Überschrift »Artikel« der Feldliste anklicken und die Maus bei gedrückter
Maustaste nach rechts ziehen (Bild 8.16).

Die Lieferanten- und die Artikeltabelle sind indirekt über die Tabelle »Artikel-Lieferanten« miteinander verbunden, die die Primärschlüssel der beiden Haupttabellen enthält (fett hervorgehoben). Führen Sie die Abfrage
nun erneut aus bzw. aktivieren Sie wieder die Datenblattansicht, was bei
Auswahlabfragen auf das gleiche hinausläuft (Bild 8.17).

Dieses Ergebnis sieht bereits erheblich vernünftiger aus. Offenbar liefern
Ihnen Bauer und Mayer die Maus und Schmidt, Müller sowie Keller liefern
den Notebook und so weiter.

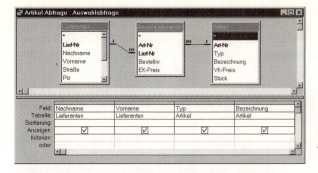

Bild 8.16:
Abfrage »Wer liefert was? – 1«

	Nachname	Vorname	Typ	Bezeichnung
▶	Bauer	Alfred	Maus	Logitech 83b
	Maier	Otto	Maus	Logitech 83b
	Meier	Frank	Monitor	Nokia Multigraph 447
	Schmidt	Walter	Notebook	Sunrace Hyperbook
	Müller	Walter	Notebook	Sunrace Hyperbook
	Keller	Manfred	Notebook	Sunrace Hyperbook
	Schmidt	Walter	Monitor	Eizo 9070S
	Mayer	Willi	Monitor	Eizo 9070S
	Iderbach	Susanne	Drucker	Epson LQ850
	Maier	Gerd	Drucker	Epson LQ850
*				

Datensatz: |◀| ◀ | 1 | ▶ |▶|▶*| von 10

Bild 8.17:
Ergebnis der korrigierten Abfrage

8.4 Beziehungen definieren

Ich erläuterte, wie Sie die Beziehungen zwischen verschiedenen Tabellen definieren. Haben Sie das nicht getan, gibt Access im Abfrageentwurf die Beziehungslinien nur dann automatisch vor, wenn die in die Abfrage eingefügten Tabellen **gleichnamige Felder** enthalten und eines der beiden Felder der **Primärschlüssel** der betreffenden Tabelle ist. Dann geht Access davon aus, daß die beiden Tabellen über diese gleichnamigen Felder miteinander verknüpft sind.

Gibt es keine gleichnamigen Felder, heißt das verknüpfende Feld beispielsweise in einer Tabelle »Nachname« und in der zweiten »Name«, kann
Access die Beziehung nicht erkennen und die Abfrage führt zu ebenso
fehlerhaften Ergebnissen wie zuvor ohne die nachträglich eingefügte Bindegliedtabelle »Artikel-Lieferanten«. In diesem Fall gibt es zwei Möglichkeiten:

1. Sie schließen die Abfrage und alle geöffneten Tabellen und holen das
   Definieren der Standardbeziehungen mit EXTRAS|BEZIEHUNGEN... nach.

2. Im oberen Teil des Abfragefensters zeichnen Sie die benötigten Beziehungslinien nachträglich mit der Maus ein: Sie klicken auf das Primärschlüsselfeld einer Tabelle, ziehen es bei gedrückter Maustaste zum
   damit korrespondierenden Feld der zweiten Tabelle und legen es dort
   ab.

Wäre sie noch nicht vorhanden, könnten Sie die Linie zwischen den Tabellen »Lieferanten« und »Artikel-Lieferanten« somit einzeichnen, indem Sie
auf das Primärschlüsselfeld »Lief-Nr« der Tabelle »Lieferanten« klicken
und es zum korrespondierenden gleichnamigen Feld »Lief-Nr« der Tabelle
»Artikel-Lieferanten« ziehen.

Anschließend funktioniert die Abfrage wie gewünscht. Allerdings müssen
Sie diesen Vorgang bei jeder neuen Abfrage wiederholen, da Sie auf diese
Weise nicht die automatisch vorzugebenden Standardbeziehungen definieren, sondern die definierten Beziehungen **nur für die aktuelle Abfrage**
gültig sind!

8.5 Abfragedatenblätter sortieren und filtern

Auf das Abfragedatenblatt können Sie die gleichen Techniken anwenden
wie auf das Datenblatt einer echten Tabelle. Diese Techniken beschrieb
ich bereits, so daß ich Ihnen und mir eine ausführliche Wiederholung ersparen will. Daher nur soviel zu diesem Thema:

1. Sie können sich ebenso wie im Datenblatt einer Tabelle von Datensatz
   zu Datensatz bzw. von Feld zu Feld bewegen, neue Daten eingeben
   oder bereits vorhandene Daten ändern.

2. Mit den Unterbefehlen des Befehls DATENSÄTZE | SORTIERUNG bzw. den zugehörigen Symbolen können Sie die angezeigten Datensätze nach einer beliebigen Spalte wie »Nachname« oder »Bezeichnung« sortieren.

3. Mit den Unterbefehlen von DATENSÄTZE | FILTER können Sie die Daten filtern, um sich beispielsweise nur die von Herrn Schmidt gelieferten Artikel anzeigen zu lassen.

4. Mit Hilfe des FORMAT-Menüs können Sie die Schriftart und -größe oder die Spaltenbreiten und die Zeilenhöhe manipulieren, Spalten ausblenden, fixieren etc. Wie in einem Tabellendatenblatt können Sie mehrere Spalten markieren und gleichzeitig manipulieren; beispielsweise alle Spalten markieren und mit einem Doppelklick auf eine der Spaltenbegrenzungen die von Access ermittelte optimale Spaltenbreite für alle markierten Spalten gleichzeitig einstellen lassen. All diese Layoutänderungen werden zusammen mit der Abfrage gespeichert.

8.6 Tabellen in Abfragen aktualisieren

Die in einem Abfragedatenblatt enthaltenen Datensätze können Sie ebenso wie im Tabellendatenblatt editieren. Sie können einzelne Felder ändern oder löschen, Sie können sogar komplette Datensätze löschen oder zusätzliche Sätze eintragen. Völlig problemlos ist diese indirekte Aktualisierung von zugrundeliegenden Tabellen über Abfragen jedoch nur, wenn sich die betreffende Abfrage auf eine einzige Tabelle bezieht.

Angenommen, eine Abfrage benutzt die Tabelle »Kunden« und die darin enthaltenen Felder »Nachname«, »Vorname« und »Telefon« (Bild 8.18).

Im Datenblatt der Abfrage (oberes Fenster) werden von allen Datensätzen der zugrundeliegenden Tabelle »Kunden« (unteres Fenster) jeweils diese drei Felder angezeigt. Hochinteressant ist, was passiert, wenn Sie im Abfragedatenblatt irgendeinen Feldinhalt verändern. Wie die Abbildung zeigt, bin ich gerade dabei, im Abfragedatenblatt die Telefonnummer von Gerhard Krause zu verändern und den Zusatz »-123« anzuhängen (erster Datensatz, letztes Feld).

Bild 8.18:
Abfrage »Tabellenaktualisierung«

Kurz nach Verlassen der editierten Datensatzzeile erscheint im Datenblatt der zugrundeliegenden Tabelle »Kunde« wie durch Zauberei ebenfalls die geänderte Telefonnummer (Bild 8.19).

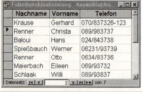

Bild 8.19:
Tabellenaktualisierung über eine Abfrage

Löschen Sie den Inhalt eines Feldes oder tragen Sie in ein leeres Feld eines Abfragedatenblattes etwas ein, passiert das gleiche: Nach minimaler Wartezeit werden die Änderungen im Datenblatt der zugrundeliegenden Tabelle sichtbar.

Sie können im Datenblatt einer Abfrage beliebige Editierungen durchführen, die Access in die zugehörige Tabelle übernimmt. Ist deren Datenblatt momentan sichtbar, wird bei der Editierung einzelner Felder sogar die Anzeige automatisch aktualisiert. Umgekehrt wird die Abfrage entsprechend aktualisiert, wenn Sie die Tabelle editieren.

Nur beim Löschen vollständiger Sätze und beim Hinzufügen neuer Datensätze erfolgen Aktualisierungen nicht sofort. Soll die Bildschirmdarstellung entsprechend aktualisiert werden, schließen Sie die betreffende Tabelle bzw. Abfrage und öffnen sie anschließend erneut.

9 Das Layout des Abfragedatenblatts gestalten

Ebenso wie bei Tabellen können Sie auch bei Abfragen das Datenblatt gestalten. Sie können die Spaltenüberschriften verändern, das Datenblatt sortieren und die Anzeige momentan nicht benötigter Felder unterdrükken.

9.1 Tabellennamen

Basiert eine Abfrage auf mehreren Tabellen, die **gleichnamige** Felder enthalten, sollten Sie mit ANSICHT I TABELLENNAMEN in der Entwurfsansicht die zusätzliche Zeile »Tabelle:« einblenden, wenn das noch nicht der Fall ist (Bild 9.1).

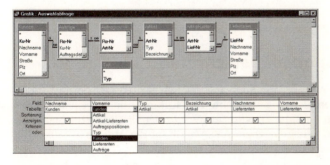

Bild 9.1: Abfrage »Grafik«

Diese Abfrage enthält die Feldlisten aller wichtigen in EDV.MDB enthaltenen Tabellen. Ihre Aufgabe besteht darin, alle Kunden zusammen mit den jeweils bestellten Artikeln und den Lieferanten dieser Artikel anzuzeigen. Zu diesem Zweck wurden die Felder »Nachname« und »Vorname« der Kundentabelle, »Typ« und »Bezeichnung« der Artikeltabelle, und »Nachname« und »Vorname« der Lieferantentabelle eingefügt.

Ist ANSICHT | TABELLENNAMEN aktiviert, zeigt Access unter der Zeile »Feld:« die Zeile »Tabelle:« an, die darüber informiert, aus welcher Tabelle das betreffende Feld stammt. Dank dieser zusätzlichen Information sehen Sie sofort, daß beispielsweise das Feld »Nachname« in der ersten Spalte aus der Tabelle »Kunden« stammt und es sich nicht um das gleichnamige Feld der Tabelle »Lieferanten« handelt.

In der Datenblattansicht weist Access in derartigen Fällen automatisch auf die betreffende Tabelle hin, indem der Name des Felds um den Namen der Tabelle ergänzt wird (Bild 9.2).

Kunden.Nachname	Kunden.Vorname	Typ	Bezeichnung	Lieferanten.Nachname	Lieferanten.Vorname
Renner	Christa	Maus	Logitech 83b	Bauer	Alfred
Renner	Christa	Maus	Logitech 83b	Maier	Otto
Schlaak	Willi	Maus	Logitech 83b	Bauer	Alfred
Schlaak	Willi	Maus	Logitech 83b	Maier	Otto
Renner	Christa	Notebook	Sunrace Hyperbook	Schmidt	Walter
Renner	Christa	Notebook	Sunrace Hyperbook	Müller	Walter
Renner	Christa	Notebook	Sunrace Hyperbook	Keller	Manfred
Schlaak	Willi	Notebook	Sunrace Hyperbook	Schmidt	Walter
Schlaak	Willi	Notebook	Sunrace Hyperbook	Müller	Walter
Schlaak	Willi	Notebook	Sunrace Hyperbook	Keller	Manfred
Maierbach	Eileen	Monitor	Eizo 9070S	Schmidt	Walter
Maierbach	Eileen	Monitor	Eizo 9070S	Mayer	Willi
Krause	Gerhard	Drucker	Epson LQ850	Iderbach	Susanne
Krause	Gerhard	Drucker	Epson LQ850	Maier	Gerd
Renner	Christa	Drucker	Epson LQ850	Iderbach	Susanne
Renner	Christa	Drucker	Epson LQ850	Maier	Gerd

Bild 9.2: Eindeutige Feldnamen in der Datenblattansicht

9.2 Spaltenüberschriften

Um die im Abfragedatenblatt angezeigten Spaltenüberschriften zu ändern, müssen Sie die gewünschte Beschriftung, die mit einem Doppelpunkt enden muß, im Entwurfsfenster vor der Originalbezeichnung des betreffenden Felds eingeben. Angewandt auf die Abfrage »Grafik« (Bild 9.3) sieht dies so aus:

In dieser Abbildung definierte ich für das Feld »Nachname« der Kundentabelle die Spaltenüberschrift »Kundenname« und für das Feld »Typ« der Typtabelle die Überschrift »Artikeltyp«, jeweils gefolgt von einem Doppelpunkt. Das Resultat (Bild 9.4):

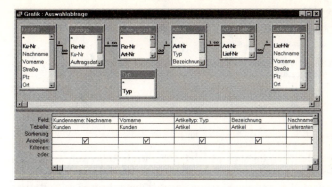

Bild 9.3:
Spaltenüberschriften definieren

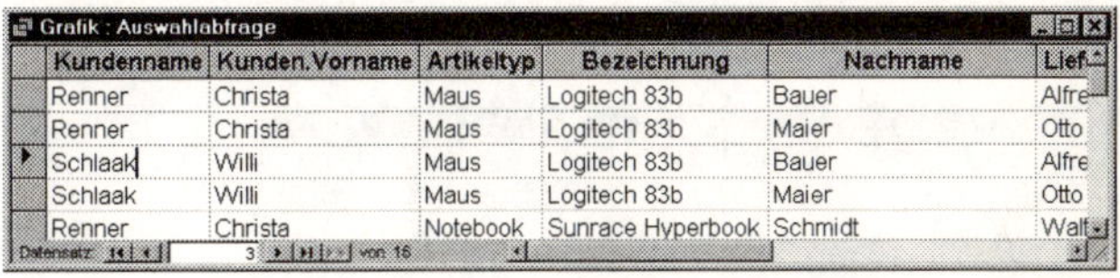

Bild 9.4:
Anzeige der neuen Spaltenüberschriften

Statt der Originalfeldnamen werden die soeben definierten Spaltenüberschriften angezeigt. Zusätzlich entfällt automatisch der Zusatz »Lieferanten.« vor der Überschrift »Nachname« der Lieferantentabelle, da die Spaltenüberschrift nun eindeutig ist und es keine zweite Spaltenüberschrift »Nachname« mehr gibt.

9.3 Fenster und Spalten

Das Abfragefenster besteht aus zwei Teilen. Gefällt Ihnen die Aufteilung nicht, klicken Sie die dünne horizontale Linie zwischen den beiden Fensterteilen an (der Cursor wird an der korrekten Position zu einem Doppelpfeil), und ziehen Sie sie bei gedrückter Maustaste nach unten oder nach oben, um einen der beiden Fensterteile auf Kosten des anderen Teils zu vergrößern (Bild 9.5).

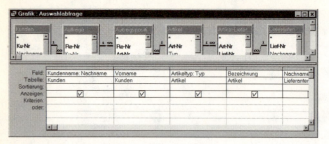

Bild 9.5:
Fenstereinteilung verändern

Jede Feldliste stellt ein eigenes Fenster dar. Durch Anklicken eines Fensterrandes und Ziehen bzw. Schieben können Sie die Fensterbreite/-höhe verändern. Zusätzlich können Sie eine Fensterüberschrift wie »Aufträge« anpacken und durch Ziehen das Fenster verschieben (Bild 9.6).

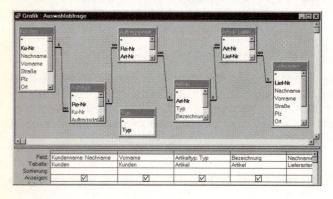

Bild 9.6:
Feldlistenfenster manipulieren

Analog dazu können Sie die Spalten im unteren Teil des Abfragefensters manipulieren. Zum Beispiel durch Klicken am oberen Endpunkt der Begrenzungslinie zwischen zwei Spalten (der Mauscursor wird an der korrekten Position zu einem Doppelpfeil) und nach rechts oder links Ziehen die Spaltenbreite verändern oder durch einen Doppelklick darauf die optimale Spaltenbreite einstellen – allerdings wird die neue Spaltenbreite leider nicht gespeichert!

Sie können Spalten löschen, verschieben und einfügen. Dazu müssen Sie die betreffenden Spalten zuvor durch Anklicken des »Spaltenmarkierers«

selektieren, die niedrige Spalte unmittelbar oberhalb der Feldbezeichnung. Befindet sich der Mauscursor an der richtigen Position zum Markieren einer Spalte, wird er zu einem nach unten gerichteten Pfeil. Einen Block aus mehreren benachbarten Spalten markieren Sie, indem Sie danach die Maustaste weiter gedrückt halten und nach rechts bzw. nach links ziehen. Anschließend können Sie alle markierten Spalten gleichzeitig manipulieren, da Manipulationen an einer davon auf alle anderen übertragen werden.

Die Feldreihenfolge im Entwurfsfenster definiert die Feldreihenfolge im Datenblatt. Durch Verschieben von Spalten im Entwurfsfenster können Sie daher die Feldreihenfolge im Abfragedatenblatt verändern. Um zum Beispiel die Spalten »Nachname« und »Vorname« rechts neben die Spalte »Bezeichnung« zu verschieben, markieren Sie sie zunächst: Klicken Sie auf den Markierer oberhalb der Feldbezeichnung »Nachname«, ziehen Sie die Maus nach rechts, bis zur Spalte mit der Feldbezeichnung »Vorname«, und lassen Sie die Maustaste los (Bild 9.7).

Bild 9.7:
Spalten markieren

Anschließend klicken Sie erneut auf einen der beiden Spaltenmarkierer und ziehen die Maus nach rechts. Access zeigt durch eine »mitwandernde« Doppellinie an, wo die markierten Spalten eingefügt werden, wenn Sie die Maustaste loslassen. Ziehen Sie die Maus nach rechts, bis sich diese Doppellinie rechts neben der Spalte »Bezeichnung« befindet, und legen Sie die markierten Spalten dort ab (Bild 9.8).

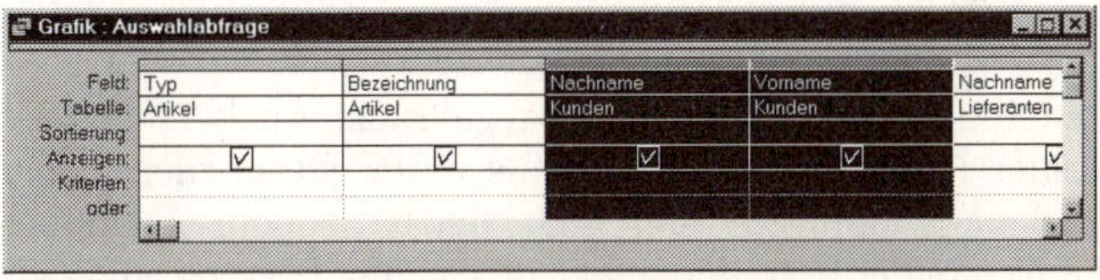

Bild 9.8:
Spalten verschieben

Eine oder mehrere markierte Spalten löschen Sie mit der ⌈Entf⌉-Taste. Angewandt auf die letzte Abbildung würde ⌈Entf⌉ die beiden soeben verschobenen Spalten löschen. Mit der ⌈Einfg⌉-Taste fügen Sie genau umgekehrt vor der ersten markierten Spalte eine entsprechende Anzahl an Leerspalten ein.

9.4   Felder manipulieren

Um eine zusätzliche Spalte mit einer Feldbeschreibung einzufügen, klicken Sie wie erläutert auf die zugehörige Feldbezeichnung einer Feldliste, ziehen sie nach unten zur gewünschten Spalte und lassen sie dort los. Ist die betreffende Spalte bereits belegt, fügt Access eine zusätzliche Spalte ein und verschiebt alle Spalten, die »im Weg sind«, automatisch nach rechts.

Um mehrere Felder einer Feldliste gleichzeitig einzufügen, markieren Sie zunächst alle interessierenden Felder, indem Sie auf das erste Feld klicken und danach – bei gleichzeitig gedrückter ⌈Strg⌉-Taste – der Reihe nach die restlichen Felder anklicken. Um mehrere aufeinanderfolgende Felder zu markieren, können Sie statt dessen einfach auf den obersten Feldnamen und danach – bei gedrückter ⌈⇧⌉-Taste – auf den untersten Feldnamen klicken.

Wollen Sie beispielsweise in eine Abfrage die aufeinanderfolgenden Felder »Nachname«, »Vorname« und »Straße« der Kundentabelle einfügen, klicken Sie in der Feldliste auf »Nachname«, drücken die ⌈⇧⌉-Taste und klicken auf »Straße«. Nun ist der gesamte von »Nachname« bis »Straße« reichende Feldbereich markiert. Um nun zusätzlich auch noch das Feld »Ort« zu markieren, klicken Sie danach bei gedrückter ⌈Strg⌉-Taste »Ort« an. Anschließend genügt es, **irgendeines** der markierten Felder in die untere Fensterhälfte zu jener Spalte zu ziehen, **vor** der die markierten Felder eingefügt werden sollen (Bild 9.9).

Durch Anklicken des ersten und danach – bei gedrückter ⌈⇧⌉-Taste – des letzten Felds einer Feldliste könnten Sie alle darin enthaltenen Felder markieren und danach einfügen. Noch einfacher ist jedoch ein Doppelklick auf die Titelleiste der betreffenden Feldliste, zum Beispiel auf »Kunden«: Access markiert daraufhin alle Felder der betreffenden Liste.

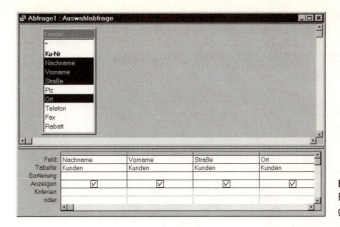

Bild 9.9:
Felder einfügen

Es gibt noch eine weitere Möglichkeit, alle Felder einer Liste einzufügen: Fügen Sie einfach den ersten Listeneintrag ein, das Sternchen »*«. Access fügt daraufhin in eine **einzige** Spalte den Eintrag »Kunden.*« ein, der praktisch »stellvertretend« für **alle Felder** der Tabelle »Kunden« steht.

Der Vorteil: Ändern Sie die Tabellenstruktur von »Kunden«, fügen Sie zum Beispiel ein zusätzliches Feld ein, müssen Sie die Abfrage nicht entsprechend korrigieren und das zusätzliche Feld per Hand einfügen, da es ja von dem Stellvertretereintrag »Kunden.*« automatisch miterfaßt wird.

Der Nachteil: Da im Formular keine separaten Felder angezeigt werden, ist es etwas umständlich, wie in den folgenden Kapiteln beschrieben das Abfrageergebnis nach bestimmten Feldern zu sortieren oder für einzelne Felder Suchkriterien einzugeben, etwa in der Art »Zeige mir alle Lieferanten im Postleitzahlgebiet 30000 bis 50000«.

Wollen Sie ein Feld einer Tabelle durch ein anderes ersetzen, können Sie die betreffende Spalte markieren, mit ⌷Entf⌷ löschen und anschließend als Ersatz das gewünschte Feld einfügen.

Wesentlich einfacher ist jedoch folgende Technik: Klicken Sie in der unteren Fensterhälfte in der Zeile »Feld:« auf die zu ersetzende Feldbezeichnung. Der abwärts gerichtete Pfeil eines geschlossenen Listenfelds erscheint. Öffnen Sie es durch Anklicken des Pfeils, erscheint darin die vollständige Feldliste der betreffenden Tabelle, und Sie können das Feld auswählen, durch das das aktuelle Feld ersetzt werden soll (Bild 9.10).

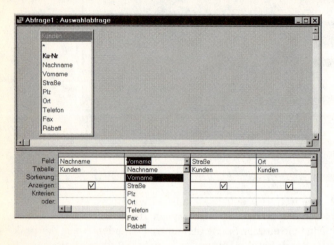

Bild 9.10:
Feld auswählen

Soll es durch ein Feld einer anderen Tabelle ersetzt werden, muß entsprechend der Abbildung die Zeile »Tabelle:« eingeblendet sein (ANSICHT | TABELLENNAMEN). Durch Anklicken des Tabellennamens öffnen Sie eine Liste aller in der Abfrage enthaltener Tabellen und Abfragen und können durch Auswahl einer anderen Tabelle praktisch auf diese »umschalten«. Danach können Sie in der Zeile »Feld:« ein Feld dieser neuen Tabelle auswählen.

9.5   Sortieren

 Die einfachste Möglichkeit, die im Abfragedatenblatt angezeigten Daten zu sortieren, besteht darin, ebenso wie im Datenblatt einer Tabelle den Cursor auf ein Feld der gewünschten »Sortierspalte« zu setzen und DATENSÄTZE | SORTIERUNG | AUFSTEIGEND (bzw. ABSTEIGEND) zu wählen oder auf das zugehörige Symbol zu klicken.

Sie können die Sortierung jedoch auch im Abfrageentwurf festlegen. Sollen beispielsweise die Datensätze der Abfrage »Wer liefert was? – 1« nach

»Typ« absteigend sortiert werden, klicken Sie auf das Feld »Sortierung:« dieser Spalte, öffnen das erscheinende Listenfeld, und selektieren darin »Absteigend« (Bild 9.11).

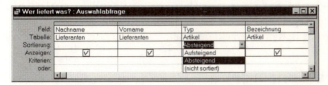

Bild 9.11:
Sortierung
definieren

Das Ergebnis (Bild 9.12).

Nachname	Vorname	Typ	Bezeichnung
Keller	Manfred	Notebook	Sunrace Hyperbook
Müller	Walter	Notebook	Sunrace Hyperbook
Schmidt	Walter	Notebook	Sunrace Hyperbook
Mayer	Willi	Monitor	Eizo 9070S
Schmidt	Walter	Monitor	Eizo 9070S
Meier	Frank	Monitor	Nokia Multigraph 447
Maier	Otto	Maus	Logitech 83b
Bauer	Alfred	Maus	Logitech 83b
Maier	Gerd	Drucker	Epson LQ850
Iderbach	Susanne	Drucker	Epson LQ850

Datensatz: ◄◄ ◄ 1 ► ►I ►* von 10

Bild 9.12:
Nach Artikeltyp
absteigend sor-
tiertes Datenblatt

Sie können beliebig viele Sortierkriterien definieren, zum Beispiel »Nachname« als zusätzliches Sortierkriterium verwenden, damit Datensätze mit gleichem Inhalt des Feldes »Typ« untereinander nach Nachnamen sortiert sind. Access geht dabei nach einer einfachen Regel vor: Ist für mehrere Felder eine Sortierung definiert, wird zunächst nach dem Feld ganz links sortiert. Identische Datensätze werden nach dem nächsten, rechts davon folgenden Sortierfeld untersortiert und so weiter.

Um zuerst nach »Typ« und danach nach »Nachname« zu sortieren, müssen Sie daher die Spalte »Typ« vor die Spalte »Nachname« schieben und beispielsweise für beide Felder »Aufsteigend« wählen.

Falls notwendig, können Sie weitere Untersortierfelder definieren, wobei auch dann die Regel gilt, daß die Sortierpriorität um so höher ist, je weiter links sich das betreffende Feld befindet.

9.6 Feldanzeige

Deaktivieren Sie das Kontrollkästchen »Anzeigen« einer Spalte, wird das betreffende Feld im Datenblatt nicht angezeigt (Bild 9.13).

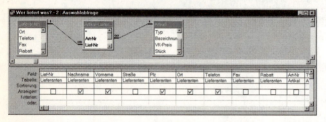

Bild 9.13: Abfrage »Wer liefert was? – 2«

In diesem Beispiel wurden zunächst alle Felder der Tabellen »Lieferanten« und »Artikel« eingefügt. Anschließend wurde die Anzeige der Felder »Lief-Nr«, »Straße«, »Fax« und »Rabatt« der Tabelle »Lieferanten« und der Felder »Art-Nr«, »VK-Preis« und »Stück« der Tabelle »Artikel« unterdrückt, so daß im Datenblatt nur die restlichen Felder angezeigt werden (Bild 9.14).

Nachname	Vorname	Plz	Ort	Telefon	Typ	Bezeichnung
Schmidt	Walter	80000	München	089/93837	Notebook	Sunrace Hyperbook
Schmidt	Walter	80000	München	089/93837	Monitor	Eizo 9070S
Müller	Walter	60000	Frankfurt	060/83732	Notebook	Sunrace Hyperbook
Bauer	Alfred	80000	München	089/83723	Maus	Logitech 83b
Keller	Manfred	68000	Mannheim	0621/98379	Notebook	Sunrace Hyperbook
Mayer	Willi	70000	Stuttgart	072/93784	Monitor	Eizo 9070S
Maier	Otto	10000	Berlin	032/83727	Maus	Logitech 83b
Iderbach	Susanne	69000	Heidelberg	0629/93783	Drucker	Epson LQ850
Meier	Frank	80000	München	089/93837	Monitor	Nokia Multigraph 447
Maier	Gerd	69000	Heidelberg	062/93783	Drucker	Epson LQ850

Datensatz 5 von 10

Bild 9.14: Unterdrücken der Anzeige für selektierte Felder

»Nutzlose« Felder werden von Access nach dem Schließen der Abfrage automatisch daraus entfernt. Daher fehlen im Beispiel nach dem erneuten Öffnen der Abfrage die Felder, deren Anzeige unterdrückt wurde! Die Anzeigeunterdrückung macht nur Sinn, wenn das betreffende Feld zwar nicht angezeigt wird, aber dennoch eine Funktion besitzt (und somit auch nicht automatisch von Access aus der Abfrage entfernt wird).

Ein Beispiel: Sie fügen mit dem Sternchen »*« alle Felder einer Feldliste in die Abfrage ein und wollen das Datenblatt nach einem oder mehreren dieser Felder sortieren. Eigentlich ist das nicht möglich, da die einzelnen Felder ja nicht separat vorhanden sind und Sie daher auch nicht für ein bestimmtes Feld die Option »Aufsteigend« wählen können. Dennoch gibt es eine Möglichkeit:

1. Sie fügen das Sternchen der interessierenden Feldliste in eine Spalte des Entwurfsfensters ein; es steht nun stellvertretend für alle in der Liste enthaltenen Felder.

2. **Zusätzlich** fügen Sie das als Sortierkriterium zu verwendende Feld separat ein und definieren die gewünschte Sortierung für dieses Feld (»Aufsteigend« bzw. »Absteigend«).

3. Um zu verhindern, daß dieses Feld **doppelt** angezeigt wird (immerhin wird es ja bereits durch den Sterncheneintrag vertreten), schließen Sie es durch Deaktivierung des zugehörigen Kontrollkästchens von der Anzeige aus (Bild 9.15).

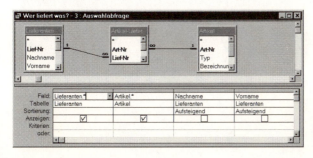

Bild 9.15:
Abfrage »Wer liefert was? – 3«

In diesem Beispiel wurden die Sternchen der Feldlisten »Lieferanten« und »Artikel« und danach zusätzlich die separaten Felder »Nachname« und »Vorname« der Artikelfeldliste eingefügt. Die beiden separaten Felder sollen aufsteigend sortiert, aber nicht zusätzlich angezeigt werden (Bild 9.16).

Lief-Nr	Nachname	Vorname	Straße	Plz	Ort	Telefon	Fax	Rabatt	Art-Nr	Typ
3	Bauer	Alfred	Mohnstr. 4b	80000	München	089/83723	089/93727	3,00%	1	Maus
7	Iderbach	Susanne	Sturmstr. 12	69000	Heidelberg	0629/93783	0629/98374	5,00%	11	Drucke
4	Keller	Manfred	Blumenweg 24	68000	Mannheim	0621/98379		0,00%	3	Noteb
9	Maier	Gerd	Sternenweg 14a	69000	Heidelberg	062/93783	062/93838	3,00%	11	Drucke
6	Maier	Otto	Langer Weg 14-16	10000	Berlin	032/83727		4,00%	1	Maus
5	Mayer	Willi	Breite Str.14	70000	Stuttgart	072/93784	072/83738	8,00%	4	Monito
8	Meier	Frank	Zwergstr. 17	80000	München	089/93837	089/93282	7,00%	2	Monito
2	Müller	Walter	Sternstr. 15	60000	Frankfurt	060/83732	060/38327	5,00%	3	Noteb
1	Schmidt	Walter	Schmidtstr.13a	80000	München	089/93837	089/943843	8,00%	4	Monito
1	Schmidt	Walter	Schmidtstr.13a	80000	München	089/93837	089/943843	8,00%	3	Noteb
*(toWert)								(toWert)		

Bild 9.16: Ergebnis der Anzeigeunterdrückung

Alle Felder der beiden Tabellen werden angezeigt – und zwar **einfach**, obwohl die Felder »Nachname« und »Vorname« eigentlich doppelt vorhanden sind: In Form der Felder »Lieferanten.*« und »Artikel.*«, die alle Felder der Lieferanten- und der Artikeltabelle einschließen, und zusätzlich als separate Felder – deren Anzeige jedoch unterdrückt wurde und die nur in das Formular aufgenommen wurden, um für diese Felder eine Sortierreihenfolge zu definieren.

10 Komplexe Suchaktionen durchführen

Um die im Abfragedatenblatt angezeigten Daten zu filtern, sich darin also nur ganz bestimmte Datensätze anzeigen zu lassen, können Sie wie bei Tabellen die Unterbefehle des Befehls DATENSÄTZE | FILTER bzw. die zugehörigen Filtersymbole verwenden.

Darüber hinaus können Sie jedoch im Abfrageentwurf Filterungen definieren, die weit über all das hinausgehen, und die ich im folgenden erläutere.

10.1 Kriterien

Auswahlabfragen werden im Datenbankfenster durch das abgebildete Symbol gekennzeichnet. Dieser Abfragetyp wählt interessierende Daten aus den zugrundeliegenden Tabellen/ Abfragen aus. Sie können nicht nur die anzuzeigenden Tabellenfelder auswählen, sondern sich zusätzlich nur bestimmte Datensätze anzeigen lassen. Zum Beispiel nur jene Lieferanten, von denen Sie eine Maus oder einen Monitor beziehen. Oder nur Artikel, von denen Sie momentan weniger als drei Stück auf Lager haben. Die dazu benötigten Auswahlkriterien geben Sie in den untersten Zeilen »Kriterien« und »oder« des Abfrageentwurfs ein.

10.2 Verknüpfungsoperatoren

Angenommen, Sie interessieren sich dafür, welchen Artikel Sie von Herrn Otto Maier beziehen und welche Telefonnummer Herr Maier hat: Erzeugen Sie eine Abfrage mit den beiden Tabellen »Lieferanten« und »Artikel«

und der verknüpfenden Tabelle »Artikel-Lieferanten«, in die Sie die Felder »Nachname«, »Vorname« und »Telefon« der Lieferanten- und die Felder »Typ« und »Bezeichnung« der Artikeltabelle einfügen (Bild 10.1).

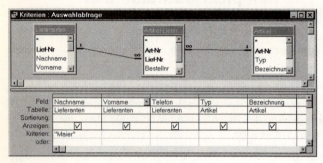

Bild 10.1:
Abfrage »Kriterien«

Der entscheidende Schritt ist die Eingabe eines Suchkriteriums in der Zeile »Kriterien:« der Spalte »Nachname«: Das Kriterium »Maier« findet nur Lieferanten mit dem Nachnamen Maier. Da dieses Suchkriterium eine Zeichenkette ist, muß sie von Anführungszeichen umgeben werden. Dennoch können Sie statt »"Maier"« einfach »Maier« eintippen, da Access selbständig erkennt, daß es sich um eine Zeichenkette handelt und die fehlenden Anführungszeichen automatisch ergänzt.

Sie können auch »=Maier« eingeben. Die Bedeutung ist die gleiche. Aus dieser Variante geht jedoch deutlicher hervor, daß nur Namen gefunden werden sollen, die mit der Zeichenkette »Maier« identisch sind. Aktivieren Sie den Datenblattmodus, erhalten Sie in beiden Fällen das gewünschte Resultat (Bild 10.2).

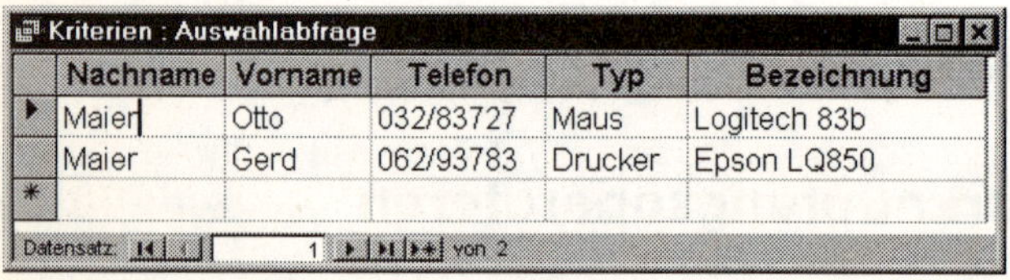

Nachname	Vorname	Telefon	Typ	Bezeichnung
Maier	Otto	032/83727	Maus	Logitech 83b
Maier	Gerd	062/93783	Drucker	Epson LQ850

Datensatz: 1 von 2

Bild 10.2:
Ergebnis der Abfrage

Sie können für beliebig viele Felder Kriterien definieren. Beispielsweise das Kriterium »Maier« für das Feld »Nachname« und das Kriterium »Gerd« für das Feld »Vorname« (Bild 10.3).

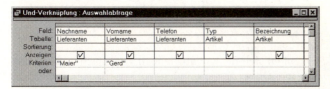

Bild 10.3:
Abfrage
»Und-Ver-
knüpfung«

Access verknüpft die Kriterien intern mit dem **Und**-Operator:

```
"Maier" Und "Gerd"
```

Nun werden nur noch jene Sätze berücksichtigt, die im Feld »Nachname« den Eintrag »Maier« **und** im Feld »Vorname« den Eintrag »Gerd« enthalten, also genau ein Datensatz (Bild 10.4).

	Nachname	Vorname	Telefon	Typ	Bezeichnung
▶	Maier	Gerd	062/93783	Drucker	Epson LQ850
＊					

Datensatz: ◀ ◀ 　　1　 ▶ ▶◀ ▶＊ von 1

Bild 10.4:
Ergebnis der
Abfrage

Dieses Beispiel ist zwar aufgrund der geringen Datenmengen in der Demo-datenbank trivial. In der Praxis wird Ihre Datenbank jedoch Hunderte von Lieferanten und Artikeln enthalten. Dann sollten Sie die Suche durch die **Und**-Verknüpfung mehrerer Suchkriterien von vornherein so weit wie möglich eingrenzen und in allen Feldern Suchkriterien eingeben, von de-nen Ihnen die gesuchte Information bekannt ist.

Interessiert Sie, welche Artikel Sie von Herrn Gerd Maier aus Heidelberg beziehen, werden selbst die beiden verknüpften Suchkriterien »Maier« und »Gerd« möglicherweise noch ein Dutzend »unerwünschter« Lieferan-ten namens Gerd Maier finden. Daher sollten Sie in diesem Fall zusätzlich das Feld »Ort« in die Abfrage einbeziehen und als Kriterium für dieses Feld »Heidelberg« eingeben.

Sie können eine Suche auch mit der **Oder**-Verknüpfung ausweiten und sich zum Beispiel alle Lieferanten anzeigen lassen, die Maier **oder** Schmidt **oder** Bauer heißen.

Statt »"Maier"« könnten Sie dazu folgendes Kriterium eingeben:

```
"Maier" Oder "Schmidt" Oder "Bauer"
```

verwenden. Sie können sich die Eingabe jedoch vereinfachen, indem Sie einfach alle drei mit **Oder** zu verknüpfenden Kriterien untereinander schreiben (Bild 10.5).

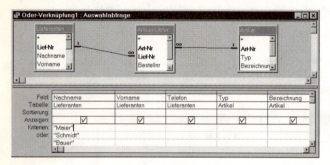

Bild 10.5: Abfrage »Oder-Verknüpfung 1«

Zur Erläuterung: Suchkriterien, die sich in der Zeile »oder:« und in den Leerzeilen darunter befinden, werden von Access immer mit **Oder** verknüpft. Tragen Sie entsprechend der Abbildung im Feld »Nachname« in der Zeile »Kriterien:« das Suchkriterium »Maier« ein, in der Zeile »oder:« das Kriterium »Schmidt« und in der folgenden Zeile das Kriterium »Bauer«, erhalten Sie daher folgendes Datenblatt (Bild 10.6).

Oder-Verknüpfung1 : Auswahlabfrage

Nachname	Vorname	Telefon	Typ	Bezeichnung
Bauer	Alfred	089/83723	Maus	Logitech 83b
Maier	Otto	032/83727	Maus	Logitech 83b
Schmidt	Walter	089/93837	Notebook	Sunrace Hyperbook
Schmidt	Walter	089/93837	Monitor	Eizo 9070S
Maier	Gerd	062/93783	Drucker	Epson LQ850

Datensatz: 1 von 5

Bild 10.6: Ergebnis der Abfrage

Speichern Sie die Abfrage und öffnen Sie sie danach wieder, stellen Sie fest, daß Access die drei separaten Kriterien selbständig in den Ausdruck

```
"Maier" Oder "Schmidt" Oder "Bauer"«
```

umwandelte.

Sie können für beliebige Felder sowohl mit **Und** als auch mit **Oder** verknüpfte Suchkriterien eingeben (Bild 10.7).

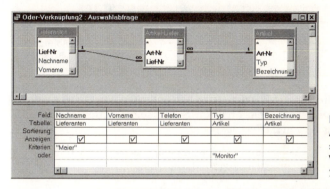

Bild 10.7:
Abfrage
»Oder-
Verknüpfung
2«

Beachten Sie, daß sich die beiden Kriterien in unterschiedlichen Zeilen befinden und daher mit **Oder** statt mit **Und** verknüpft werden! Diese Abfrage findet alle Datensätze, die im Feld »Nachname« der Lieferantendatei den Eintrag »Maier« aufweisen **oder** – auch wenn das nicht der Fall ist – im Feld »Typ« der Artikeldatei den Eintrag »Monitor« (Bild 10.8).

```
"Maier" Oder "Monitor"
```

Nachname	Vorname	Telefon	Typ	Bezeichnung
Maier	Otto	032/83727	Maus	Logitech 83b
Meier	Frank	089/93837	Monitor	Nokia Multigraph 447
Schmidt	Walter	089/93837	Monitor	Eizo 9070S
Mayer	Willi	072/93784	Monitor	Eizo 9070S
Maier	Gerd	062/93783	Drucker	Epson LQ850

Bild 10.8:
Ergebnis der
Abfrage

Alle »Maier« und zugehörigen Artikel werden ebenso angezeigt wie alle »Monitore« und die zugehörigen Lieferanten.

10.3 Platzhalter

Kriterien können zusätzliche »Platzhalterzeichen« enthalten. Das Zeichen »?« steht stellvertretend für einen beliebigen Buchstaben (Bild 10.9).

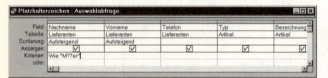

Bild 10.9:
Abfrage
»Platzhalter-
zeichen«

Vor Suchkriterien, die Platzhalterzeichen enthalten, fügt Access automatisch den Operator **Wie** ein, ohne daß Sie ihn selbst eintippen müssen, so daß die Eingabe von »M??er« ausreicht.

»M?ier« würde »Maier« und »Meier« finden, das verwendete Kriterium »M??er« findet entsprechend sogar »Mayer« (Bild 10.10).

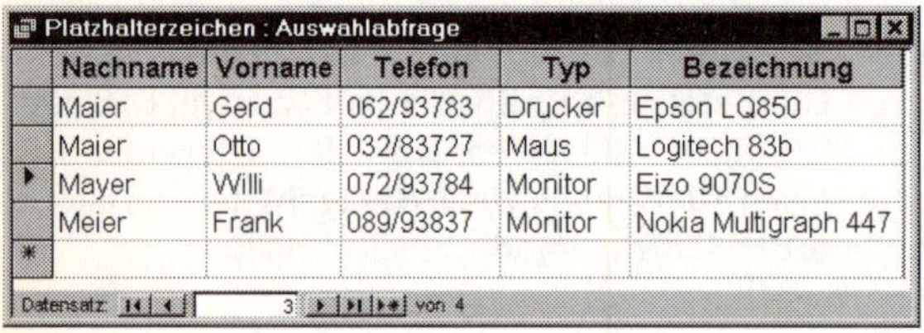

Nachname	Vorname	Telefon	Typ	Bezeichnung
Maier	Gerd	062/93783	Drucker	Epson LQ850
Maier	Otto	032/83727	Maus	Logitech 83b
Mayer	Willi	072/93784	Monitor	Eizo 9070S
Meier	Frank	089/93837	Monitor	Nokia Multigraph 447

Datensatz: 3 von 4

Bild 10.10:
Ergebnis der
Abfrage

Das Platzhalterzeichen »*« steht stellvertretend für eine variable Anzahl beliebiger Zeichen. »M*« findet »Mai«, »Maier«, »Müller«, »Maierbach« etc. und »*lein« findet »Maierlein«, »Schmidtlein« etc.

»M*er« findet wie zuvor das Kriterium »M??er« ebenfalls die Namen »Maier«, »Meier« und »Mayer«, zusätzlich jedoch – falls vorhanden – auch »Müller«, »Maierbacher« und »Mayerbecher«.

»*« ist hervorragend zum »Ausmaskieren« von Datumsteilen geeignet: »01.*.99« findet »01.3.99«, »01.Sep.99« etc.

Beide Platzhalter können Sie miteinander kombinieren. »M?ier*« findet »Maier«, »Meier«, »Meiersfeld«, »Maierbach«, aber nicht »Mayer« oder »Mayerlein«, da das dritte Zeichen in diesem Fällen nicht das geforderte »i« ist.

10.4 Vergleichsoperatoren

Vergleichsoperatoren wie »>« (größer), »<« (kleiner), »=« (gleich), »>=« (größer oder gleich), »<=« (kleiner oder gleich), »<>« (ungleich) und **Zwischen...Und** können Sie nicht nur auf Zahlen, sondern auch auf Zeichenketten oder ein Datum anwenden (Bild 10.11).

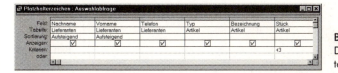

Bild 10.11:
Der Operator <

Ausgangsbasis ist wieder eine Abfrage mit den Tabellen »Artikel«, »Lieferanten« und »Artikel-Lieferanten«. Das Kriterium **<3** im Feld »Stück« findet alle Artikel, von denen weniger als drei Stück auf Lager sind (Bild 10.12).

	Nachname	Vorname	Telefon	Typ	Bezeichnung	Stück
	Iderbach	Susanne	0629/93783	Drucker	Epson LQ850	2
▶	Maier	Gerd	062/93783	Drucker	Epson LQ850	2
	Meier	Frank	089/93837	Monitor	Nokia Multigraph 447	2
*						

Datensatz: ◄◄ ◄ 2 ► ►► ►* von 3

Bild 10.12:
Ergebnis der
Abfrage

Entsprechend würde das Kriterium **>"K«** im Feld »Nachname« alle Lieferanten finden, deren Name alphabetisch gesehen größer als »K« ist, also »Keller«, die »Maier« in den verschiedenen Schreibweisen, Herrn Müller und Herrn Schmidt, aber nicht Herrn Bauer und Frau Iderbach, deren Namen alphabetisch gesehen kleiner sind als »K«.

Durch die Kombination von Vergleichs- und Verknüpfungsoperatoren lassen sich interessante Suchkriterien bilden (Bild 10.13).

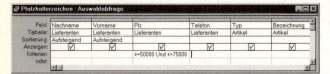

Bild 10.13:
Kombination von Vergleichs- und Verknüpfungsoperatoren

Das Kriterium **>=50000 Und <=75000** im Feld »Plz« findet alle Lieferanten im Postleitzahlgebiet 50000 bis 75000 (Bild 10.14).

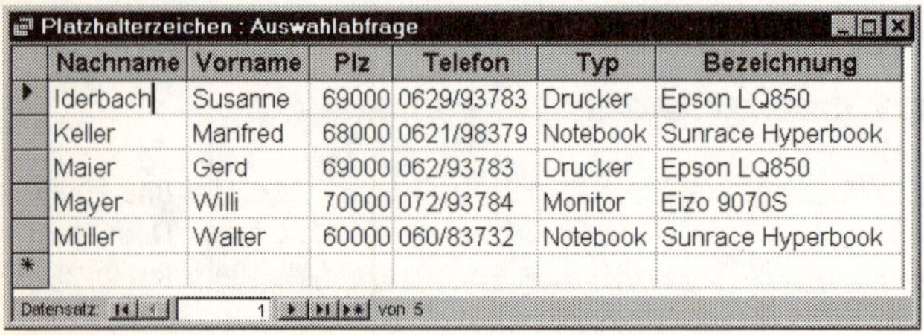

Nachname	Vorname	Plz	Telefon	Typ	Bezeichnung
Iderbach	Susanne	69000	0629/93783	Drucker	Epson LQ850
Keller	Manfred	68000	0621/98379	Notebook	Sunrace Hyperbook
Maier	Gerd	69000	062/93783	Drucker	Epson LQ850
Mayer	Willi	70000	072/93784	Monitor	Eizo 9070S
Müller	Walter	60000	060/83732	Notebook	Sunrace Hyperbook

Datensatz: 1 von 5

Bild 10.14:
Ergebnis der Abfrage

Nicht gefunden wird Herr Maier in Berlin (Plz 10000) und die verschiedenen Lieferanten in München (Plz 80000).

Zur Vereinfachung einer Bereichsauswahl gibt es den **Zwischen...Und**-Operator. Er entspricht der Kombination **>=...Und <=...**. Beispielsweise findet das Kriterium

```
Zwischen "I" Und "M"
```

im Feld »Nachname« der Tabelle »Lieferanten« die Herren Iderbach und Keller ebenso wie das Kriterium

```
>="I" Und <="M"
```

Ähnlich wie **Zwischen ... Und** dient auch der Operator **In** zur Vereinfachung komplexer Vergleiche, die normalerweise mit herkömmlichen Vergleichsoperatoren durchgeführt werden. Er prüft, ob ein Wert Bestandteil

244

einer angegebenen Werteliste ist. Interessieren Sie sich beispielsweise für alle Lieferanten, die die Postleitzahl 10000, 70000 oder 80000 besitzen, benutzen Sie mit herkömmlichen Operatoren drei Zeilen (in der Spalte »Plz«) und somit eine **Oder**-Verknüpfung:

```
10000
70000
80000
```

mit der Bedeutung:

```
10000 Oder 70000 Oder 80000
```

Der **In**-Operator vereinfacht diesen Ausdruck zu:

```
In (10000;70000;80000)
```

10.5   Nullwerte und Datumsauswahl

Datensatzfeldern, die keine Werte enthalten, sondern leer sind, ordnet Access den Wert »Null« zu. Damit ist nicht die Zahl 0 gemeint, sondern einfach ein Feld, das keinen Inhalt besitzt.

Dieses Schlüsselwort wird zusammen mit dem ausschließlich in diesem Zusammenhang benötigten Operator **Ist (Is)** verwendet: Die Aussage **Ist Null** ist **Wahr**, wenn das betreffende Feld leer ist. **Ist Nicht Null** ist genau umgekehrt **Wahr**, wenn das Feld einen beliebigen Inhalt besitzt (auch wenn das beispielsweise die Zahl 0 ist!).

Interessieren Sie sich dafür, welche Kunden (Tabelle »Kunden«) ihre Rechnungen noch nicht bezahlt haben, müssen Sie jene Sätze der Tabelle »Aufträge« auswählen, bei denen das Feld »Zahlungseingang« leer ist (Bild 10.15).

Diese Abfrage verwendet die Tabelle »Aufträge« und die damit – über die Kundennummer – verbundene Tabelle »Kunden«. Unter »Zahlungseingang« benutzen Sie das Kriterium **Ist Null**, um alle Sätze der Auftragstabelle zu erfassen, bei denen noch kein Zahlungseingang erfolgte. Deaktivieren Sie bitte die Anzeige des Feldes »Zahlungseingang«, da wir dieses Feld zwar zur Eingabe eines Suchkriteriums benutzen, auf eine Anzeige seines Inhalts jedoch gut verzichten können – wir wissen ja, daß die selektierten Sätze in diesem Feld nichts enthalten (Bild 10.16).

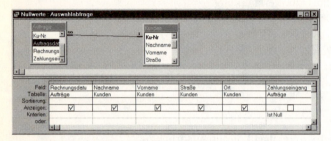

Bild 10.15: Abfrage »Nullwerte«

Bild 10.16: Ergebnis der Abfrage

Dem Abfragedatenblatt können wir entnehmen, daß die Kunden Krause, Renner und Baloui noch nicht bezahlt haben, was – siehe Felder »Re-Nr« und »Ku-Nr« der zugehörigen Tabellen – absolut korrekt ist. Ändern Sie das Kriterium in

```
Ist Nicht Null
```

würden genau umgekehrt die »braven« Kunden erfaßt werden, die ihre Rechnungen bereits bezahlten und bei denen sich somit im Feld »Zahlungseingang« irgendein Datum befindet.

Bei Datumsfeldern wollen Sie häufig das betreffende Feld mit dem aktuellen Datum vergleichen, um beispielsweise alle Kunden zu erfassen, die:

a) noch nicht bezahlt haben und bei denen

b) das Rechnungsdatum länger als einen Monat zurückliegt.

Dazu tragen Sie zunächst im Feld »Zahlungseingang« wieder das Kriterium **Ist Null** ein, da Sie nur Aufträge erfassen wollen, bei denen die Rechnung noch nicht bezahlt wurde. Zusätzlich interessieren Sie jedoch nur Kunden, die bereits länger als drei Wochen »zahlungsunwillig« sind. Sie benötigen also ein zusätzliches Kriterium, das mit dem ersten durch **Und** verknüpft wird.

Ist heute der 1.3.99, geben Sie als zusätzliches Kriterium für das Feld »Rechnungsdatum« den Ausdruck **<1.3.99-21** ein, um nur Aufträge zu erfassen, deren zugehörige Rechnung vor mehr als drei Wochen verschickt wurde (Bild 10.17).

Bild 10.17: Abfrage »Datumsauswahl«

Wie Sie sehen, ergänzt Access automatisch die Nummernzeichen »#« um das Datum herum. Die Bedeutung der beiden kombinierten Kriterien:

```
([Zahlungseingang] Ist Null) Und ([Rechnungsdatum] < #1.3.99-21#)
```

Nun wird nur noch der Datensatz mit dem Rechnungsdatum 2.1.99 gefunden, das gegenüber dem aktuellen Datum 1.3.99 um mehr als 21 Tage zurückliegt (Bild 10.18).

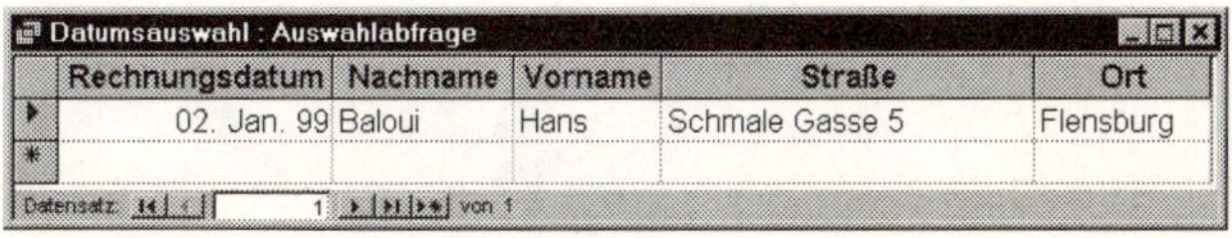

Rechnungsdatum	Nachname	Vorname	Straße	Ort
02. Jan. 99	Baloui	Hans	Schmale Gasse 5	Flensburg

Bild 10.18: Ergebnis der Abfrage

11

Berechnungen und Kalkulationen durchführen

Abfragen enthalten häufig Berechnungen. Zum Beispiel könnte Sie bei Aufträgen der Wert jeder einzelnen Bestellung interessieren, der sich aus dem Verkaufspreis pro Stück multipliziert mit der bestellten Stückzahl ergibt. Oder der Gesamtwert der Aufträge, der sich aus der Addition dieser Werte ergibt. Vielleicht interessiert Sie, wie viele Disketten Ihre Kunden durchschnittlich bestellen, wie hoch der durchschnittliche Wert eines Auftrags ist, oder wie hoch der Gesamtwert aller Aufträge eines bestimmten Kunden im letzten Jahr war.

All das können Sie mit Hilfe von Abfragen erfahren,

▓ in die Sie »berechnete Felder« einfügen

▓ in denen Sie »Aggregierungsfunktionen« einsetzen

▓ und die Sie nach interessierenden Feldern »gruppieren«

11.1 Berechnete Felder

Am einfachsten sind derartige Auswertungen mit »berechneten Feldern«. Ein berechnetes Feld erstellen Sie, indem Sie in irgendeiner freien Spalte in der Zeile »Feld« einen Ausdruck eingeben. In diesem Ausdruck wollen Sie sich üblicherweise auf Tabellenfelder beziehen, zum Beispiel verkaufte Stückzahlen eines Artikels mit seinem Einzelpreis multiplizieren. Auf ein Tabellenfeld beziehen Sie sich, indem Sie seine Bezeichnung in eckige Klammern setzen.

Ein Beispiel: Nehmen wir an, Sie interessieren sich außer für den Verkaufspreis Ihrer Artikel auch für die darin enthaltene Mehrwertsteuer und zusätzlich für den Nettopreis ohne diese Mehrwertsteuer. Sie erstellen eine neue Abfrage, fügen die Tabelle »Artikel« ein und aus der zugehörigen Feldliste zumindest die Felder »Typ«, »Bezeichnung« und »VK-Preis«. Nun benötigen Sie zusätzlich zwei berechnete Felder. Geben Sie in der vierten Spalte den folgenden Ausdruck ein (Bild 11.1).

```
[VK-Preis]/115*15
```

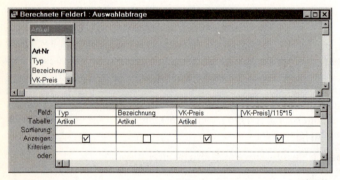

Bild 11.1:
Berechnetes Feld einfügen

Nach dem Beenden der Eingabe fügt Access vor dem Ausdruck automatisch eine Standardfeldbezeichnung wie »Ausdr1«, so daß der Inhalt des Textfelds danach »Ausdr1: [VK-Preis]/115*15« lautet. Sie können diese Bezeichnung jederzeit durch Übertippen ersetzen, zum Beispiel durch »MWSt« (Bild 11.2).

Bild 11.2:
Standardfeldbezeichnung ersetzen

Das berechnete Feld besitzt nun den Namen »MWSt«, auf den Sie sich wiederum in anderen Ausdrücken beziehen können. Es bietet sich an, für die

rechts benachbarte Spalte folgenden Ausdruck zur Berechnung des Net-
toverkaufspreises ohne Mehrwertsteuer zu verwenden (Bild 11.3).

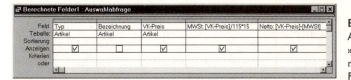

Bild 11.3:
Abfrage
»Berech-
nete
Felder1«

Access vergab für das zweite berechnete Feld den Standardfeldnamen
»Ausdr2«, den ich durch »Netto« ersetzte. Der Ausdruck

```
[VK-Preis]-[MWSt]
```

subtrahiert die ermittelte Mehrwertsteuer vom Bruttoverkaufspreis und
ermittelt so den Nettobetrag (Bild 11.4).

Typ	VK-Preis	MWSt	Netto
Maus	94,20 DM	12,2869565217391	81,91 DM
Monitor	3.196,70 DM	416,960869565217	2.779,74 DM
Notebook	3.075,90 DM	401,204347826087	2.674,70 DM
Monitor	2.136,75 DM	278,70652173913	1.858,04 DM
Drucker	1.295,00 DM	168,913043478261	1.126,09 DM
	0,00 DM		

Datensatz: ◄◄ ◄ 6 ► ►◄ ►* von 6

Bild 11.4:
Ergebnis der
Abfrage

Die Inhalte des berechneten Felds »MWSt« sind höchst unschön forma-
tiert, da Access in diesem Fall nicht einfach die Formatierung eines zugehörigen Tabellenfeldes übernehmen kann (es gibt keines). Um das zu ändern, blenden Sie das »Feldeigenschaften«-Dialogfeld ein und wählen für
die Feldeigenschaft »Format« die Einstellung »Währung«.

In komplexen Datenbanken benötigen Sie häufig tabellenübergreifende
Berechnungen, die Felder aus **verschiedenen Tabellen** verwenden. Nehmen wir als Beispiel folgende Anfrage »Suche alle Bestellungen, also alle

Auftragspositionen. Zeige jeweils den Namen und Vornamen des betreffenden Kunden, den Typ und die Bezeichnung des bestellten Artikels und den Gesamtwert der Bestellung an«.

Unmittelbar daran beteiligt sind die Tabellen »Auftragspositionen« (enthält die einzelnen Bestellungen), »Kunden« (Name und Vorname Ihrer Kunden), und »Artikel« (Typ und Bezeichnung der Artikel). Zusätzlich wird jedoch auch die Tabelle »Aufträge« benötigt, das Bindeglied zwischen den einzelnen Auftragspositionen und dem zugehörigen Kunden: Die einzelnen Positionen eines Auftrags in »Auftragspositionen« besitzen jeweils eine identische Rechnungsnummer. In »Aufträge« ist die Nummer des zugehörigen Kunden vermerkt, von dem der Auftrag stammt und die benötigt wird, um in der Kundentabelle auf seinen Namen und Vornamen zuzugreifen.

Die – nach »Nachname« sortierte – Abfrage enthält genau ein berechnetes Feld, dessen Standardname »Ausdr1« von mir durch »Wert« ersetzt wurde (Bild 11.5).

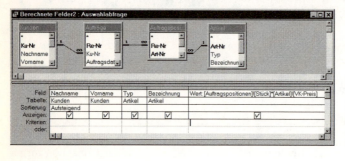

Bild 11.5: Abfrage »Berechnete Felder2«

Der Ausdruck:

```
[Auftragspositionen]![Stück]*[Artikel]![VK-Preis]
```

bedeutet »Multipliziere den Inhalt des Feldes »Stück« der Tabelle »Auftragspositionen« mit dem Inhalt des Feldes »VK-Preis« der Tabelle »Artikel«.

*Allgemein: Ein Ausdruck der Art **[Tabelle]![Feld]** bezeichnet das Feld mit dem Namen »Feld« in der Tabelle namens »Tabelle«.*

Laut Abfrageergebnis bestellte Christa Renner insgesamt vier Artikel: je einmal den »Drucker Epson LQ850« (Bestellwert: 1295 DM) und den »Notebook Sunrace Hyperbook« (3075,90 DM); und zweimal den Artikel »Maus Logitech 83b« (188,40 DM bzw. 282,60 DM) (Bild 11.6).

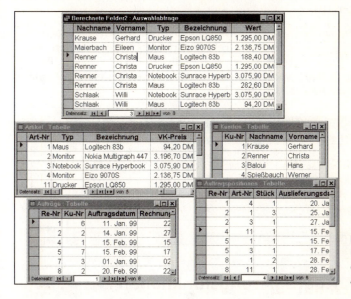

Bild 11.6: Ergebnis der Abfrage

Daß dieses Ergebnis korrekt ist, zeigt ein Vergleich mit den ebenfalls abgebildeten zugrundeliegenden Tabellen: Christa Renner besitzt laut Tabelle »Kunden« die Kundennummer 2. Die Tabelle »Aufträge« enthält genau zwei zugehörige Aufträge mit dieser Kundennummer; der eine Auftrag besitzt die Rechnungsnummer 2 und der andere die Nummer 8.

Aus »Auftragspositionen« geht wiederum hervor, daß der Auftrag mit der Rechnungsnummer 2 aus zwei Bestellungen besteht: Von Artikel Nummer 1 wurden drei Stück bestellt, laut Tabelle »Artikel« also drei Mäuse zu je 94,20 DM, was den in der Abfrage angezeigten Auftragswert von 282,60 DM ergibt; von Artikel Nummer 3 wurde ein Stück bestellt, also ein Notebook zu 3075,90 DM.

Der zweite Auftrag von Christa Renner mit der Rechnungsnummer 8 besteht laut »Auftragspositionen« ebenfalls aus zwei Bestellungen: von Artikel Nr.1 (die Maus, siehe »Artikel«) wurden zwei Stück bestellt (Wert: 188,40 DM); und von Artikel Nr.11 (der Drucker) wurde ein Stück bestellt (Wert: 1295 DM).

Selbstverständlich können Sie das Datenblatt auch nach berechneten Feldern sortieren oder in diesen Feldern Kriterien eingeben. Interessieren Sie sich nur für Aufträge mit einem Bestellwert von mindestens 1000 DM, geben Sie in dem berechneten Feld »Wert« unter »Kriterien« den Ausdruck **>=1000** ein. Das Resultat (Bild 11.7).

Nachname	Vorname	Typ	Bezeichnung	Wert
Krause	Gerhard	Drucker	Epson LQ850	1.295,00 DM
Maierbach	Eileen	Monitor	Eizo 9070S	2.136,75 DM
Renner	Christa	Drucker	Epson LQ850	1.295,00 DM
Renner	Christa	Notebook	Sunrace Hyperb	3.075,90 DM
Schlaak	Willi	Notebook	Sunrace Hyperb	3.075,90 DM

Datensatz: |◄| ◄ | 4 | ► | ►I |►*| von 5

Bild 11.7: Ergebnis mit einem Auswahlkriterium im berechneten Feld

11.2 Aggregierungsfunktionen

Access besitzt verschiedene »Aggregierungsfunktionen« wie **Summe**, **Min** oder **Max**, die »über alle Datensätze hinweg« Gesamtresultate ermitteln, zum Beispiel die Summe aller Werte in einem bestimmten Feld oder den Durchschnitt dieser Werte.

 Dazu müssen Sie in Ihrer Abfrage mit ANSICHT I FUNKTIONEN bzw. dem zugehörigen »Summensymbol« die zusätzliche Zeile »Funktion:« einblenden, die Sie durch erneutes Anklicken bzw. Wahl von ANSICHT I FUNKTIONEN jederzeit wieder ausblenden können.

Angenommen, Sie wollen wissen, wie hoch der durchschnittliche Verkaufspreis Ihrer Artikel ist und wie viele Artikel in Ihrem Lager insgesamt vorhanden sind. Erzeugen Sie dazu eine neue Abfrage mit der Tabelle »Artikel«, fügen Sie die beiden Felder »VK-Preis« und »Stück« ein, und klicken Sie auf das Summensymbol.

Selektieren Sie im Listenfeld der nun eingefügten Zeile »Funktion:« für das Feld »VK-Preis« die Funktion **Mittelwert** und danach für das Feld »Stück« die Funktion **Summe** (Bild 11.8).

Bild 11.8:
Abfrage »Aggregierung1«

Access ermittelt nun für das Feld »VK-Preis« den Mittelwert aller darin enthaltenen Werte, den durchschnittlichen Verkaufspreis von 1959,71 DM. Und für das Feld »Stück« die Summe aller darin enthaltener Werte, so daß Sie nun wissen, daß sich momentan insgesamt 17 Artikel in Ihrem Lager befinden (Bild 11.9).

Bild 11.9:
Ergebnis der Abfrage

Access verwendet als Spaltenüberschriften »Mittelwert von Feld-name« und »Summe von Feldname«, wobei »Feldname« jeweils der Name des betreffenden Feldes ist. Diese Vorgaben können Sie jederzeit durch frei wählbare Spaltenüberschriften ersetzen.

Sie können auch komplexe Ausdrücke verwenden, die **unter anderem** diese Aggregierungsfunktionen benutzen. Interessiert Sie der Gesamtwert Ihres Lagerbestandes, erstellen Sie ein zusätzliches berechnetes Feld mit der Formel

```
Summe([VK-Preis]*[Stück])
```

Diese Formel geben Sie auf folgende Weise ein:

1. Wählen Sie in einer leeren Spalte in der Zeile »Funktion:« die Option »Ausdruck«.

2. Geben Sie in der Zeile »Feld:« der Spalte die gewünschte Formel **Sum-me([VK-Preis]*[Stück])** ein (Bild 11.10).

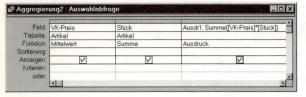

Bild 11.10:
Abfrage
»Aggregierung2«

Access ergänzt die Formel zu »Ausdr1: Summe([VK-Preis]*[Stück])«. Intern (nicht sichtbar) erzeugt Access zunächst wie bei jedem berechneten Feld im Abfragedatenblatt eine zusätzliche Feldspalte, deren Inhalte sich für jeden einzelnen Datensatz aus dem Inhalt des Feldes »VK-Preis« multipliziert mit dem Inhalt von »Stück« ergeben. Die zusätzliche Spalte enthält somit den Gesamtwert jedes Artikels.

Auf diese zusätzliche Spalte wendet Access die **Summe**-Funktion an, um die einzelnen Artikelwerte zu addieren und auf diese Weise den Gesamtwert Ihres Lagerbestands zu ermitteln (Bild 11.11).

Bild 11.11:
Ergebnis der
Abfrage

11.3 Datengruppierung

Datengruppierung: In der Praxis interessiert Sie wohl kaum der Durchschnittspreis und die Gesamtstückzahl **aller** Artikel. Statt dessen wollen Sie derartige Analysen sicherlich nach Gruppen unterteilt durchführen. Zum Beispiel, um den durchschnittlichen Preis Ihrer Monitore oder Drukker herauszubekommen oder die Anzahl vorhandener Mäuse.

Dazu müssen Sie die in einer Tabelle enthaltenen Daten »gruppieren«: Sie zu Gruppen zusammenfassen und auf jede dieser Gruppen getrennt die erläuterten Funktionen anwenden. Als Kriterium für die Gruppierung benutzen Sie ein Tabellenfeld, zum Beispiel das Feld »Typ« der Artikeltabelle. Access faßt daraufhin alle Datensätze, die in diesem Feld den gleichen Eintrag aufweisen, zum Beispiel »Monitor«, zu einer gemeinsamen Gruppe zusammen.

Um Berechnungen mit diesen Gruppen durchzuführen, gehen Sie genauso vor wie im Kapitel über »Aggregierungsfunktionen« erläutert: Sie fügen durch Klicken auf das Summensymbol die zusätzliche Zeile »Funktion:« ein und wählen die Funktion aus, die auf die einzelnen Gruppen angewendet werden soll.

Zur Praxis: Wollen Sie nach Artikeltypen gruppieren, benutzen Sie eine Abfrage mit der Tabelle »Artikel« und fügen das Feld »Typ« ein. Unter »Funktion:« (Klicken auf das Summensymbol nicht vergessen) wählen Sie »Gruppierung«.

Interessieren Sie sich für den durchschnittlichen Verkaufspreis der einzelnen Artikelgruppen und die jeweils vorhandene Stückzahl, fügen Sie zusätzlich die Felder »VK-Preis« und »Stück« ein und wenden darauf die Aggregierungsfunktionen **Mittelwert** und **Summe** an (Bild 11.12).

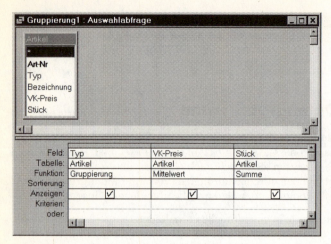

Bild 11.12:
Abfrage
»Grup-
pierung1«

Die Funktionen **Mittelwert** und **Summe** werden diesmal nicht auf alle ge-
fundenen Datensätze gemeinsam angewendet. Statt dessen faßt Access
zunächst alle Datensätze, die im Feld »Typ« einen identischen Eintrag aufweisen, zu einer Gruppe zusammen.

Anschließend werden die Aggregierungsfunktionen auf alle Sätze dieser
Gruppe angewendet, um den mittleren Verkaufspreis und die Gesamtstückzahl dieser Gruppe zu ermitteln. Danach werden diese Funktionen
auf die nächste Gruppe angewendet, um deren mittleren Verkaufspreis
und die Gesamtstückzahl zu ermitteln und so weiter. Die Aggregierungsfunktionen werden also auf jede Gruppe **separat** angewendet (Bild 11.13).

Vergleichen Sie dieses Abfrageergebnis mit der zugrundeliegenden Tabelle »Artikel«: Sie enthält im Feld »Typ« genau vier verschiedene Einträge,
»Drucker«, »Maus«, »Monitor« und »Notebook«. Entsprechend bildet Access vier Gruppen und faßt dabei die beiden Monitore »Nokia Multigraph
447b« und »Eizo 9070S« zu einer Gruppe zusammen. Die drei anderen
Gruppen enthalten jeweils nur einen einzigen Datensatz.

Die Aggregierungsfunktionen **Mittelwert** und **Summe** werden wie erläutert auf jede einzelne Gruppe separat angewendet: Das Abfrageergebnis
enthält daher den durchschnittlichen Verkaufspreis aller Drucker, aller

Gruppierung1 : Auswahlabfrage		
Typ	**Mittelwert von VK-Preis**	**Summe von Stück**
Drucker	1.295,00 DM	2
Maus	94,20 DM	5
Monitor	2.666,73 DM	6
Notebook	3.075,90 DM	4

Datensatz: 2 von 4

	Art-Nr	**Typ**	**Bezeichnung**	**VK-Preis**	**Stück**
	1	Maus	Logitech 83b	94,20 DM	5
	2	Monitor	Nokia Multigraph 447	3.196,70 DM	2
	3	Notebook	Sunrace Hyperbook	3.075,90 DM	4
	4	Monitor	Eizo 9070S	2.136,75 DM	4
	11	Drucker	Epson LQ850	1.295,00 DM	2
*	(toWert)			0,00 DM	0

Datensatz: 5 von 5

Bild 11.13:
Ergebnis der
Abfrage

Mäuse, aller Monitore und aller Notebooks. Das gleiche gilt für die ebenfalls nach Gruppen unterteilte Gesamtstückzahl der Artikel.

Die Gruppe »Monitor« zeigt, daß das Abfrageergebnis absolut korrekt ist: Die Summe des Feldes »Stück« beträgt für diese Gruppe sechs, da vom einen Monitortyp zwei und vom anderen vier vorhanden sind. Und der durchschnittliche Verkaufspreis der Monitore von 2666,73 DM ergibt sich aus dem Verkaufspreis 3.196,70 DM des Nokias plus den 2.136,75 DM des Eizos, dividiert durch zwei.

Noch einmal das Prinzip: Unter »Funktion« wählen Sie in jenem Feld »Gruppierung«, das als Kriterium für die Gruppenbildung verwendet werden soll. Anschließend bilden alle Sätze, die in diesem Feld den gleichen Inhalt besitzen, eine gemeinsame Gruppe. Aggregierungsfunktionen wie **Mittelwert** *werden nun* **auf jede Gruppe getrennt** *angewendet.*

259

12

Komfortable Datenerfassung und -bearbeitung mit Formularen

Ein Formular ist eine höchst individuelle Form der Tabellendarstellung. Sie bestimmen, ob darin jeweils ein einziger Datensatz angezeigt wird oder ähnlich wie in einem Tabellenblatt mehrere Sätze auf einmal.

Sie können die anzuzeigenden Felder beliebig positionieren und zusätzliche Grafikelemente wie Linien, Rechtecke und Bilder einbinden. Ein Formular kann sogar Windows-typische Elemente wie Kontrollkästchen oder Listenfelder enthalten, wodurch die Dateneingabe gegenüber einem Tabellenblatt erheblich vereinfacht werden kann.

12.1 Formulartypen und AutoFormulare

Voraussetzung für die Formularerzeugung ist, daß die zugrunde liegende Tabelle bzw. Abfrage momentan nicht im Entwurfsmodus geöffnet ist!

Um ein neues Formular zu erzeugen, wählen Sie EINFÜGEN I FORMULAR oder klicken auf das zugehörige Symbol der Symbolliste »Neues Objekt«; oder Sie aktivieren im Datenbankfenster das Register »Formular« und klicken auf die Schaltfläche »Neu«. Das Resultat ist immer gleich (Bild 12.1).

Sie selektieren nun die zu erstellende Formularart und im geschlossenen Listenfeld darunter die »Datenbasis«, also jene Tabelle bzw. Abfrage, deren Daten das Formular anzeigen soll. War vor Einleitung der Formularerzeugung im Datenbankfenster eine Tabelle oder Abfrage selektiert, nimmt Access an, daß Sie diese als Datenbasis verwenden wollen und gibt ihren Namen automatisch vor.

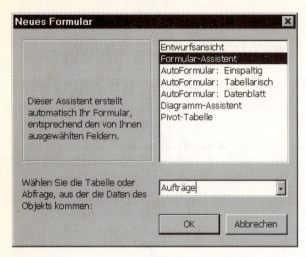

Bild 12.1:
Neues Formular
erstellen

»Entwurfsansicht« erzeugt ein leeres Formularblatt und öffnet es in der Entwurfsansicht. Anschließend müssen Sie die im Formular anzuzeigenden Tabellenfelder selbst einfügen.

Im Register »Formulare/Berichte« des Befehls EXTRAS I OPTIONEN... können Sie unter »Formularvorlage« den Namen eines beliebigen in Ihrer Datenbank enthaltenen Formulars angeben, das als Vorlage für neu erstellte Formulare verwendet werden soll. Bei der Erzeugung eines leeren Formulars werden anschließend folgende Eigenschaften des angegebenen Formulars übernommen: Die Ein-/Ausblendung von Kopf-/Fußzeilen und Seitenköpfen/-füßen; die Größe der einzelnen Formularabschnitte; die Standardeinstellungen von Steuerelementeigenschaften.

 »AutoFormular Einspaltig« erzeugt den am häufigsten verwendeten Formulartyp, ein »einspaltiges Formular«. Sie können ein solches Formular noch einfacher erzeugen, indem Sie im Datenbankfenster die interessierende Tabelle oder Abfrage selektieren und auf das abgebildete Symbol klicken, das sich in der Symbolliste »Neues Objekt« befindet. Angewandt auf die Tabelle »Kunden« wird folgendes Formular erzeugt und in der »Formularansicht« geöffnet (Bild 12.2).

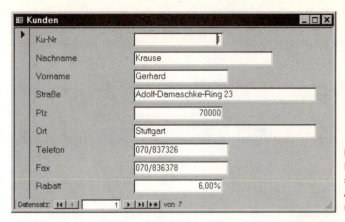

Bild 12.2:
Formular
»Kunden
AutoFor-
mular«

Wie Sie sehen, zeigt ein einspaltiges Formular genau einen Datensatz der zugrundeliegenden Tabelle/Abfrage an, im Beispiel eine Kundenadresse. Mit Hilfe der Navigationsschaltflächen am unteren Formularrand können Sie sich wie in Datenblättern zum nächsten bzw. zum vorhergehenden Datensatz bewegen. Mit ▶ gelangen Sie beispielsweise zum nächsten Datensatz und mit ◀ zum vorhergehenden.

»AutoFormular Datenblatt« erzeugt – ebenfalls angewandt auf die Tabelle »Kunden« – ein Formular, das in der Formularansicht genau einen Datensatz angezeigt. Allerdings befinden sich die einzelnen Felder nicht unter-, sondern analog zu Tabellendatenblättern nebeneinander, so daß der Datensatz in einer einzigen Zeile angezeigt wird (Bild 12.3).

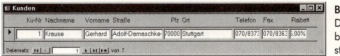

Bild 12.3:
Daten-
blattdar-
stellung

Diese Darstellungsform werden Sie wahrscheinlich selten einsetzen. Ganz im Gegensatz zur Variante »AutoFormular Tabellarisch« (Bild 12.4).

In »tabellarischen Formularen« wird zwar ebenfalls ein Datensatz in einer Zeile angezeigt. Im Gegensatz zu datenblattartigen Formularen wird dabei jedoch die Fensterhöhe ausgenutzt, um so viele Zeilen (und damit Datensätze) wie möglich untereinander anzuzeigen, so daß in diesem Formular ebenso wie in Tabellenblättern mehrere Sätze gleichzeitig sicht- und bearbeitbar sind.

Bild 12.4:
Tabellarische
Darstellung

 Alle Beispiele beziehen sich auf die »Formularansicht«. In der »Datenblattansicht« sehen alle Formulartypen gleich aus, und zwar genauso wie das Datenblatt einer Tabelle oder Abfrage!

12.2 Der Formularassistent

Einfache Formulare

Aktivieren Sie nach der Auswahl einer Tabelle/Abfrage wie »Kunden« die Option »Formularassistent«, wird der Formularassistent aktiviert (Bild 12.5).

Im ersten Schritt legen Sie fest, welche Tabellenfelder in welcher Reihenfolge im Formular erscheinen sollen. Das linke Listenfeld enthält alle verfügbaren Tabellenfelder. Das rechte Listenfeld steht stellvertretend für das zu erzeugende Formular und die Felder, die dieses enthalten soll.

Mit den Schaltflächen zwischen beiden Listenfeldern oder per Doppelklick verschieben Sie jene Felder vom linken in das rechte Listenfeld, die später im Formular erscheinen sollen (»>«: Feld von links nach rechts verschieben; »<«: Feld von rechts nach links verschieben; »>>«: alle Felder nach rechts verschieben; »<<«: alle Felder nach links verschieben).

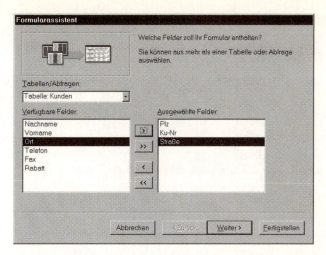

Bild 12.5:
Formularassistent, Schritt 1

Verschieben Sie auf diese Weise beispielsweise entsprechend der Abbildung zuerst »Plz«, danach »Ku-Nr« und anschließend »Straße« in das rechte Listenfeld, wird ein Formular erzeugt, das nur diese drei Felder enthält. Die restlichen Tabellenfelder erscheinen nicht darin.

Abgesehen von Spezialfällen wollen Sie jedoch sicher alle Tabellenfelder in ein Formular einbinden, und zwar üblicherweise in jener Reihenfolge, die diese Felder auch in der Tabelle besitzen. Dazu klicken Sie einfach auf »>>«.

Im mit »Weiter >« eingeleiteten zweiten Schritt legen Sie den Formulartyp fest (Bild 12.6).

Im dritten Schritt geht es um die Optik des Formulars, die Art und Weise, in der der Formularhintergrund und die darauf erscheinenden Daten präsentiert werden (Bild 12.7).

Die verschiedenen Varianten können Sie sehr einfach »erforschen«. Selektieren Sie im Listenfeld einen Formularstil, wird das rechts daneben abgebildete Beispiel sofort entsprechend aktualisiert.

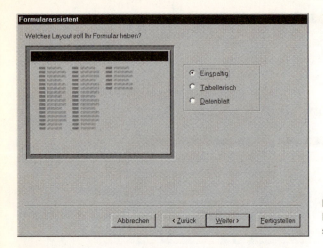

Bild 12.6:
Formularassistent, Schritt 2

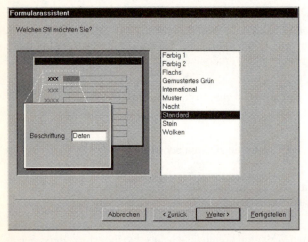

Bild 12.7:
Formularassistent, Schritt 3

Im vierten Schritt definieren Sie die Formularüberschrift, die im »Formularkopf« erscheint, und öffnen das Formular in der Formularansicht (»Das Formular öffnen«) oder (»Den Formularentwurf verändern«) in der Entwurfsansicht (Bild 12.8).

Welchen Titel soll Ihr Formular haben?

Kunden1

Dies sind alle Antworten, die der Assistent zur Erstellung Ihres Formulars benötigt.

Möchten Sie das Formular öffnen oder den Formularentwurf verändern?

(•) Das Formular öffnen.

( ) Den Formularentwurf verändern.

[ ] Soll Hilfe zum Arbeiten mit dem Formular angezeigt werden?

Abbrechen   < Zurück   Weiter >   Fertigstellen

Bild 12.8:
Formularassi-
stent, Schritt 4

Haupt- und Unterformulare

In einem Formular können Daten aus mehreren Tabellen oder Abfragen angezeigt werden. Dazu wird vom Assistenten in ein einspaltiges Formular (das »Hauptformular«), das die Datensätze einer Haupttabelle A anzeigt, ein tabellarisches Formular eingefügt (ein »Unterformular«), in dem die Datensätze einer Detailtabelle B angezeigt werden, die mit Tabelle A verknüpft ist. Mit dem Resultat, daß im Formular Daten aus zwei miteinander verknüpften Tabellen **gleichzeitig** angezeigt werden!

Das Hauptformular stellt in diesem Fall die 1- und das Unterformular die n-Seite der 1:n-Beziehung dar. Wird im Hauptformular ein Datensatz angezeigt, listet das Unterformular automatisch alle Datensätze der Detailtabelle auf, die mit diesem Satz der Haupttabelle verknüpft sind.

Als Beispiel bietet es sich an, ein Formular zu erstellen, das die Daten der Tabellen »Aufträge« und »Auftragspositionen« darstellt. Sie erinnern sich? »Aufträge« ist die Haupttabelle und »Auftragspositionen« die zugehörige Detailtabelle, die die einzelnen Bestellungen enthält, aus denen die Aufträge bestehen.

Die beiden Tabellen sind über eine gemeinsame Rechnungsnummer verknüpft, das Primärschlüsselfeld »Re-Nr« der Tabelle »Auftrag« (Typ »Auto-
Wert«), das in die Tabelle »Auftragspositionen« eingefügt wurde.

Ein erfaßter Auftrag besteht aus

▪ einem Datensatz in »Aufträge« mit einer von Access vergebenen Rechnungsnummer, der allgemeine Auftragsdaten wie die Kundennummer
 speichert.

▪ und mehreren Datensätzen mit identischer Rechnungsnummer (um
 die Beziehung zum Datensatz der Haupttabelle herzustellen) in der Tabelle »Auftragspositionen«, in denen jeweils eine Bestellung gespeichert ist.

Um einen Auftrag zu erfassen, benötigen Sie ohne Unterformulare zwei separate Formulare: eines zur Erfassung der Daten, die in der Tabelle »Aufträge« gespeichert werden; und ein zweites zur Erfassung der zugehörigen Auftragsdetails, der einzelnen Bestellungen, die in der Tabelle
»Auftragspositionen« gespeichert werden.

Sinnvoller wäre die Erstellung eines Formulars, das diese Beziehung wie-
dergibt, indem es zu jedem Auftrag im »Unterformular« automatisch die
zugehörigen Auftragspositionen anzeigt.

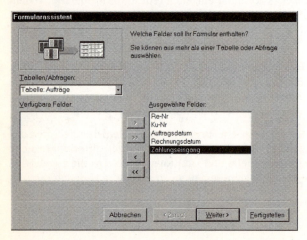

Bild 12.9:
Haupt-/Unterfor-
mular, Schritt 1

268

Erzeugen Sie dazu ein neues Formular mit dem Formularassistenten, und wählen Sie als Datenbasis die Tabelle »Aufträge« aus. Verschieben Sie im ersten Schritt bitte alle Felder dieser Tabelle in das rechte Listenfeld (Bild 12.9).

Selektieren Sie danach im Listenfeld von »Tabellen/Abfragen« die Tabelle »Auftragspositionen« und verschieben Sie auch die Felder dieser Tabelle in das rechte Listenfeld (Bild 12.10).

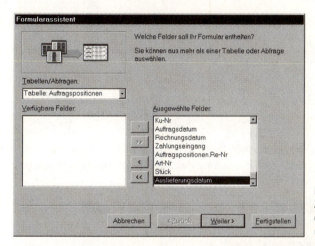

Bild 12.10: Zusätzliche Felder einer anderen Tabelle

Access weiß nun, daß Felder aus zwei verschiedenen Tabellen im Formular angezeigt werden sollen, aber noch nicht, in welcher Form Sie diese beiden »Datenquellen« miteinander kombinieren wollen. Das geben Sie im folgenden Schritt an (Bild 12.11).

Die Vorgabe »nach Aufträge« bedeutet, daß der Schwerpunkt der Darstellung auf dem Inhalt der Tabelle »Aufträge« liegen wird und die Tabelle »Auftragspositionen« als Detailtabelle behandelt wird, deren Daten in Form eines Unterformulars angezeigt werden. Da wir genau das wollen, lassen Sie die Vorgabe bitte unverändert.

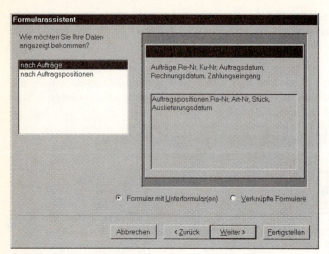

Bild 12.11:
Verknüpfung
festlegen

Lassen Sie auch »Formular mit Unterformular(en)« unverändert. Im nächsten Schritt legen Sie die Darstellung des ins Hauptformular integrierten Unterformulars fest (Bild 12.12).

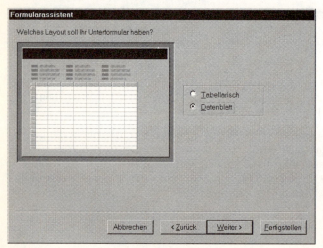

Bild 12.12:
Darstellung
des Unterformulars festlegen

Unterformulare können in einem Hauptformular nicht einspaltig ange-
zeigt werden, sondern nur entweder tabellarisch oder in Datenblattform.
Übernehmen Sie die Vorgabe »Datenblatt«, und legen Sie im folgenden
Schritt wieder die Formularoptik fest.

Im letzten Schritt bestimmen Sie die Überschriften **beider** Formulare, die
des Haupt- und die des Unterformulars (Bild 12.13).

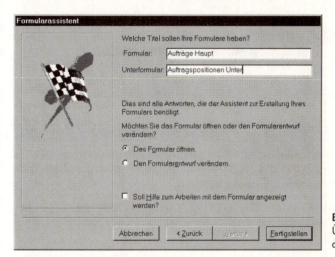

Bild 12.13:
Überschriften
definieren

Das Resultat sehen Sie im Bild 12.14.

Das Hauptformular zeigt genau einen Datensatz der Tabelle »Aufträge« an
und das darin eingebettete Unterformular mehrere Sätze der Tabelle »Auftragspositionen«.

In dieser Abbildung wird im Hauptformular momentan der zweite Datensatz der Tabelle »Aufträge« angezeigt, der die Rechnungsnummer 2 besitzt.

Das tabellarische Unterformular ist mit dem Hauptformular über das Feld
»Re-Nr« verknüpft und zeigt alle Datensätze der Tabelle »Auftragspositionen« an, die die gleiche Rechnungsnummer besitzen wie der momentan
im Hauptformular angezeigte Datensatz der Tabelle »Aufträge«.

271

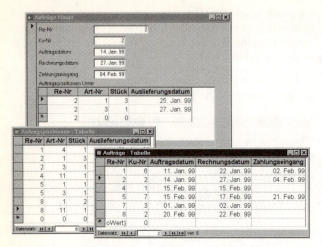

Bild 12.14:
Formulare
»Aufträge
Haupt« und
»Auftragsposi-
tionen Unter«

Im Unterformular werden daher automatisch die beiden zugehörigen Datensätze Nummer 2 und 3 der Tabelle »Auftragspositionen« angezeigt, die die gleiche Rechnungsnummer 2 besitzen.

Diese »Verknüpfung« des Haupt- mit dem Unterformular über das in beiden Formularen enthaltene Feld »Rechnungsnummer« erledigt der Formularassistent automatisch.

Voraussetzung dafür ist jedoch, daß mit EXTRAS | BEZIEHUNGEN... die Beziehung zwischen den beiden Tabellen definiert wurde und daß im ersten Schritt des Assistenten das verknüpfende Feld beider Tabellen in das Formular eingefügt wird. Nur dann kann der Assistent Haupt- und Unterformular korrekt miteinander verknüpfen!

Das Haupt- und das Unterformular besitzen eigene Navigationssymbole. Mit den unteren Symbolen blättern Sie im Hauptformular. Klicken Sie auf ▶, wird der nächste Datensatz der Tabelle »Aufträge« angezeigt.

Im Unterformular werden dabei immer **alle** zugehörigen Datensätze der Tabelle »Auftragspositionen« aufgelistet, also jene Sätze, die im verknüpften Feld »Re-Nr« den gleichen Inhalt wie der im Hauptformular angezeigte Satz enthalten.

Das Unterformular enthält eigene Navigationsschaltflächen, mit denen Sie zur nächsten/vorhergehenden Bestellung blättern können. Das ist vor allem dann wichtig, wenn zu einem Auftrag mehr Bestellungen vorliegen als im Beispiel und im relativ kleinen Unterformular daher nicht alle gleichzeitig angezeigt werden können. Dann können Sie die Unterformular-Navigationsschaltflächen benutzen, um sich die restlichen Bestellungen anzusehen, die zum aktuellen Auftrag gehören.

 Um einen neuen Auftrag zu erfassen, aktivieren Sie das Hauptformular durch Anklicken irgendeines darin enthaltenen Felds und gehen ans Ende der Tabelle, zum ersten leeren Datensatz.

Im Hauptformular tragen Sie anschließend die Kundennummer, das Auftragsdatum und alle anderen momentan bereits feststehenden Informationen ein. Befinden Sie sich im untersten Feld »Zahlungseingang« und drücken Sie $\boxed{\Large\leftarrow}$ oder $\boxed{\leftarrow}$, gelangen Sie ins erste Feld »Re-Nr« des ersten Datensatzes des Unterformulars (Bild 12.15).

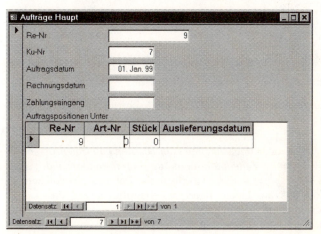

Bild 12.15: Erfassen eines neuen Auftrags

Im Hauptformular hat Access inzwischen im Feld »Re-Nr« automatisch einen neuen Zählerwert eingetragen, also eine neue Rechnungsnummer.

Diese Rechnungsnummer, die die beiden Formulare verknüpft, wurde zusätzlich automatisch im entsprechenden Feld des ersten Datensatzes des Unterformulars vorgegeben.

Sie geben anschließend die Artikelnummer, die Stückzahl und – wenn Sie den Artikel sofort ausliefern – das Auslieferungsdatum ein. Mit ⟨↹⟩ oder ▶ beenden Sie die Eingabe und blättern gleichzeitig zum nächsten Datensatz des Unterformulars weiter (Bild 12.16).

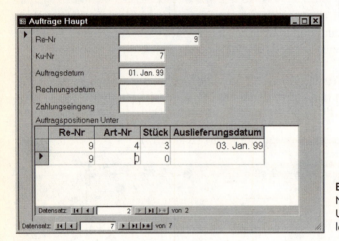

Bild 12.16:
Nächster
Unterformu-
lar-Datensatz

Access gibt in dem neuen Datensatz automatisch wieder die Rechnungsnummer vor.

 Sie haben zwei Möglichkeiten zum Löschen von Datensätzen: Anklicken eines Zeilenmarkierers im Unterformular und ⟨Entf⟩ löscht den betreffenden Unterformular-Datensatz. Anklicken des Markierers am linken Rand des Hauptformulars und ⟨Entf⟩ löscht den momentan angezeigten Satz des Hauptformulars und zusätzlich alle momentan angezeigten und damit verknüpften Sätze des Unterformulars, außer dem Auftrag also auch die einzelnen Bestellungen, aus denen er besteht!

Im Datenbankfenster befinden sich nun übrigens zwei Formulare:

▨ das Unterformular mit einem Namen wie »Auftragspositionen Unter«, das die Datensätze der Tabelle »Auftragspositionen« in Datenblattform anzeigt

▨ und das Hauptformular, das beispielsweise den Namen »Aufträge Haupt« besitzt und das nicht nur die Datensätze der Tabelle »Auftragspositionen« einspaltig anzeigt, sondern zusätzlich auch die zugehörigen Bestellungen, da das Formular »Auftragspositionen Unter« als Unterformular darin enthalten ist.

Verknüpfte Formulare

Hätten Sie im zweiten Schritt statt »Formular mit Unterformular(en)« die Option »Verknüpfte Formulare« gewählt, würde das Resultat so ausfallen (Bild 12.17).

Bild 12.17:
Verknüpfte
Formulare

Access erstellt erneut zwei Formulare, jedoch ohne Formular B in Formular A einzufügen. Statt dessen werden in die sogenannten »Formularmodule« der beiden Formulare Makros oder VBA-Programme eingefügt, die eine Verknüpfung oder besser »Synchronisation« der beiden Formulare bewirken: Das Auftragsformular A enthält eine Schaltfläche, die das Formular B mit den zugehörigen Details öffnet (bzw. bei erneutem Anklicken wieder schließt).

Im Formular B werden jedoch nicht alle Auftragspositionen angezeigt, sondern nur jene, die die gleiche Auftragsnummer besitzen wie der momentan im Auftragsformular aktive Datensatz.

Anders ausgedrückt: Egal, welcher Auftragsdatensatz in Formular A aktiv ist, ist Formular B geöffnet, werden darin immer die zugehörigen Auftragsdetails angezeigt, ebenso, wie das bei einem in A eingefügten Unterformular der Fall wäre.

12.3 Umgang mit Formularen

Nach dem Erstellen eines neuen Formulars wird darin in der Formularansicht der erste Datensatz der zugrundeliegenden Tabelle angezeigt. Sie können sofort damit beginnen, dieses Formular wie nachfolgend erläutert zu benutzen. Ich erläutere dabei nur die speziell für Formulare gedachten Techniken, da zum Sortieren, Filtern etc. die gleichen Befehle wie bei Tabellen und Abfragen verwendet werden.

Nach dem Schließen können Sie ein Formular jederzeit durch Selektion des zugehörigen Eintrags im Datenbankfenster und Aktivierung der Schaltfläche »Öffnen« in der Formularansicht öffnen (schneller: Doppelklick auf den Eintrag) bzw. durch Aktivierung der Schaltfläche »Entwurf« in der Entwurfsansicht.

Analog zu Tabellen und Abfragen können Sie nach dem Öffnen eines Formulars jederzeit zwischen den verschiedenen Ansichten umschalten. ANSICHT | ENTWURFSANSICHT bzw. das entsprechende Symbol der Ansichts-Symbolleiste aktiviert den erst später besprochenen Formularentwurfsmodus.

ANSICHT | DATENBLATTANSICHT bzw. das zugehörige Symbol aktiviert die auch für Formulare verfügbare Datenblattansicht, die mit dem Datenblatt einer Tabelle oder Abfrage identisch ist.

 ANSICHT | FORMULARANSICHT bzw. das zugehörige Symbol aktiviert wieder die Formularansicht.

 Ist ein Feld eines Unterformulars fokussiert, können Sie mit dem nur dann verfügbaren Befehl ANSICHT | UNTERFORMULARDATENBLATT die Datenblattansicht für dieses Unterformular aktivieren bzw. durch erneute Wahl des Befehls wieder deaktivieren.

Um in der Formularansicht den kompletten Datensatz zu löschen, markieren Sie ihn durch Klicken auf die schmale Markierspalte am linken Rand des Formularfensters (Tastatur: BEARBEITEN | DATENSATZ MARKIEREN) und drücken danach `Entf`. BEARBEITEN | ALLE DATENSÄTZE MARKIEREN markiert alle Sätze, obwohl weiterhin nur der aktuelle Satz angezeigt wird.

Mit den Unterbefehlen des Befehls BEARBEITEN | GEHE ZU springen Sie zum ersten, letzten, nächsten, vorhergehenden oder zu einem neuen Datensatz. Alternativ dazu können Sie sich statt dessen durch Anklicken der Symbole am unteren Formularrand bewegen. Mit ▶ gelangen Sie zum nächsten Satz, mit ◀ zum vorhergehenden, ▶| springt zum letzten und |◀ zum ersten Satz der Tabelle.

Um einen neuen Satz einzutragen, springen Sie mit ▶＊ zum ersten leeren Satz der Tabelle (Alternative: BEARBEITEN | GEHE ZU | NEUEM oder EINFÜGEN | NEUER DATENSATZ wählen bzw. auf das zugehörige Symbol klicken). Geben Sie die gewünschten Daten ein und beenden Sie die Eingabe durch Verlassen dieses Satzes mit einer der soeben beschriebenen Möglichkeiten, zum Beispiel mit ▶＊, wenn Sie sofort darauf einen weiteren Satz eintragen wollen.

DATENSÄTZE | DATEN EINGEBEN unterdrückt wie beim Datenblatt von Tabellen die Anzeige der bereits vorhandenen Datensätze. Sie sind nun im Datensatzeingabemodus, in dem Sie ausschließlich neue Sätze eingeben können. Die in der Maske angezeigten Felder sind leer. Sie geben den ersten zusätzlichen Datensatz ein und klicken auf ▶∗. Die Felder werden erneut gelöscht und Sie können den nächsten Satz eingeben. Wollen Sie wieder alle Datensätze sehen, wählen Sie DATENSÄTZE | FILTER/SORTIERUNG ENTFERNEN.

13 Das Layout von Formularen gestalten

In der Entwurfsansicht können Sie das Layout von Formularen mit verschiedensten Werkzeugen verändern: Sie können Formularelemente verschieben, verkleinern oder vergrößern, ihnen andere Schriftarten oder -größen zuweisen; oder all das Access überlassen und dem Formular eines von mehreren »AutoFormaten« zuweisen.

13.1 Die Entwurfsansicht

In der Entwurfsansicht präsentiert sich das Formular »Kunden AutoFormular« nach dem Vergrößern des Entwurfsfensters so (Bild 13.1).

Bild 13.1:
Formular-Entwurfs-
ansicht

Ganz unten in dieser Abbildung befindet sich die »Toolbox«-Symbolleiste, die ich in Kürze erläutere, und die Sie vorläufig einfach ausblenden können (Befehl ANSICHT | TOOLBOX wählen bzw. Toolbox-Fenster schließen).

In der Formularansicht wird der gesamte durch ein Raster unterlegte Bereich angezeigt. Sie können die Formularbreite verändern, indem Sie den rechten Formularrand anklicken (der Mauscursor ändert am Formularrand seine Form und wird zu einem Doppelpfeil) und den Rand bei gedrückter Maustaste nach rechts oder links ziehen. Analog dazu können Sie die Länge des Formulars verändern, indem Sie am unteren Formularrand ziehen (Bild 13.2).

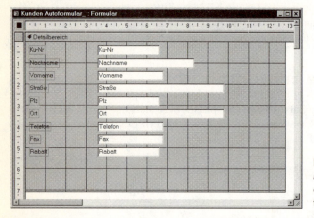

Bild 13.2:
Manipulation der Formulargröße

Für diese Abbildung zog ich den rechten Rand weiter nach rechts, verbreiterte das Formular also, und zog den unteren Rand weiter nach unten, um das Formular zu verlängern.

Die neue Formulargröße wirkt sich erst beim Schließen aus. Access fragt, ob die am Entwurf vorgenommenen Änderungen gespeichert werden sollen. Antworten Sie mit »Ja« und öffnen Sie das Formular danach erneut, und zwar in der Formularansicht. Access paßt die Fenstergröße beim Öffnen **automatisch** an die neue Formulargröße an (Bild 13.3).

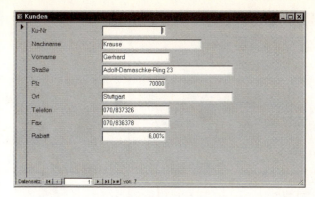

Bild 13.3:
Auswirkungen
nach dem Schlie-
ßen und erneu-
ten Öffnen

Formulare können aus mehreren Bereichen bestehen und außer dem **immer** vorhandenen »Detailbereich« beispielsweise einen »Formularkopf« und einen »Formularfuß« enthalten:

- Der »Detailbereich« ist für die Anzeige des aktuellen Datensatzes verantwortlich; jedes darin enthaltene Feld zeigt in der Formularansicht den Inhalt des korrespondierenden Felds der zugrundeliegenden Tabelle an.

- Bei tabellenartigen Formularen werden bekanntlich mehrere Datensätze gleichzeitig angezeigt. Dazu wird der Inhalt des Detailbereichs in der Formularansicht – abhängig von der aktuellen Fenstergröße – mehrfach untereinander ausgegeben, wobei jede »Wiederholung« den jeweils folgenden Datensatz anzeigt.

- Den »Formularkopf« kann eine Überschrift wie »Kunden« enthalten oder Zusatzinformationen wie das aktuelle Datum und die Uhrzeit.

- Der »Formularfuß« kann ebenfalls zusätzliche Objekte wie Hinweistexte oder berechnete Felder enthalten.

 Wählen Sie bitte ANSICHT | FORMULARKOPF/-FUß oder klicken Sie auf das zugehörige Symbol, um den Formularkopf und den Formularfuß einzublenden (Bild 13.4).

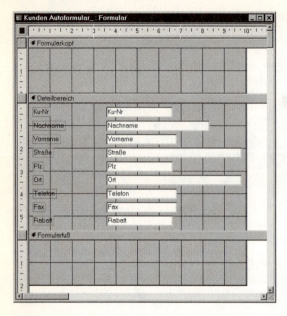

Bild 13.4:
Formularkopf/-fuß

Die verschiedenen Bereiche sind durch beschriftete Balken (»Formular-kopf«, »Detailbereich« und »Formularfuß«) voneinander abgegrenzt. Au-ßer der Formulargröße selbst können Sie auch die Größe der Bereiche verändern, indem Sie auf die **Oberkante** eines der Balken klicken und ihn nach oben bzw. nach unten ziehen (Ausnahme: Den Balken »Formular-kopf« können Sie nicht verschieben, da der Formularkopf **immer** am obe-ren Formularrand beginnt).

Ziehen Sie beispielsweise den Balken »Detailbereich« nach oben/unten, wird dadurch der Kopfbereich darüber entsprechend verkleinert/vergrö-ßert. Ziehen Sie am Balken »Formularfuß«, wird der darüberliegende De-tailbereich verkleinert/vergrößert. Um den Formularfuß zu verkleinern/vergrößern, ziehen Sie den unteren Formularrand nach oben/unten.

Die folgende Abbildung zeigt, wie sich diese beiden zusätzlichen Bereiche auf die Optik des Formulars auswirken (Bild 13.5).

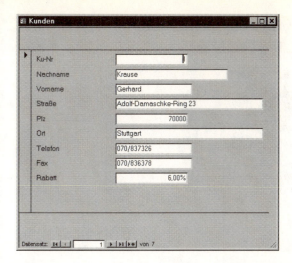

Bild 13.5:
Auswirkungen

Sowohl unter als auch oberhalb des Detailbereichs, in dem der aktuelle Datensatz angezeigt wird, befindet sich ein Leerraum. Sie können diese Bereiche nutzen, um darin zusätzliche Elemente einzufügen.

Um das auszuprobieren, aktivieren Sie in der Entwurfsansicht den Bereich »Formularkopf«. Dazu klicken Sie einfach auf irgendeine Stelle dieses Bereichs, also auf einen beliebigen Punkt zwischen den beiden Balken »Formularkopf« und »Detailbereich«. Sie können auch auf den Balken selbst klicken oder auf den zugehörigen »Knopf« am linken Fensterrand.

Der Balken »Formularkopf« ändert seine Farbe, um Sie darauf hinzuweisen, daß nun der gleichnamige Bereich aktiv ist. Wählen Sie nun bitte EIN-FÜGEN | DATUM UND UHRZEIT..., und klicken Sie im zugehörigen Dialogfeld auf »OK«, ohne die vorselektierten Optionen zu verändern (Bild 13.6).

In den momentan aktiven Bereich »Formularkopf« wird entsprechend der Abbildung ein Element eingefügt, das für die Anzeige des aktuellen Datums und der Uhrzeit zuständig ist. Aktivieren Sie bitte die Formularansicht (Bild 13.7).

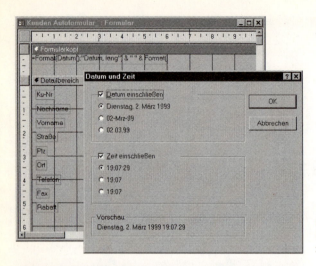

Bild 13.6:
Datum und Uhrzeit einfügen

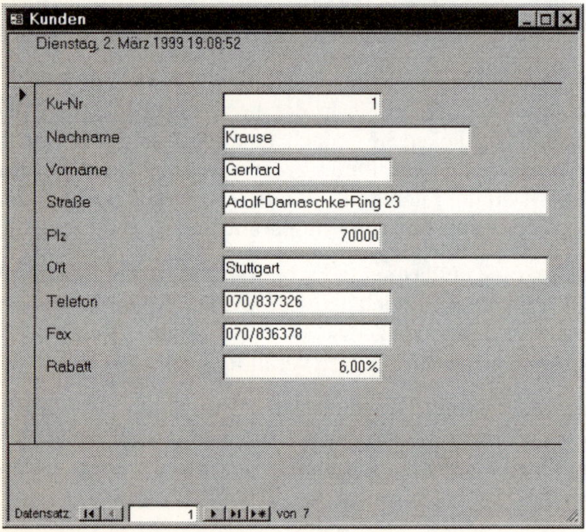

Bild 13.7:
Datums- und Zeitanzeige

*Ist wie im Beispiel der Fußbereich leer, ist die dünne Linie, die diesen Bereich vom Detailbereich abhebt, ziemlich störend. Um das zu ändern, ziehen Sie in der Entwurfsansicht den unteren Formularrand nach oben, bis zur Unterkante des Balkens »Formularfuß«. Dadurch verringern Sie die Größe des Fußbereichs auf »0«. Nach dem Schließen (inklusive dem Speichern der Änderungen) und erneuten Öffnen wird die Formulargröße wieder automatisch angepaßt und die Begrenzungslinie nicht mehr angezeigt. Dennoch ist sie noch vorhanden, und Sie können den Formularfuß wieder auf ein sichtbares Maß vergrößern, indem Sie in der Entwurfsansicht auf die **Unterkante** von »Formularfuß« klicken und die Maus nach unten ziehen.*

Alternativ zum Formularkopf/-fuß oder auch zusätzlich zu ihm können Sie mit ANSICHT | SEITENKOPF/-FUß oder dem zugehörigen Symbol zwei weitere Bereiche ein- bzw. auch wieder ausblenden (Bild 13.8).

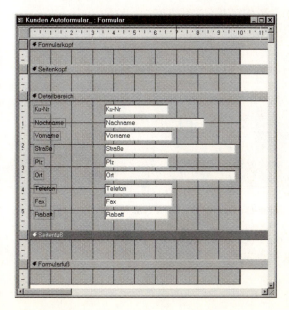

Bild 13.8:
Seitenkopf/-fuß einblenden

Objekte, die sich in den Bereichen »Seitenkopf« und »Seitenfuß« befinden, erscheinen in der Formularansicht **nicht** auf dem Bildschirm, werden dafür jedoch beim Ausdruck von Formularen am oberen (Seitenkopf) bzw. unteren (Seitenfuß) Rand **jedes einzelnen Blattes** ausgedruckt. Die Größe beider Bereiche können Sie wieder durch Ziehen an den **Oberkanten** der zugehörigen Balken bzw. am unteren Formularrand verändern.

13.2 AutoFormate

Die AutoFormatieren-Funktion ermöglicht es, einem Formular oder einigen der darin enthaltenen »Steuerelementen« eines von vielen vorgegebenen »Formatierungsschemata« zuzuweisen. Dazu wählen Sie in der Entwurfsansicht den Befehl FORMAT | AUTOFORMAT... bzw. klicken auf das zugehörige Symbol (Bild 13.9).

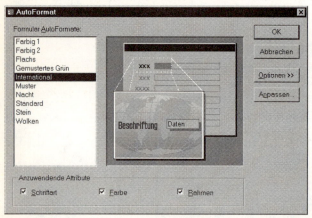

Bild 13.9:
Formatierungs-
schemata

Das Dialogfeld zeigt die verschiedenen Formatvarianten. Sie können nun eine dieser Varianten auswählen und sie inklusive dem jeweils angezeigten Hintergrundbild dem Formular zuweisen. Die Optik aller Steuerelemente wird sofort an die betreffende Variante angepaßt (Bild 13.10).

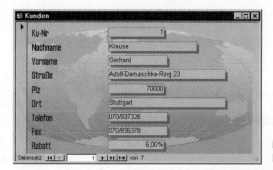

Bild 13.10:
Formatierungsresultat

»Optionen >>« erweitert das Dialogfeld um die Anzeige der drei Kontrollkästchen. Mit ihnen steuern Sie, ob alle »Formatattribute« übertragen
werden sollen oder nicht. Lassen Sie beispielsweise nur »Schriftart« aktiviert und deaktivieren Sie »Farbe« und »Rahmen«, wird nur die zum ausgewählten Format gehörende Schriftart auf die Formularelemente übertragen. Die Farbe dieser Elemente und ein eventuell um sie gelegter Rahmen
bleiben dagegen erhalten.

Selektieren Sie vor der Wahl von FORMAT I AUTOFORMAT... eines oder mehrere Steuerelemente durch Anklicken, werden nur diese ausgewählten
Elemente beeinflußt und auch kein Hintergrundbild verwendet (Bild
13.11).

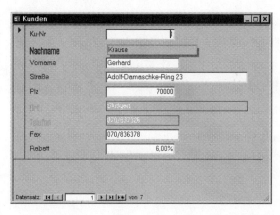

Bild 13.11:
Einzelne Steuerelemen-
te formatieren

Zunächst selektierte ich durch Anklicken »Nachname«, wählte FOR-
MAT|AUTOFORMAT... und wies dem Element ein Format zu. Danach selek-
tierte ich »Ort« und »Telefon« und wies diesen Steuerelementen ein anderes Format zu.

Die Schaltfläche »Anpassen...« des »AutoFormat«-Dialogfelds ermöglicht
Ihnen die Definition eigener Formate (Bild 13.12).

Bild 13.12:
Autoformate anpassen

Die Option »Ein neues...« erzeugt ein neues AutoFormat, das einen von Ihnen anzugebenden Namen wie »MyStyle« bekommt und die Formatierungen des momentan geöffneten Formulars enthält.

Die zweite Option ändert ein bestehendes Format, da dem zuvor in der Liste selektierten Format die aktuellen Formularformatierungen zugewiesen werden.

Die letzte Option löscht das zuvor in der Liste selektierte Format wieder,
beispielsweise das eigendefinierte Format »MyStyle«.

13.3 Werkzeuge

Jeder in der Formular-Entwurfsansicht sichtbare Text und jedes Feld ist
ein Objekt, ein »Steuerelement«, das Sie unabhängig von allen anderen
Objekten manipulieren können. Dabei sind verschiedene Hilfsmittel oder
»Werkzeuge« sehr nützlich, die Sie bei Bedarf jederzeit ein- und wieder
ausblenden können.

Sie können jederzeit weitere Objekte in ein Formular einfügen. Dazu benötigen Sie die »Toolbox«-Symbolleiste, die Sie mit dem Befehl ANSICHT | TOOLBOX bzw. mit dem zugehörigen Symbol ein- oder ausblenden können (Bild 13.13).

Bild 13.13:
Toolbox

Um eines dieser Steuerelemente in das Formular einzufügen, klicken Sie zuerst auf das gewünschte Symbol und danach im Formular dorthin, wo es eingefügt werden soll.

Access fügt es automatisch in einer Standardgröße ein. Anschließend können Sie seine Position, seinen Inhalt oder seine Größe manipulieren.

Sie können auch bereits beim Einfügen die Objektgröße festlegen, indem Sie nach dem Klicken auf das Formular die Maustaste weiter gedrückt halten und die Maus in eine beliebige Richtung ziehen. Die aktuelle Ausdehnung des Objekts wird während des Ziehvorgangs durch einen Rahmen angezeigt, der entsprechend vergrößert oder verkleinert wird.

Möglicherweise fügten Sie bei der Formularerzeugung nicht alle benötigten Tabellenfelder ein. Mit ANSICHT | FELDLISTE oder dem zugehörigen Symbol können Sie die Feldliste der zugrundeliegenden Tabelle/Abfrage ein- oder ausblenden und die benötigten Tabellenfelder mit ihrer Hilfe nachträglich einfügen (Bild 13.14).

Wie bei Feldlisten von Abfragen ziehen Sie einfach den betreffenden Feldnamen zu jener Stelle im Formular, an der Sie ihn einfügen wollen. Auf diese Weise fügte ich in der Abbildung das an sich bereits vorhandene Feld »Nachname« ein weiteres Mal ins Formular ein.

Die »Tabulatorreihenfolge« bestimmt, in welcher Reihenfolge die einzelnen Felder »fokussiert« werden, wenn Sie mehrmals nacheinander ⭲ drücken. Diese Reihenfolge werden Sie häufig verändern müssen, wenn Sie wie in den folgenden Kapiteln erläutert Formularfelder verschieben (Bild 13.15).

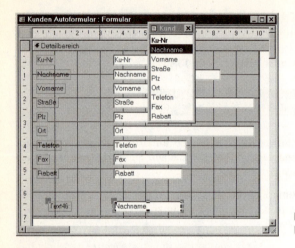

Bild 13.14:
Die Feldliste

Bild 13.15:
Tabulatorreihenfolge

Das Feld »Rabatt« von »Kunden AutoFormular«, das sich ursprünglich ganz unten befand, verschob ich nach oben, zwischen »Ku-Nr« und »Nachname«. Dadurch ändert sich jedoch nur die optische Feldreihenfolge, nicht die Tabulatorreihenfolge: Nach Aktivierung der Formularansicht befindet sich der Cursor zunächst im Feld »Ku-Nr«. Drücken Sie ⇥, wird »Rabatt« einfach übersprungen und »Nachname« fokussiert.

»Rabatt« wird wie im Originalformular erst fokussiert, wenn das unterste Feld »Fax« fokussiert ist und Sie erneut ⌐⇥⌐ drücken.

 Um die Tabulatorreihenfolge an die geänderte Feldreihenfolge anzupassen, aktivieren Sie die Entwurfsansicht und wählen AN-SICHT | AKTIVIERREIHENFOLGE... bzw. benutzen das zugehörige Symbol.

Durch Aktivierung der zugehörigen Option können Sie wahlweise die Reihenfolge für die Felder des Formularkopfs oder des Formularfußes oder des Detailbereichs festlegen. Aktivieren Sie eine dieser Optionen, wird die Aktivierreihenfolge der momentan darin enthaltenen Felder angezeigt.

Die abgebildete Reihenfolge entspricht der ursprünglichen Feldreihenfolge im Originalformular »Kunden AutoFormular«. Um sie an die geänderte Formularoptik anzupassen, klicken Sie entsprechend den Hinweisen im Dialogfeld zunächst auf den Markierer des Felds »Rabatt«, das kleine Kästchen am linken Rand der Zeile. Die gesamte Zeile wird markiert und kann anschließend durch erneutes Anklicken des Markierers und Ziehen mit der Maus zwischen »Ku-Nr« und »Nachname« verschoben werden (Bild 13.16).

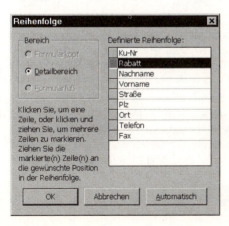

Bild 13.16:
Anpassen der Tabulatorreihenfolge

Jedes Steuerelement und jeder Formularbereich besitzt verschiedene »Eigenschaften«. Zur Manipulation dieser Eigenschaften benötigen Sie das »Eigenschaften-Dialogfenster«, das Sie mit dem Befehl ANSICHT | EIGENSCHAFTEN bzw. durch Anklicken des zugehörigen Symbols öffnen und schließen (Bild 13.17).

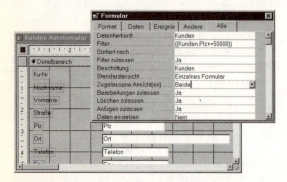

Bild 13.17:
Das Eigenschaften-
fenster

Die Eigenschaften sind in Kategorien eingeteilt, so daß Sie sich wahlweise »Alle« oder nur bestimmte Eigenschaften des ausgewählten Objekts wie »Format« anzeigen lassen können.

In der Titelleiste des Fensters informiert Sie Access über die Art und den Namen des Objekts, dessen Eigenschaften gerade angezeigt werden. Ist noch kein Steuerelement selektiert, werden zunächst die Eigenschaften des Formulars selbst angezeigt und in der Titelleiste steht entsprechend »Formular«.

Beispielsweise ist die Formulareigenschaft »Standardansicht« dafür verantwortlich, ob ein Formular ein einspaltiges »Einzelnes Formular« ist oder ein tabellarisches »Endlosformular«. Durch Ändern dieser Einstellung können Sie jederzeit aus einem Einzel- ein Endlosformular machen und umgekehrt.

Um die Eigenschaften eines anderen Objekts zu beeinflussen, beispielsweise des Textfelds »Nachname«, klicken Sie es einfach an.

Um die Eigenschaften eines Bereichs anzuzeigen, klicken Sie auf den zugehörigen Balken, beispielsweise auf »Formularfuß« oder den zugehörigen Knopf links daneben (oder auf irgendeine leere Stelle im betreffenden Bereich).

Um wieder die Eigenschaften des Formulars selbst anzuzeigen, klicken Sie auf den Knopf in der linken oberen Ecke, der sich zwischen dem horizontalen und dem vertikalen Lineal befindet (oder auf irgendeine Stelle außerhalb des durch die rechte bzw. linke Randlinie gekennzeichneten Formularbereichs).

 Ist das Eigenschaftenfenster geschlossen, können Sie es durch einen Doppelklick auf das interessierende Objekt öffnen, dessen Eigenschaften daraufhin sofort angezeigt werden.

 Bei der exakten Positionierung von Objekten helfen Ihnen die beiden Lineale, die Sie mit ANSICHT | LINEAL bzw. dem zugehörigen Symbol aus- oder einblenden können.

Ab jetzt werde ich die Lineale übrigens meist ausblenden, um die Übersichtlichkeit der Abbildungen zu erhöhen.

 Sehr nützlich ist auch das Raster, das Sie mit ANSICHT | RASTER oder dem zugehörigen Symbol aus- bzw. wieder einblenden können.

Sind Ihnen die Rasterlinien zu grob, ändern Sie die Voreinstellung der Formulareigenschaften »Raster X« und »Raster Y«. Geben Sie kleinere Werte als »6« ein, beispielsweise »5«, werden die groben »Rasterblöcke« durch entsprechend viele »Rasterpunkte« in horizontaler bzw. in vertikaler Richtung unterteilt (Bild 13.18).

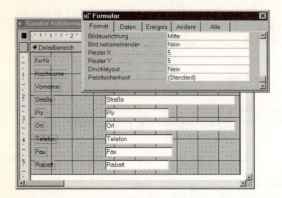

Bild 13.18:
Rasterpunkte

13.4 Steuerelemente

Um ein Steuerelement zu manipulieren, müssen Sie es zunächst auswählen oder »selektieren«. Zum Beispiel, indem Sie es im Listenfeld des abgebildeten Symbols auswählen (die Liste enthält alle Steuerelemente und alle Bereiche des Formulars) oder einfach darauf klicken, beispielsweise auf das Feld »Ku-Nr« des Formulars »Kunden AutoFormular« (Bild 13.19).

Bild 13.19:
Textfeld und zugeordnetes Bezeichnungsfeld selektieren

Um das selektierte Textfeld herum erscheinen »Anfasser«. Zusätzlich erscheint auch am zugehörigen »Bezeichnungsfeld« links daneben ein Anfasser, um anzuzeigen, daß beide Felder zusammengehören.

Klicken Sie nicht auf das Text-, sondern auf das Bezeichnungsfeld, wird genau umgekehrt dieses Objekt von Anfassern umgeben und ein einzelner Anfasser erscheint am zugehörigen Textfeld.

Sie können beliebig viele Objekte gleichzeitig selektieren: Sie selektieren das erste Objekt, drücken die ⇧-Taste, während Sie das zweite Objekt anklicken, drücken diese Taste erneut, während Sie das dritte Objekt anklicken und so weiter.

Sind die Objekte benachbart, gibt es eine schnellere Methode: Sie bewegen den Mauspfeil zu einer Stelle links oberhalb des obersten Objekts, drücken die linke Maustaste und halten sie gedrückt, während Sie die Maus zum rechten unteren Objekt ziehen. Während Sie die Maus bewegen, erscheint ein rechteckiger Rahmen (Bild 13.20).

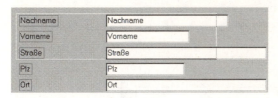

Bild 13.20:
Selektionsrahmen

Lassen Sie die Maustaste los, sind alle Objekte selektiert, die dieser Rahmen einschließt oder auch nur berührt (Bild 13.21).

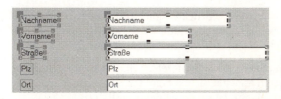

Bild 13.21:
Benachbarte Objekte
selektieren

Eine weitere Technik besteht darin, den Mauscursor zum horizontalen oder zum vertikalen Lineal zu bewegen, wo er seine Form ändert und zu einem Pfeil wird. Drücken Sie die linke Maustaste, erscheint eine Selektionslinie (Bild 13.22).

Bild 13.22:
Selektionslinie

Lassen Sie die Maustaste los, werden alle von dieser Linie berührten Objekte selektiert (Bild 13.23).

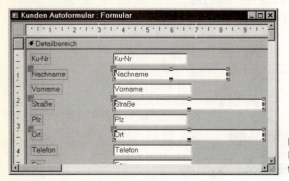

Bild 13.23:
Erfaßte Objekte selektieren

Sie können die Linie auch bei gedrückter Maustaste nach rechts oder links ziehen; in der Linealzeile wird daraufhin der Bereich markiert, den die Selektion nun umfaßt, wenn Sie die Maustaste loslassen.

Drücken Sie beim Selektieren eines Steuerelements oder eines Bereichs die rechte statt der linken Maustaste, erscheint ein Kontextmenü, das die wichtigsten Befehle zur Manipulation des Objekts enthält (Bild 13.24).

Bild 13.24:
Kontextmenü

[Entf] löscht die momentan selektierten Objekte. Beachten Sie dabei bitte, daß Text- **und** zugehöriges Bezeichnungsfeld gelöscht werden, wenn zuvor das Textfeld selektiert (angeklickt) wurde! Um nur das Bezeichnungsfeld zu löschen, müssen Sie zuvor dieses anklicken.

 BEARBEITEN I DUPLIZIEREN erzeugt genau umgekehrt eine Kopie des Objekts. Mit diesem Befehl können Sie mehrere Objekte erzeugen, die einen gleichmäßigen Abstand voneinander besitzen: Sie erzeugen das erste Duplikat, ziehen es an die gewünschte Position und wählen erneut BEARBEITEN I DUPLIZIEREN. Das zweite Duplikat befindet sich genauso weit vom ersten entfernt, wie dieses vom Original entfernt ist. Wählen Sie erneut BEARBEITEN I DUPLIZIEREN, wird ein drittes Duplikat erzeugt, das sich im gleichen Abstand vom zweiten Duplikat befindet und so weiter.

Bewegen Sie den Mauspfeil an den Rändern eines selektierten Objekts entlang, ändert er ständig seine Form: Befindet er sich auf einem der sieben kleinen Anfasser, wird er zu einem Doppelpfeil, der – an einem der rechten bzw. linken Anfasser – vertikal ausgerichtet ist, an einem der oberen/unteren Anfasser dagegen horizontal; auf einem der Eckanfasser ist er schräg ausgerichtet.

Auf dem großen Anfasser (und auch auf dem großen Anfasser eines eventuell zugehörigen Objekts) wird der Mauscursor zu einer Hand mit ausgestrecktem Zeigefinger und **zwischen** den Anfassern zu einer Hand mit fünf ausgestreckten Fingern.

Jede dieser Cursorformen symbolisiert eine andere Funktion:

- Doppelpfeil: Objektgröße verändern; bei vertikaler Pfeilausrichtung die Objektbreite, bei horizontaler Ausrichtung die Objekthöhe, und bei schräger Ausrichtung Höhe und Breite gleichzeitig

- Hand mit ausgestrecktem Zeigefinger: Objektposition verändern

- Hand mit fünf ausgestreckten Fingern: Position dieses Objekts **und des zugeordneten Objekts** verändern

Selektieren Sie das Textfeld »Ku-Nr«, und bewegen Sie den Mauspfeil zum Anfasser an der rechten unteren Objektecke, wird er zu einem schräg ausgerichteten Doppelpfeil. Sie können nun gleichzeitig die Höhe und Breite des Textfeldes in den dadurch angezeigten Richtungen verändern. Dazu klicken Sie den Anfasser an und ziehen ihn bei gedrückter Maustaste in die gewünschte Richtung (Bild 13.25).

Bild 13.25:
Objektgröße ändern

Bewegen Sie den Mauspfeil nun zwischen zwei Anfasser, bis er zu einer Hand mit fünf ausgestreckten Fingern wird. Drücken Sie die Maustaste, und ziehen Sie die Maus in irgendeine Richtung (Bild 13.26).

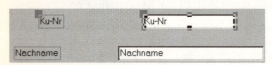

Bild 13.26:
Text- und zugeordnetes Bezeichnungsfeld verschieben

Sie haben soeben das Textfeld und das zugeordnete Bezeichnungsfeld verschoben. Um nur eines dieser beiden Objekte zu verschieben, beispielsweise das Bezeichnungsfeld unabhängig vom zugehörigen Textfeld, ziehen Sie an dem großen Anfasser des betreffenden Objekts (Bild 13.27).

Bild 13.27:
Nur eines der Objekte verschieben

Verschieben Sie ein Objekt in den Bereich außerhalb des rechten oder unteren Formularrands, paßt Access die Formulargröße automatisch an und verschiebt die betreffende Randlinie so weit nach rechts oder unten, bis sich das Objekt wieder innerhalb des Formulars befindet.

 Ist der Befehl FORMAT I AM RASTER AUSRICHTEN aktiviert, können Sie Objekte nicht stufenlos, sondern nur in festgelegten Schritten vergrößern/verkleinern oder verschieben, praktisch »von Rasterpunkt zu Rasterpunkt«. Wie »engmaschig« dieses »Rasternetz« ist, bestimmen Sie mit den Formulareigenschaften »Raster X« und »Raster Y«. Sichtbar sind die Rasterpunkte jedoch nur, wenn beide Eigenschaften auf kleinere Werte als 6 eingestellt sind.

Deaktivieren Sie diesen Befehl durch erneute Anwahl oder mit dem zugehörigen Symbol, sind stufenlose »Feinmanipulationen« möglich, die jedoch in der Praxis dazu führen, daß sich die manipulierten Objekte minimal voneinander unterscheiden, daß beispielsweise die Höhe um Bruchteile von Millimetern differiert (Bild 13.28).

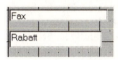

Bild 13.28:
Minimale Höhenunterschiede

Im Beispiel ist das Textfeld »Rabatt« etwas höher als das andere Feld.

Um Objektgrößen wieder ans Raster anzupassen, selektieren Sie das betreffende Objekt (oder mehrere Objekte gleichzeitig) und wählen FORMAT I GRÖßE ANPASSEN I AM RASTER bzw. klicken auf das zugehörige Symbol. Das Objekt wird so vergrößert bzw. verkleinert, daß sich danach alle vier Objektränder an den nächstgelegenen Rasterpunkten befinden.

Analog dazu verschiebt FORMAT I AUSRICHT0EN I AM RASTER selektierte Objekte so, daß sich die einem Rasterpunkt nächstgelegene Objektkante anschließend unmittelbar an diesem Rasterpunkt befindet.

Für »Angleichungsarbeiten« mehrerer leicht unterschiedlich großer Objekte sollten Sie alle anzugleichenden Objekte selektieren und für einen der anderen Unterbefehle von FORMAT I GRÖßE ANPASSEN wählen: beispielsweise paßt AM HÖCHSTEN die Höhe aller selektierten Objekte an die des höchsten Objekts an und AM BREITESTEN paßt die Objektbreite an die Breite des breitesten Objekts an.

Der Befehl FORMAT I GRÖßE ANPASSEN I AN TEXTGRÖßE bzw. das zugehörige Symbol besitzen eine etwas andere Bedeutung (Bild 13.29).

Bild 13.29:
Textgröße anpassen

Hier wurde die Breite des Bezeichnungsfelds mit der Beschriftung »Rabatt« so verringert, daß diese Beschriftung nicht mehr vollständig sichtbar ist. Statt das Feld per Hand wieder zu vergrößern, selektieren Sie es und wählen FORMAT I GRÖßE ANPASSEN I AN TEXTGRÖßE: Access vergrößert das Feld so weit, bis die zugehörige Beschriftung vollständig sichtbar ist. Ist das Feld größer als notwendig, verkleinert es Access entsprechend auf die zur Textanzeige erforderliche Größe.

Um nicht die Größen verschiedener Objekte anzugleichen, sondern ihre Ausrichtung, verwenden Sie einen der Unterbefehle von FORMAT I AUSRICHTEN (Bild 13.30).

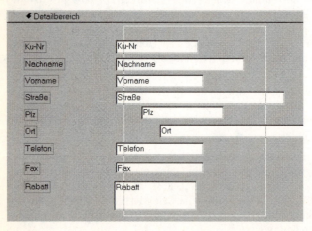

Bild 13.30:
Horizontal verschobene Objekte

In dieser Abbildung sind die Textfelder »Plz« und »Ort« gegen-über den restlichen Textfeldern verschoben. Um das zu ändern, selektieren Sie alle Textfelder und wählen FORMAT I AUSRICHTEN I LINKSBÜNDIG oder benutzen das zugehörige Symbol: Access richtet alle selektierten Objekte gleichmäßig aus und orientiert sich dabei an jener Objektkante, die sich am weitesten links be-findet.

Entsprechend richtet FORMAT I AUSRICHTEN I RECHTSBÜNDIG bzw. das zugehörige Symbol die Objekte rechtsbündig aus.

Möglicherweise befindet sich ein Objekt minimal über einem an-deren. Dann benutzen Sie statt dessen FORMAT I AUSRICHTEN I NACH UNTEN, um die Unterkanten der selektierten Objekte an der tiefst-gelegensten Unterkante auszurichten.

Beziehungsweise FORMAT I AUSRICHTEN I NACH OBEN, um genau um-gekehrt die Oberkanten an der höchstgelegenen Oberkante aus-zurichten.

Die Unterbefehle ANGLEICHEN, VERGRÖSSERN und VERKLEINERN der beiden Be-fehle FORMAT I HORIZONTALER ABSTAND und FORMAT I VERTIKALER ABSTAND sind für Angleichungen von Objektabständen gedacht (Bild 13.31).

Um die völlig unterschiedlichen vertikalen Abstände der einzelnen Ele-mente wieder aneinander anzugleichen, selektieren Sie alle Steuerelemen-te und wählen FORMAT I VERTIKALER ABSTAND I ANGLEICHEN: Das oberste und das unterste Textfeld bleiben an ihren aktuellen Positionen. Die Textfel-der dazwischen verteilt Access jedoch gleichmäßig über den Zwischen-raum.

FORMAT I VERTIKALER ABSTAND I VERGRÖSSERN würde die Abstände auf eine an-dere Art und Weise angleichen: Zuerst werden Abstände wie zuvor aneinan-der angeglichen, die Steuerelemente also gleichmäßig von oben nach unten verteilt. Danach wird jedoch zwischen allen Elementen der Ab-stand um genau einen Rasterpunkt vergrößert (Bild 13.32).

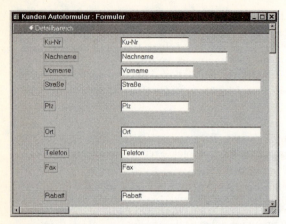

Bild 13.31:
Unterschiedliche vertikale Objektabstände

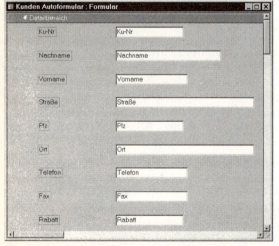

Bild 13.32:
Abstände angleichen und vergrößern

FORMAT | VERTIKALER ABSTAND | VERKLEINERN verkleinert die Abstände entsprechend nach dem Angleichen.

Die Unterbefehle von FORMAT | HORIZONTALER ABSTAND führen die gleichen Aktionen mit horizontalen Objektabständen durch.

Verschiedene Symbole der »Formatierung (Formular/Bericht)«-Symbolleiste und der Kategorie »Palette« des »Anpassen«-Dialogfelds erleichtern die Manipulation des Textes (Bild 13.33).

Bild 13.33:
»Format«-Symbolleiste

Im linken Listenfeld können Sie wie bereits erläutert ein auszuwählendes Element selektieren. In den beiden Listenfeldern daneben können Sie die Schriftart und -größe des Texts auswählen, der im ausgewählten Element angezeigt wird. Die folgenden Schaltflächen ermöglichen es, den Text fett, kursiv und/oder unterstrichen darzustellen und ihn links- oder rechtsbündig oder zentriert darzustellen. Die folgenden Symbollisten ermöglichen die Auswahl von Farben und Rahmentypen.

Ist ein beschriftetes Objekt wie beispielsweise ein Beschriftungsfeld selektiert, genügt ein Klick auf eines der darin enthaltenen Textzeichen, um in den Editiermodus zu gelangen und diesen Text verändern zu können.

Texte können mehrzeilig dargestellt werden. Sie können beispielsweise ein Bezeichnungsfeld selektieren, durch Klicken auf eines der darin enthaltenen Zeichen den Editiermodus einschalten, und beim Editieren an einer beliebigen Textstelle mit [Strg]+[↵] einen Zeilenumbruch einfügen (Bild 13.34).

Bild 13.34:
Zeilenumbruch einfügen

Um die Formatierungen eines Steuerelements auf ein anderes zu übertragen, selektieren Sie es und klicken danach auf das abgebildete Symbol: Der Mauscursor ändert seine Form. Klicken Sie nun ein Steuerelement an, werden alle Formatierungen des zuvor selektierten Elements auf dieses übertragen.

Wollen Sie die Formatierungen auf mehrere Steuerelemente nacheinander übertragen, doppelklicken Sie auf das Symbol. Es bleibt nun solange aktiv, bis Sie es erneut anklicken.

14

Daten mit Berichten druckfertig aufbereiten

Ein Bericht ist eine Art »auf den Ausdruck von Daten spezialisiertes« Formular, das im Gegensatz zu Formularen jedoch nicht zur Bearbeitung von Tabellen verwendet werden kann.

Davon abgesehen gibt es keine großen Unterschiede: Auch Berichte bestehen aus mehreren Bereichen wie dem Detailbereich, der die Tabellendaten anzeigt, und zusätzlichen Kopf-/Fußbereichen. Sie enthalten die gleichen Steuerelemente wie Formulare und Sie können zusätzliche Elemente einfügen, um Berichte »maßzuschneidern«; beispielsweise, um darin Diagramme einzubinden oder um die Optik mit Linien und Rechtecken zu verbessern.

Entscheidende Unterschiede zwischen Formularen und Berichten bestehen in den Sortierungs- und vor allem in den Gruppierungsmöglichkeiten. Es ist extrem einfach, die auszudruckenden Daten in Berichten nach »Name«, »Artikelbezeichnung« oder einem beliebigen anderen Tabellenfeld zu sortieren und in auf- oder absteigender Reihenfolge auszudrucken. Dabei können Sie analog zu gruppierten Abfragen Sätze mit identischem oder ähnlichem Inhalt im Sortierfeld zu Gruppen zusammenfassen, die eigene Kopf- und Fußzeilen erhalten und für die jeweils separate Berechnungen durchgeführt werden.

14.1 Berichtstypen und AutoBerichte

Voraussetzung für eine erfolgreiche Berichterzeugung ist, daß die zugrunde liegende Tabelle momentan nicht im Entwurfsmodus geöffnet ist!

Einen neuen Bericht erzeugen Sie mit EINFÜGEN | BERICHT bzw. dem zugehörigen Symbol der Symbolliste »Neues Objekt«, oder indem Sie im Datenbankfenster das Register »Berichte« aktivieren und auf »Neu« klicken (Bild 14.1).

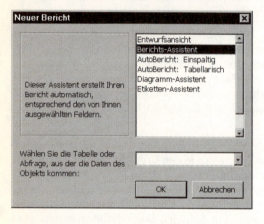

Bild 14.1:
Neuer Bericht

Sie selektieren nun die zu erstellende Berichtsart und im Listenfeld darunter die Tabelle oder Abfrage, deren Daten der Bericht enthalten soll. War vor Einleitung der Berichtserzeugung im Datenbankfenster eine Tabelle oder Abfrage selektiert, nimmt Access an, daß Sie diese verwenden wollen und gibt ihren Namen automatisch vor.

»Entwurfsansicht« erzeugt ein leeres Berichtsblatt, in das Sie die anzuzeigenden Tabellenfelder anschließend mit der Feldliste selbst einfügen müssen.

»AutoBericht Einspaltig« erzeugt einen »einspaltigen Bericht«; ebenso wie das abgebildete Symbol der Symbolliste »Neues Objekt«, nachdem zuvor im Datenbankfenster die interessierende Tabelle oder Abfrage selektiert wurde (in letzterem Fall ist die Berichtdarstellung allerdings weniger »ausgefeilt«). Angewandt auf die Tabelle »Kunden« (Bild 14.2).

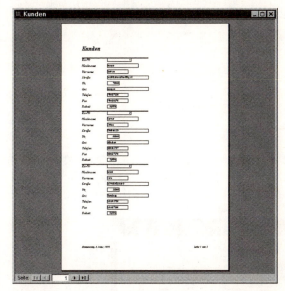

Bild 14.2:
Bericht »Kunden Auto-Bericht«

Wie bei einspaltigen Formularen werden die einzelnen Datensatzfelder untereinander angezeigt. Dem letzten Feld des ersten Datensatzes folgt dann das erste Feld des zweiten Datensatzes und so weiter. Die einzelnen Sätze werden also fortlaufend untereinander ausgedruckt, wie die Vergrößerung zeigt (Bild 14.3).

Im Gegensatz dazu wird mit der Option »AutoBericht: Tabellarisch« in jeder Berichtszeile genau ein Datensatz angezeigt (Bild 14.4).

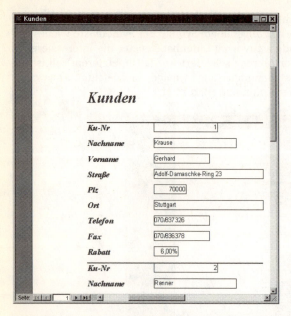

Bild 14.3:
Details

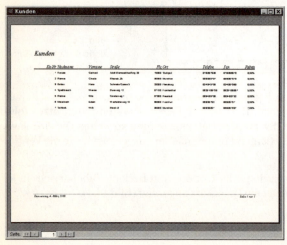

Bild 14.4:
Bericht »Kunden –
tabellarisch«

Die restlichen Berichtstypen bespreche ich später. Kommen wir zunächst zur Erstellung eines wirklich individuellen Berichts mit Hilfe des »Berichtsassistenten«.

14.2 Der Berichtsassistent

Im ersten Schritt wählen Sie analog zum Formularassistent wieder die im Bericht darzustellenden Tabellen (oder Abfragen) und Felder aus, beispielsweise einige oder alle Felder der Tabelle »Kunden« (Bild 14.5).

Bild 14.5:
Berichtsassistent, Feldauswahl

Im zweiten Schritt legen Sie die »Berichtsgruppierung« fest. Bitte übergehen Sie diesen Schritt mit »Weiter >«. Auf die teilweise hochkomplexen Gruppierungsoptionen gehe ich in Kürze ausführlich ein.

Im dritten Schritt geht es um die Sortierreihenfolge. Beispielsweise wird in der folgenden Abbildung festgelegt, daß zunächst nach »Nachname« sortiert wird und bei Gleichheit Sätze mit identischem Nachnamen nach »Vorname« untersortiert werden sollen (Bild 14.6).

 Allgemein: Im obersten Listenfeld wählen Sie das zu sortierende Hauptsortierkriterium aus, darunter gegebenenfalls ein Untersortierkriterium, im dritten Listenfeld eventuell noch ein »Unterunter«-Sortierkriterium etc.

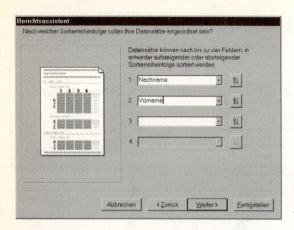

Bild 14.6:
Berichtsassistent, Sortierung

Ob dabei auf- oder absteigend sortiert wird, legen Sie mit den zugehörigen »Sortierknöpfen« fest. Vorgegeben ist zunächst aufsteigende Sortierung. Klicken Sie auf den Sortierknopf rechts neben einem Listenfeld, wird die Sortierreihenfolge umgedreht, und die Knopfaufschrift weist nun genau umgekehrt auf die Reihenfolge »Z->A« hin statt wie zuvor auf »A->Z«.

Im vierten Schritt legen Sie das Layout des Berichts fest (Bild 14.7).

Bild 14.7:
Berichtsassistent, Layout

Am wichtigsten ist dabei die Wahl von »Vertikal« oder »Tabellarisch«. Sie entscheidet, ob ein einspaltiger oder aber ein tabellarischer Bericht erzeugt wird.

 Bei tabellarischer Darstellung empfiehlt es sich, als »Ausrichtung« statt der Vorgabe »Hochformat« die Option »Querformat« zu aktivieren, damit möglichst viele Felder nebeneinander auf ein Blatt passen und längere Datensätze nicht über zwei Blätter »verstreut« werden.

Aktivieren Sie die Option »Feldbreite so anpassen, daß alle Felder auf eine Seite passen«, verringert Access den Abstand zwischen den einzelnen Berichtsspalten (also den Datensatzfeldern) so weit wie nötig, damit alle Felder auf einem einzigen Blatt nebeneinander passen (wodurch zu lange Feldinhalte wie »Adolf-Damaschke-Ring 23« jedoch eventuell zu »Adolf-Damasch« oder ähnlich abgeschnitten werden).

Im fünften Schritt geht es um die Auswahl eines »Stils« für die Darstellung der einzelnen Felder (Bild 14.8).

Bild 14.8:
Tabellarischer Bericht, Felddarstellung

Selektieren Sie im Listenfeld eine Option, wird das Beispiel sofort entsprechend aktualisiert.

Im letzten Schritt geben Sie dem Bericht eine Überschrift und wählen aus, ob er in der Seitenansicht oder aber in der Entwurfsansicht geöffnet werden soll.

14.3 Gruppierte Berichte

Ich erläutere nun den zuvor übergangenen zweiten Schritt der Berichtserzeugung, die Festlegung der »Berichtsgruppierung«.

Gruppieren bedeutet, daß jeweils mehrere Datensätze zu einer gemeinsamen Gruppe zusammengefaßt werden. Zum Beispiel können Sie einen Bericht erstellen, der Datensätze der Tabellen »Aufträge« und »Auftragspositionen« darstellt und in dem die Daten dieser beiden Tabellen nach Aufträgen gruppiert sind, mit den zugehörigen Auftragspositionen als »Details« der einzelnen Gruppen.

Gruppierungen sind jedoch auch bei Verwendung nur einer Tabelle möglich, zum Beispiel der Tabelle »Artikel«. Fügen Sie im ersten Schritt alle Felder dieser Tabelle in den neuen Bericht ein, abgesehen vom Feld »Art-Nr«. Wählen Sie nun im zweiten Schritt als »Gruppierungsfeld« im linken Listenfeld das Feld »Typ« aus (Bild 14.9).

Bild 14.9:
Nach »Typ« gruppieren

Alle Sätze mit identischen Einträgen im Gruppierungsfeld »Typ« bilden nun jeweils eine »Gruppe«. Entsprechend gibt es in diesem Bericht die vier Gruppen »Drucker«, »Maus«, »Monitor« und »Notebook«, die übrigens genau in dieser Reihenfolge ausgegeben werden, da das Gruppierungsfeld automatisch das Hauptsortierkriterium des Berichts bildet.

Werden in den folgenden Schritten die Vorgaben übernommen, ergibt sich damit folgender Bericht (Bild 14.10).

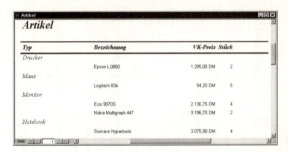

Bild 14.10:
Bericht »Artikel, nach »Typ« gruppiert«

Da das Gruppierungsfeld automatisch das Hauptsortierkriterium bildet, ändern die Sortieroptionen des Assistenten nichts an der Reihenfolge der vier Gruppen »Drucker«, »Maus«, »Monitor« und »Notebook«. Statt dessen können Sie damit nur »Untersortierkriterien« festlegen, also die Reihenfolge bestimmen, in der die Datensätze **innerhalb** der vier Gruppen angezeigt werden.

Hätten Sie als Sortierfeld beispielsweise »Bezeichnung« gewählt und absteigende Sortierung festgelegt, würde in der dritten Gruppe »Monitor« zuerst der »Nokia Multigraph 447« angezeigt werden und danach der »Eizo 9070S«.

Sie können beliebig viele Gruppierungsebenen definieren. Enthält die Tabelle »Kunden« mehrere tausend Datensätze, gibt es bestimmt Dutzende von »Maier«, »Müller«, »Bauer« etc. Um dennoch einen übersichtlichen Bericht zu erstellen, sollten Sie ihn nach »Nachname« gruppieren. Dann werden alle »Bauer« zu einer Gruppe zusammengefaßt, danach alle »Maier« und zuletzt alle »Müller«.

Ist die Anzahl Ihrer Kunden jedoch extrem groß, gibt es sicherlich nicht nur jeweils drei oder vier »Bauer«, »Maier« und »Müller«, sondern wahrscheinlich jeweils Dutzende von Kunden mit diesen Nachnamen. Dann bietet es sich an, den Bericht mit einem zweiten Gruppierungskriterium weiter zu unterteilen, beispielsweise nach »Ort« (Bild 14.11).

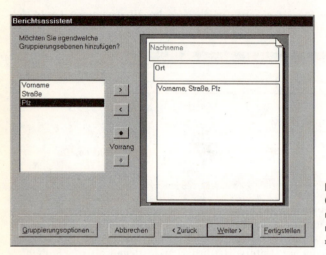

Bild 14.11: Gruppierung nach »Nachname« und »Ort«

»Nachname« ist das Hauptgruppierungskriterium, »Ort« das Untergruppierungskriterium. Daher werden zunächst alle Datensätze mit identischen Einträgen im Feld »Nachname« zu Gruppen zusammengefaßt und zusätzlich innerhalb jeder dieser Gruppen wiederum nach »Ort« zusammengefaßte Untergruppen gebildet (Bild 14.12).

Gäbe es in der Gruppe »Renner« nicht nur wie hier einen, sondern mehrere Datensätze mit dem Ort »München«, würden sie alle in der entsprechenden Untergruppe erscheinen. Entsprechend würden auch alle Renner in »Neustadt« in der betreffenden Untergruppe zusammengefaßt werden und so weiter.

Nachname	Ort	Vorname	Straße	Plz
Baloui				
	Flensburg			
		Hans	Schmale Gasse 5	23900
Krause				
	Stuttgart			
		Gerhard	Adolf-Damaschke-Ring 23	70000
Maierbach				
	Frankfurt			
		Eileen	Wacholderweg 10	60000
Renner				
	München			
		Christa	Rheinstr. 25	80000
	Neustadt			
		Otto	Ginsterweg 1	67300
Schlaak				
	München			
		Willi	Maistr. 6	80000

Bild 14.12:
Bericht »Kunden, nach »Nachname, Ort« gruppiert«

Die Gruppierungsreihenfolge können Sie im Gruppierungsdialogfeld mit den beiden auf- bzw. abwärts gerichteten Pfeilen beeinflussen: Klicken Sie auf den nach oben weisenden Pfeil, wird »Ort« nach oben verschoben, vor »Nachname« und bildet nun die Hauptgruppenebene. Mit dem nach unten weisenden Pfeil können Sie »Ort« genau umgekehrt wieder »herabstufen« und »Nachname« wieder zum Hauptgruppierungsfeld machen.

Nach der Festlegung einer Berichtsgruppierung unterscheidet sich der auf die Sortierung folgende Schritt ein wenig von einfachen Berichten, da Sie nun zwischen verschiedenen Layoutformen für die Darstellung der verschiedenen Gruppen wählen können (Bild 14.13).

Standard ist immer das abgebildete Layout, das mehrere Spalten verwendet, um die Gruppierungsebenen darzustellen: Ganz links wird die Hauptebene abgebildet, rechts daneben die erste Untergruppierungsebene, daneben wieder die nächsttiefere Ebene und so weiter. Selektieren Sie ein anderes Layout, wird die »Vorschau« entsprechend aktualisiert, so daß Sie sehen, in welcher Art und Weise die »Gruppenblöcke« damit angeordnet würden.

315

Fügen Sie in einen Bericht Felder aus mehreren miteinander verknüpften Tabellen/Abfragen ein, wird automatisch ein gruppierter Bericht erzeugt. Mit den Gruppierungsvorgaben wird dabei nach den Daten der Haupttabelle gruppiert wird und die Daten der Detailtabelle werden als Details dieser Gruppen verwendet werden.

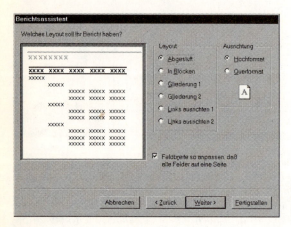

Bild 14.13:
Gruppierungslayout
festlegen

Nehmen wir an, Sie benötigen einen Bericht, der alle Aufträge darstellt, inklusive der Auftragsdetails, also der einzelnen Bestellungen. Als Berichtsbasis wählen Sie die Tabelle »Aufträge« und fügen im ersten Schritt die interessierenden Felder dieser Tabelle in den Bericht ein, beispielsweise alle Felder.

Danach selektieren Sie im Listenfeld die Tabelle »Auftragspositionen« und fügen auch die Felder dieser Tabelle ein (Bild 14.14).

Im zweiten Schritt müssen Sie nun angeben, ob der Bericht nach den Feldern der Tabelle »Aufträge« gruppiert werden soll oder aber nach den Feldern der Tabelle »Auftragspositionen« (Bild 14.15).

Da Access weiß, daß »Aufträge« die Haupttabelle ist (1-Seite) und »Auftragspositionen« die Detailtabelle (n-Seite), gibt der Assistent die Felder der Tabelle »Aufträge« automatisch als Hauptgruppierungsebene vor.

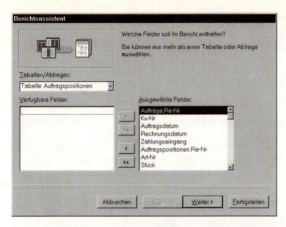

Bild 14.14:
Felder mehrerer Tabellen auswählen

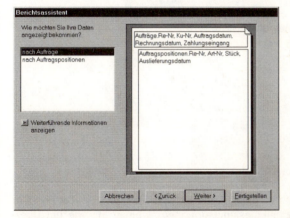

Bild 14.15:
Gruppierung

Übergehen Sie die folgenden Schritte mit »Fertigstellen«, entsteht mit den Vorgaben daher ein nach Aufträgen gruppierter Bericht (Bild 14.16).

Er zeigt, daß beispielsweise zum Auftrag mit der Rechnungsnummer 2 zwei Auftragspositionen gehören, also zwei Datensätze mit der gleichen Rechnungsnummer: eine Bestellung des Artikels Nummer 3 (ein Stück) und eine Bestellung des Artikels Nummer 1 (drei Stück).

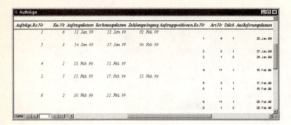

Bild 14.16:
Bericht »Aufträge und Auftragspositionen«

Bei gruppierten Berichten enthält das Dialogfeld zur Festlegung der Sortierreihenfolge eine zusätzliche Schaltfläche »Zusammenfassungsoptionen« (Bild 14.17).

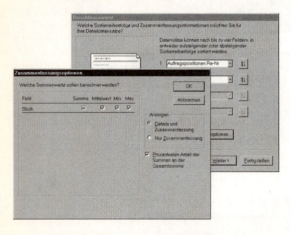

Bild 14.17:
Zusammenfassungsoptionen

In gruppierten Berichten besitzt jede Gruppe einen eigenen Fußbereich. Im Dialogfeld »Zusammenfassungsoptionen« können Sie wie bei Übersichtsabfragen zusätzliche Auswertungen für die numerischen Felder der Detailtabelle (hier: »Stück«) festlegen, die Access selbständig in diese Fußbereiche einfügt.

Aktivieren Sie »Summe« und »Mittelwert«, wird Ihnen unterhalb der Details mitgeteilt, daß die Summe des Felds »Stück« für den zweiten Datensatz 4 ergibt, also insgesamt vier Artikel bestellt wurden (1 Stück von Artikel Nummer 3 plus 3 Stück von Artikel Nummer 1); und daß der

Mittelwert 2 beträgt, also im Durchschnitt mit jeder der beiden Auftrags-positionen zwei Stück eines Artikels bestellt werden (Bild 14.18).

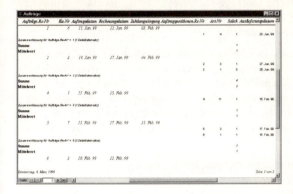

Bild 14.18:
Zusammenfassungen

In gruppierten Berichten ist im zweiten Schritt die Schaltfläche »Gruppie-rungsoptionen« aktivierbar, die folgendes Dialogfeld öffnet (Bild 14.19).

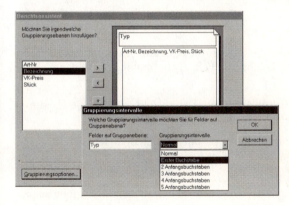

Bild 14.19:
Gruppierungsoptionen

In diesem Dialogfeld können Sie dem Assistenten mitteilen, **wie** er grup-pieren soll.

Im Beispiel wird der auf der Tabelle »Artikel« basierende Bericht nach »Typ« gruppiert. Mit der Vorgabe »Normal« werden nur Sätze mit absolut identischen Einträgen im Feld »Typ« zu Gruppen zusammengefaßt und Sie erhalten das bereits bekannte Ergebnis: Nur jene Datensätze, die im Feld »Typ« absolut identische Einträge enthalten, werden zu einer Gruppe zusammengefaßt, so daß die vier Gruppen »Drucker«, »Maus«, »Monitor« und »Notebook« gebildet werden.

Wählen Sie statt dessen das »schwächere« Kriterium »Erster Buchstabe«, würden statt dessen alle Artikeltypen zu einer Gruppe zusammengefaßt, bei denen auch nur das erste Zeichen dieses Felds übereinstimmt. Da dadurch die Datensätze mit den Einträgen »Maus« und »Monitor« keine separaten Gruppen mehr bilden, sondern zu einer gemeinsamen Gruppe zusammengefaßt werden, gibt es im resultierenden Bericht nur noch drei Gruppen (Bild 14.20).

Bild 14.20:
Übereinstimmung des
1.Zeichens

Analog dazu können Sie alle Datensätze zu Gruppen zusammenfassen, bei denen die ersten zwei Zeichen im Feld »Typ« übereinstimmen, die ersten drei Zeichen etc.

Verwenden Sie zur Gruppierung ein Datumsfeld, können Sie für dieses Feld unter folgenden Optionen wählen (Bild 14.21).

»Normal« faßt wieder nur Datensätze mit absolut identischem Auftragsdatum zu Gruppen zusammen und ist das »strengste« Gruppierungskriterium.

»Jahr« würde beispielsweise alle Sätze zu gemeinsamen Gruppen zusammenfassen, bei denen die Jahreskomponente identisch ist; zum Beispiel zwei Datensätze, die im Feld »Auftragsdatum« die Einträge »1.1.99« und »14.2.99« enthalten. »Quartal« faßt entsprechend unter anderem den »1.1.99« und den »20.2.99« zu einer gemeinsamen Gruppe zusammen, ein Datensatz mit dem Auftragsdatum »20.8.99« würde sich jedoch in einer anderen Gruppe befinden.

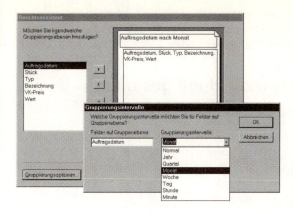

Bild 14.21:
Datums-Gruppie-
rungsoptionen

Bei Verwendung eines numerischen Gruppierungsfelds stehen Ihnen erneut andere Gruppierungskriterien zur Verfügung stehen (Bild 14.22).

Bild 14.22:
Numerisches Gruppie-
rungskriterium bestim-
men

»Normal« faßt wieder alle Sätze mit identischem Eintrag im Gruppierungsfeld zusammen: Alle Datensätze mit identischer Postleitzahl bilden jeweils eine Gruppe.

Mit den zusätzlichen Optionen können Sie ein Intervall festlegen. Beispielsweise faßt »10000er« die Postleitzahlen in 10000er-Schritten zusam-

men: Die Datensätze mit den Postleitzahlen 0 bis 9999 bilden die erste Gruppe, die Sätze mit den Postleitzahlen 10000 bis 19999 die zweite Gruppe, 20000 bis 29999 die dritte Gruppe und so weiter.

14.4 Berichte individuell gestalten

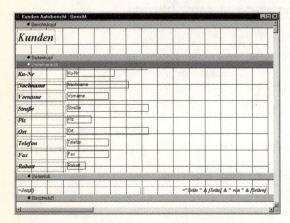

Bild 14.23:
Bericht »Kunden Auto-Bericht«

Ebenso wie bei Formularen besteht ein Bericht aus mehreren Bereichen:

1. Berichtskopf/-fuß: Der Inhalt dieser Bereiche wird ein einziges Mal ausgedruckt, unabhängig davon, über wie viele Blätter sich der Ausdruck erstreckt. Der Inhalt des Kopfbereichs wird am Berichtsanfang gedruckt und der Inhalt des Fußbereichs am Berichtsende.

2. Seitenkopf/-fuß: Diese beiden Bereiche werden auf jeder Seite ausgedruckt, der Seitenkopf am oberen und der Seitenfuß am unteren Blattrand.

Bei einspaltigen Berichten wie dem abgebildeten fügt der Assistent in den Berichtskopf Ihre Überschrift ein, die somit am Berichtsanfang ausgedruckt wird, also auf dem ersten Blatt. Soll diese Überschrift statt dessen auf jedem Blatt ausgedruckt werden, verschieben Sie sie einfach in den Seitenkopf. Zusätzlich fügt er in den Seitenfuß ein Textfeld mit dem Steuerelementinhalt **=Jetzt()** ein, das das aktuelle Datum anzeigt.

In gruppierten Berichten kann **jedes Gruppierungsfeld einen eigenen Kopf- und/oder Fußbereich** besitzen! Sie enthalten üblicherweise jene Steuerelemente, die die einzelnen Gruppen voneinander abheben und ober- bzw. unterhalb **jeder** Gruppe ausgegeben werden.

Ein gutes Beispiel dafür ist der Bericht »Lieferanten, nach »Plz« gruppiert«, der nach Lieferanten und nach »Plz« gruppiert ist (Bild 14.24).

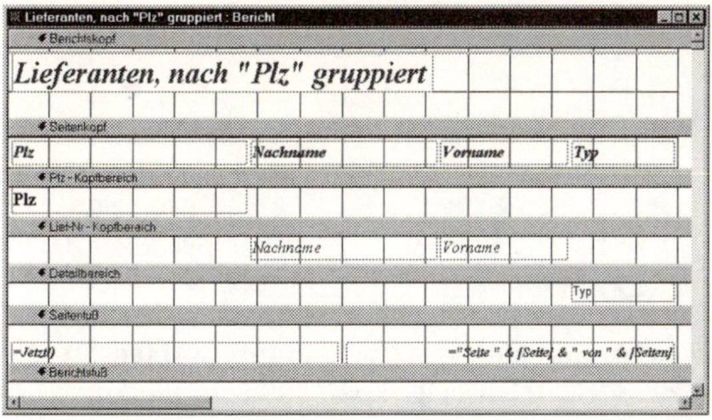

Bild 14.24:
Bericht »Lieferanten,
nach »Plz« gruppiert«

Der Inhalt des Bereichs »Plz – Kopfbereich« wird unmittelbar vor jeder einzelnen Postleitzahlgruppe gedruckt. Entsprechend würde ein (hier nicht vorhandener) Bereich »Plz – Fußbereich« unterhalb jeder dieser Gruppen gedruckt werden. Analog dazu wird der Inhalt von »Lief-Nr – Kopfbereich« oberhalb jeder Typ-Untergruppe ausgedruckt.

Beispielsweise enthält der Kopfbereich des Felds »Plz« ein Textfeld, das an das gleichnamige Tabellenfeld gebunden ist und die zugehörige Postleitzahl anzeigt. Daher wird über jeder Postleitzahl-Gruppe die zugehörige Information »10000«, »60000«, »70000« etc. angezeigt (Bild 14.25).

Durch Manipulation der Berichtsbereiche können Sie den Ausdruck in hohem Maße beeinflussen, zum Beispiel den Datensatzabstand. Wie bei Formularen können Sie die Größe aller Bereiche individuell festlegen, indem Sie den Mauspfeil über eine der Bereichstrennlinien hinweg bewegen, bis er seine Form ändert, nun auf die betreffende Linie klicken und sie durch Ziehen nach oben oder unten verschieben.

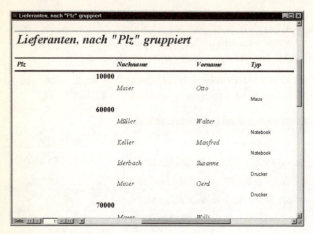

Bild 14.25:
Bericht in der
Seitenansicht

Wollen Sie auf irgendwelche Bereiche ganz verzichten, wählen Sie AN-SICHT | SEITENKOPF/-FUß bzw. ANSICHT | BERICHTSKOPF/-FUß, um die zugehörigen Bereiche auszublenden.

Abstände und Seitenumbrüche können Sie analog zu Formularen manipulieren- wobei ebenfalls wie bei Formularen die Eigenschaft »Neue Seite« für den Seitenkopf/-fuß nicht verfügbar ist; dafür jedoch für den Detailbereich, den Berichtskopf/-fuß und die verschiedenen Gruppenköpfe/-füße.

Wie bei Formularen können sie das »Zerreißen« von Datensätzen verhindern (einige Datensatzfelder werden auf dem folgenden Blatt gedruckt), indem Sie die Eigenschaft »Zusammenhalten« des Detailbereichs auf »Ja« setzen.

Analog zu einem Formular basieren auch die in einem Bericht angezeigten Daten auf darin enthaltenen Steuerelementen, die Sie mit den gleichen Techniken manipulieren können. Beispielsweise, um Steuerelemente zu selektieren, zu verschieben, auszurichten oder zu formatieren; oder um wie in Formularen zusätzliche Tabellenfelder mit der Feldliste einzufügen.

ANSICHT | SORTIEREN UND GRUPPIEREN bzw. das zugehörige Symbol öffnet folgendes Dialogfenster, hier angewandt auf den Bericht »Lieferanten, nach »Plz« gruppiert« (Bild 14.26).

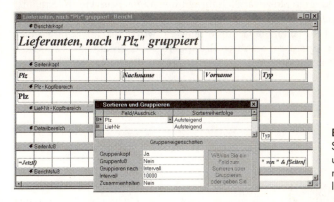

Bild 14.26: Sortierungs- und Gruppierungs-Dialogfeld

Die einzelnen Zeilen legen fest, nach welchen Feldern der Tabelle/Abfrage sortiert und eventuell zusätzlich gruppiert wird. Durch Editierung dieser Zeilen und der zugehörigen Einstellungen können Sie die vom Assistenten erzeugte Gruppierung/Sortierung nachträglich beliebig verändern.

Beispielsweise wird ein Gruppierungsfeld durch das »Gruppierungssymbol« im Zeilenmarkierer der betreffenden Zeile gekennzeichnet. Hier wird somit nach den Feldern »Plz« und »Lief-Nr« gruppiert, und zwar in dieser Reihenfolge: »Plz« ist die Haupt- und »Lief-Nr« die Untergruppe. Gruppierte Felder werden automatisch sortiert, wobei Sie in der betreffenden Zeile unter »Sortierreihenfolge« wählen können, ob auf- oder absteigend sortiert wird.

Die »Gruppeneigenschaften« regeln die Details der Gruppierung. Die Eigenschaften »Gruppenkopf« und »Gruppenfuß« legen zunächst fest, ob der Bericht für das betreffende Feld einen eigenen Gruppenkopf, einen Gruppenfuß oder beide Bereiche enthält. Mit den zugehörigen Einstellungen »Ja« bzw. »Nein« können Sie für jedes Feld wahlweise den »Gruppenkopf« oder »Gruppenfuß« ausblenden. Blenden Sie **beides** aus, verliert das betreffende Feld seine Gruppierungseigenschaft: Das Gruppierungs-symbol im Zeilenmarkierer verschwindet und das betreffende Feld sortiert nur noch, gruppiert aber nicht mehr.

Umgekehrt können Sie zusätzlich für ein beliebiges Feld wie »Nachname« einen Gruppenkopf und/oder einen Gruppenfuß einblenden, wodurch das betreffende Feld zu einem Gruppierungsfeld wird. Anschließend können Sie in den Gruppenkopf oder den Gruppenfuß ein berechnetes Feld einfügen, falls Sie an zusätzlichen Auswertungen für diese Gruppe interessiert sind.

15

Arbeiten automatisieren und vereinfachen

Verschiedenste Hilfmittel erleichtern den Umgang mit Access, beispielsweise »Makros«. Ein Makro besteht aus einer oder mehreren Anweisungen, die von Ihnen festzulegende Aktionen ausführen, zum Beispiel Tabellen oder Formulare öffnen, ausdrucken und schließen, oder bestimmte Datensätze suchen.

Makros sind meist an »Ereignis«-Eigenschaften von Steuerelementen gebunden, beispielsweise an die Eigenschaft »Bei Fokusverlust« eines in einem Formular enthaltenen Textfelds. Dann wird das Makro automatisch ausgeführt, wenn der Anwender das betreffende Feld fokussierte und – beispielsweise nach dem Eintragen eines Werts – wieder verläßt, es also »den Fokus verliert« und daher das Ereignis »Fokusverlust« eintritt. Das Makro kann anschließend den eingegebenen Wert überprüfen und den Benutzer, falls die Eingabe nicht zulässig ist, mit einer Meldung darauf hinweisen.

Darüber hinaus enthält Access mehrere nützliche Dienstprogramme, die Ihnen dabei helfen, eine Datenbank zu komprimieren, zu konvertieren, zu reparieren oder zu verschlüsseln.

15.1 Einfache Makros

Makros werden immer in der Entwurfsansicht erstellt. Wie Sie die Entwurfsansicht für Makros aktivieren, hängt davon ab, ob das zu erstellende Makro nur auf Ihren »ausdrücklichen« Befehl hin ausgeführt werden soll oder aber an ein Ereignis eines Steuerelements gebunden und automatisch aufgerufen werden soll, wenn dieses Ereignis eintritt.

Erstellen

Um ein »ereignisgesteuertes« Makro zu erstellen, selektieren Sie in der Entwurfsansicht des Formulars das betreffende Steuerelement und öffnen das Eigenschaftenfenster. Darin klicken Sie die Zeile mit der gewünschten »Bei…«-Eigenschaft an, die dem Ereignis entspricht, an das das Makro gebunden werden soll, beispielsweise »Bei Fokusverlust« (Bild 15.1).

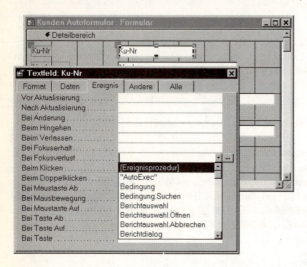

Bild 15.1:
Vorhandenes
Makro auswählen

Haben Sie bereits zuvor Makros erstellt, können Sie in der zugehörigen Liste wählen, welches aufgerufen werden soll, wenn das Ereignis »Bei Fokusverlust« mit dem Steuerelement eintritt (in der Abbildung das Textfeld »Ku-Nr«).

 Um ein neues Makro zu erstellen, klicken Sie nun entweder auf das Editor-Symbol in der Symbolleiste oder auf das kleinere Editor-Symbol, das sich am rechten Rand der Eigenschaftszeile befindet. In beiden Fällen erscheint folgendes Dialogfeld (Bild 15.2).

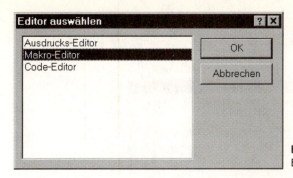

Bild 15.2:
Editor auswählen

Momentan interessiert ausschließlich der »Makro-Editor«, der ein neues
Makro erstellt. Nach »OK« wird die Entwurfsansicht des Makros aktiviert,
und Sie werden gefragt, unter welchem Namen Sie das Makro speichern
wollen und übernehmen die Vorgabe oder geben ihm einen beliebigen anderen Namen wie »Test« (Bild 15.3).

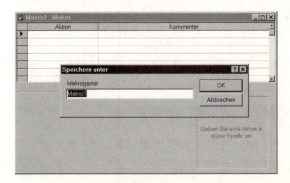

Bild 15.3:
Makro-Entwurfsansicht

Nach dem Speichern »bindet« Access das neue Makro automatisch an das
aktuelle Steuerelement-Ereignis (Bild 15.4).

Der von Access eingetragene Name »Makro1«, unter dem das Makro gespeichert wurde, bedeutet, daß dieses Makro ab jetzt aufgerufen wird,
wenn mit dem Steuerelement das Ereignis »Bei Fokusverlust« eintritt,
wenn es also fokussiert war und nun ein anderes Steuerelement fokussiert wird.

Bild 15.4:
Makrobindung

Sie können diese Bindung jederzeit aufheben, indem Sie in der Eigenschaftszeile des Steuerelements den Eintrag »Makro1« löschen oder ändern, indem Sie aus der Liste ein anderes Makro auswählen, das an das Ereignis gebunden werden soll; oder erneut den Makro-Editor starten, um ein neues daran zu bindendes Makro zu erstellen.

Gespeicherte Makros werden wie alle anderen Objekte im Datenbankfenster aufgelistet, und zwar im gleichnamigen Register »Makro« (Bild 15.5).

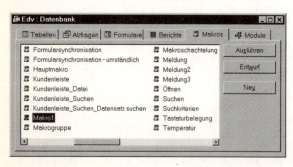

Bild 15.5:
Register »Makros«

Um ein Makro zu erstellen, das nicht an ein Ereignis gebunden ist, sondern auf Befehl ausgeführt wird, aktivieren Sie einfach im Datenbankfenster das Register »Makro« und klicken auf »Neu« (Alternativen: Befehl EIN-FÜGEN I MAKRO wählen oder Eintrag »Makro« der »Neues Objekt«-Symbolliste wählen).

Anschließend wird ebenfalls die Makro-Entwurfsansicht aktiviert, allerdings ohne vorhergehende Frage nach dem Makronamen. Statt dessen erhält es einen Standardnamen wie »Makro1«, den Sie beim Schließen des Fensters und der üblichen Frage, ob gespeichert werden soll, immer noch ändern können.

Im Datenbankfenster aufgelistete Makros können Sie ausführen, indem Sie das gewünschte auswählen und auf »Ausführen« klicken oder einfach auf das Makro doppelklicken.

»Entwurf« öffnet statt dessen wieder die Entwurfsansicht des Makros, in der Sie es editieren können.

Ist gerade die Entwurfsansicht aktiviert, wählen Sie zum Ausführen einfach den nur dann verfügbaren Befehl AUSFÜHREN I AUSFÜHREN, der das aktuelle Makro ausführt.

Wollen Sie statt des gerade geöffneten jedoch ein anderes Makro ausführen, wählen Sie EXTRAS I MAKRO.... Daraufhin erscheint eine Liste aller Makros, aus der Sie sich das gewünschte aussuchen und mit »OK« ausführen lassen (Bild 15.6).

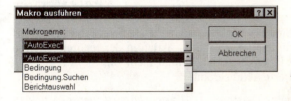

Bild 15.6:
Ausgewähltes Makro
ausführen

Dieser Befehl zur Ausführung eines beliebigen Makros ist übrigens immer verfügbar, auch wenn gerade kein Makro geöffnet ist (ist ein Formular in der Entwurfsansicht geöffnet, heißt er jedoch EXTRAS I MAKRO I MAKRO...).

Aktionen definieren

Erstellen Sie beispielsweise mit EINFÜGEN | MAKRO ein neues Makro, erscheint wie erläutert das »Makrofenster«, das genauso wie das Tabellenentwurfsfenster aufgebaut ist.

Jede Zeile der oberen Fensterhälfte definiert eine auszuführende »Makroaktion«. In der Spalte »Aktion« selektieren Sie im zugehörigen Listenfeld die auszuführende Aktion, und in der Spalte »Kommentar« können Sie einen erläuternden Kommentar dazu eingeben (Bild 15.7).

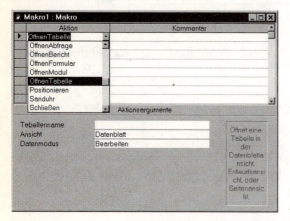

Bild 15.7:
Aktion auswählen

Access unterstützt Sie bei der Aktionsauswahl wie beim Tabellenentwurf durch eine Beschreibung der gewählten Aktion in der rechten, unteren Fensterecke. Genügt Ihnen diese Hilfestellung nicht, öffnet F1 einen Hilfetext, der die selektierte Aktion erläutert.

Die untere Fensterhälfte (Tastatur: F6 wechselt zwischen den beiden Hälften) ist für die komfortable Eingabe der Argumente zuständig, die das betreffende Makro benötigt, wobei Access für viele Argumente automatisch mehr oder weniger vernünftige Standardwerte vorgibt.

Für jedes Argument können Sie den gewünschten Wert in der zugehörigen Zeile entweder per Hand eintippen oder aber meist alternativ dazu aus einem Listenfeld auswählen, wobei Access Sie erneut in der rechten unteren Fensterecke über das betreffende Argument informiert (Bild 15.8).

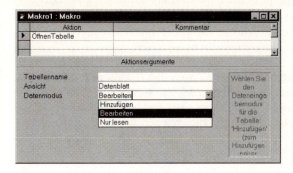

Bild 15.8:
Argumente auswählen

Haben Sie auf diese Weise die erste auszuführende Aktion vollständig definiert, legen Sie darunter die danach auszuführende zweite Aktion fest und so weiter.

Die einzelnen Zeilen können Sie wie gewohnt editieren: Mit dem Zeilenmarkierer markieren Sie eine komplette Zeile, die Sie anschließend mit `Entf` löschen können. Mit `Einfg` fügen Sie davor eine Leerzeile ein. Um die Zeile zu verschieben, klicken Sie nach dem Markieren erneut auf den Zeilenmarkierer und ziehen die Maus bei gedrückter Maustaste nach oben oder unten. Auch die Spaltenbreiten können Sie wie gewohnt manipulieren.

Anwendungsbeispiel

Ich zeige Ihnen nun an einem praktischen Beispiel, wie Makros erstellt und ausgeführt werden.

Das zu erstellende Makro soll nicht an ein Steuerelement-Ereignis gebunden, sondern nur auf Befehl ausgeführt werden und nacheinander die drei Tabellen »Artikel«, »Lieferanten« und »Artikel-Lieferanten« öffnen. Dazu erzeugen Sie ein neues Makro, zum Beispiel durch Klicken auf »Neu« im Register »Makro« des Datenbankfensters.

Um die erste Aktion zu definieren, die die Tabelle »Artikel« öffnen soll, könnten Sie in der Spalte »Aktion« der ersten Zeile die Aktion »ÖffnenTabelle« auswählen. Anschließend würden Sie in der unteren Fensterhälfte unter »Tabellenname« als zu öffnende Tabelle »Artikel« auswählen. Die automatisch eingefügten Voreinstellungen der restlichen Argumente »Ansicht« und »Datenmodus« könnten Sie unverändert lassen.

 *Um eine Makroaktion zum Öffnen eines Objekts zu definieren, gibt es jedoch eine **wesentlich** einfachere Methode: Ziehen Sie das betreffende Objekt einfach aus dem Datenbankfenster in die gewünschte »Aktionszeile«! Aktivieren Sie also das Register »Tabellen« des Datenbankfensters, und ziehen Sie die Tabelle »Artikel« in die oberste Aktionszeile.*

Access fügt daraufhin automatisch die zugehörige »Öffnen...«-Aktion ein und setzt gleichzeitig in der unteren Fensterhälfte als erstes Argument »Tabellenname« den Namen »Artikel« der betreffenden Tabelle ein (Bild 15.9).

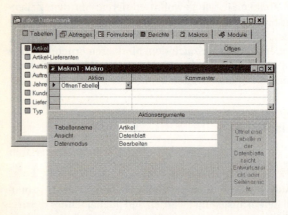

Bild 15.9:
»ÖffnenTabelle«-
Aktion

Analog dazu können Sie per Ziehen des betreffenden Objekts auch »Öffnen...«-Aktionen für Abfragen, Formulare und Berichte definieren. Access fügt automatisch die benötigte »ÖffnenAbfrage«-, »ÖffnenFormular«- bzw. »ÖffnenBericht«-Aktion ein.

Definieren Sie anschließend auf die gleiche Weise in den beiden Zeilen darunter Anweisungen zum Öffnen der Tabellen »Lieferanten« und »Artikel-Lieferanten«.

 Starten Sie die Makroausführung mit AUSFÜHREN | AUSFÜHREN oder einfacher durch Klicken auf das zugehörige Symbol. Access weist Sie darauf hin, daß das Makro vor der Ausführung gespeichert werden muß (Bild 15.10).

Bild 15.10:
Makro »Öffnen«

Wählen Sie »Ja«, und geben Sie ihm auf die entsprechende Frage einen passenden Namen. Nach dem Speichern wird das Makro ausgeführt. Es öffnet nacheinander die drei Tabellen »Artikel«, »Lieferanten« und »Artikel-Lieferanten« (Bild 15.11).

Das Makro befindet sich nun unter dem von Ihnen gewählten Namen im Register »Makro« im Datenbankfenster. Mit »Ausführen« oder per Doppelklick können Sie es jederzeit wieder ausführen oder mit »Entwurf« die Entwurfsansicht aktivieren.

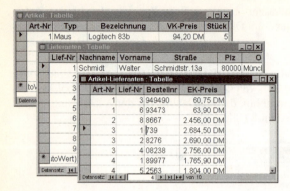

Bild 15.11:
Ergebnis der Ausführung

15.2 Ereignisgesteuerte Makros

Ein ereignisgesteuertes Makro wird nicht durch Klicken auf das Ausrufezeichen aufgerufen, sondern von Access selbst, wenn mit einem Steuerelement das Ereignis eintritt, an das das Makro zuvor »gebunden« wurde.

Dabei ist es wichtig, zwischen »Ereignissen« und »Eigenschaften« zu unterscheiden: »Ereignisse« wie »Doppelklicken« oder »Fokusverlust« können mit völlig unterschiedlichen Typen von Steuerelementtypen eintreten.

Beispielsweise kann das Ereignis »Fokusverlust« mit nahezu allen Arten von Steuerelementen eintreten: Textfelder können den Fokus verlieren, Kombinationsfelder, Listenfelder, Schaltflächen etc.

Um das praktisch nutzen zu können, besitzt jedes dieser Steuerelemente daher eine entsprechende Eigenschaft, an die ein Makro gebunden werden kann und das aufgerufen wird, wenn das betreffende Ereignis mit dem Steuerelement eintritt.

Um Ereignisse und zugehörige Steuerelement-Eigenschaften unterscheiden zu können, besitzen beide unterschiedliche Namen: Die Eigenschaft »Bei Fokusverlust« eines Steuerelements ist an das Ereignis »Fokusverlust« gebunden. Wie hier geht aus dem Namen einer Steuerelement-Eigenschaft übrigens immer der Name des interessierenden Ereignisses hervor.

Etwas verwirrend ist jedoch die Beschriftung der betreffenden Eigenschaftszeile. Dort steht nämlich nicht »Bei Fokusverlust«, wenn es um diese Eigenschaft geht, sondern »Bei Fokusverlust«, inklusive eines Leerzeichens. Dennoch gilt: Die Eigenschaft heißt korrekt »Bei Fokusverlust«, ohne Leerzeichen, auch wenn im Eigenschaftenfenster »lesbarere« Beschriftungen verwendet werden. Das gleiche gilt für alle anderen Ereignisse und die zugehörigen Steuerelement-Eigenschaften.

Bindung an Steuerelemente und Ereignisse

Nehmen wir an, an die Eigenschaft bei »Bei Fokusverlust« eines Textfelds soll ein Makro gebunden werden, das immer dann ausgeführt wird, wenn dieses Ereignis in der Formularansicht eintritt, wenn also das betreffende Steuerelement den Fokus verliert, weil – beispielsweise per Mausklick oder mit ⌨ – ein anderes Steuerelement fokussiert wurde.

Sie haben zwei Möglichkeiten, ein solches ereignisgesteuertes Makro zu erstellen. Entweder erstellen Sie zunächst ein neues Makro und speichern es. Anschließend aktivieren Sie die gewünschte »Bei...«-Eigenschaftszeile des Steuerelements, durch die das Makro aufgerufen werden soll, beispielsweise »Bei Änderung«, und tippen den Namen Ihres Makros per Hand ein oder wählen ihn aus dem zugehörigen Listenfeld aus, das die Namen aller gespeicherten Makros enthält (Bild 15.12).

Wesentlich einfacher ist es, in der betreffenden Eigenschaftszeile auf das Editor-Symbol zu klicken und im folgenden Dialogfeld »Makro-Editor« zu wählen. Daraufhin erscheint ein leeres Entwurfsfenster, und Sie werden gefragt, unter welchem Namen Sie das Makro speichern wollen. Nach der Benennung und Speicherung definieren Sie die auszuführenden Aktionen und speichern diese Änderungen.

Aktivieren Sie anschließend wieder das Formular-Entwurfsfenster, stellen Sie fest, daß Access in der betreffenden Eigenschaftszeile, beispielsweise »Bei Fokusverlust«, automatisch den Namen Ihres Makros eintrug.

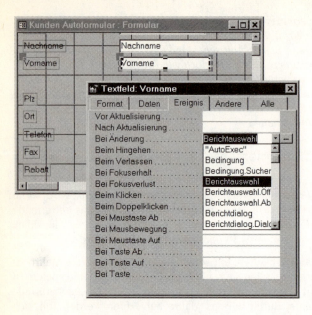

Bild 15.12:
Makro an Steuer-
element-Ereignis
binden

 *Nachdem der Makro-Editor ein neues Makro erstellt hat, aktivieren Sie darin vielleicht die Spalte »Makroname« und definieren mehrere Makros einer Makrogruppe. Beachten Sie bitte, daß der Makro-Editor **nur den Namen der Makrogruppe selbst** in die betreffende Eigenschaftszeile einträgt!*

Heißt die Makrogruppe »Gültigkeitsprüfungen«, und erstellten Sie darin zwei Makros namens ».Lieferantenname« und ».Kundenname«, trägt der Editor nur den Makronamen »Gültigkeitsprüfungen« ein.

Dadurch würde automatisch das erste in dieser Gruppe enthaltene Makro ».Lieferantenname« aufgerufen. Soll jedoch das zweite Makro ».Kundenname« aufgerufen werden, müssen Sie den Eintrag »Gültigkeitsprüfungen« entweder per Hand zu »Gültigkeitsprüfungen.Kundenname« ergänzen oder im zugehörigen Listenfeld diesen Makronamen selektieren.

Ist an eine Eigenschaft bereits ein Makro gebunden, genügt es, in der zugehörigen Eigenschaftszeile auf das Editor-Symbol zu klikken, um das Makro in der Entwurfsansicht zu öffnen und sofort editieren zu können. Nach dem Speichern der Änderungen können Sie die Auswirkungen Ihrer Editierungen sofort ausprobieren.

Bezüge auf Steuerelemente

Die Argumente, die einer Makroaktion übergeben werden, enthalten oft Bezüge auf das Steuerelement, an das sie gebunden sind, oder aber auf andere Steuerelemente im gleichen oder in einem anderem Formular/Bericht. Prinzipiell besitzt ein solcher Bezug die Form

```
Formulare![Formularname]![Steuerelementname]
Berichte![Berichtname]![Steuerelementname]
```

Beispielsweise prüft die Bedingung

```
Formulare![Aufträge2]![Rechnungsdatum] <
Formulare![Aufträge2]![Auftragsdatum]
```

ob das im Feld mit dem Steuerelementnamen »Rechnungsdatum« des Formulars »Aufträge2« enthaltene Datum kleiner ist als das Datum, das sich im Feld mit dem Steuerelementnamen »Auftragsdatum« des gleichen Formulars befindet.

 Bezüge auf Steuerelemente in jenem Objekt (Formular/Bericht), von dem aus das Makro ausgeführt wird, können Sie vereinfachen. Dann kann der Teil »Formulare![Formularname]« bzw. »Bericht![Berichtname]« ersatzlos entfallen.

Im Beispiel würde es sich daher anbieten, statt

```
Formulare![Aufträge2]![Rechnungsdatum] <
Formulare![Aufträge2]![Auftragsdatum]
```

die vereinfachte Form

```
[Rechnungsdatum] < [Auftragsdatum]
```

zu verwenden, wenn es um das Formular geht, an das das Makro gebunden ist.

Ereignisreihenfolge

Um ereignisgesteuerte Makros zu erstellen, müssen Sie wissen, welche Ereignisse es gibt und wann welches Ereignis eintritt. Das Prinzip sieht so aus, daß üblicherweise mehrere Ereignisse miteinander »gekoppelt« sind und unmittelbar aufeinander folgen.

Nehmen wir an, Sie ändern die in einem Steuerelement enthaltenen Daten, ersetzen beispielsweise den im Textfeld »Nachname« enthaltenen Text »Maier« durch »Müller« und fokussieren danach ein anderes Steuerelement oder einen anderen Datensatz. Durch diese Aktionen treten unglaublich viele Ereignisse nacheinander ein, von denen ich nun einige beschreibe (es sind keineswegs alle).

Durch das Aktivieren des Textfelds, per Anklicken oder per Tastatur, erhält es zunächst den »Fokus«, wird also »fokussiert«:

1. Dadurch tritt das Ereignis »Hingehen« ein. Ein daran gebundenes Makro wird aufgerufen, noch bevor die Fokussierungsaktion abgeschlossen ist, also noch bevor das Textfeld tatsächlich fokussiert ist. Das gibt Ihnen die Gelegenheit, diese Fokussierung per Makro zu verhindern, wenn Sie das wollen.

2. Unmittelbar nach Abschluß der Fokussierung tritt das Ereignis »Fokuserhalt« ein. Ein daran gebundenes Makro kann die Fokussierung also nicht mehr verhindern. Soll das erreicht werden, müßte es statt dessen an das Ereignis »Hingehen« gebunden werden.

Nun editieren Sie den im Textfeld enthaltenen Text. Jedesmal, wenn Sie eine Taste drücken, treten folgende Ereignisse ein:

1. »TasteAb«: Dieses Ereignis tritt ein, wenn Sie eine Taste drücken.

2. »TasteAuf«: Dieses Ereignis tritt ein, wenn Sie eine gedrückte Taste loslassen.

3. »Taste«: Dieses Ereignis tritt ein, wenn beides zusammenkommt, wenn Sie also eine Taste drücken und wieder loslassen.

Nehmen wir an, Sie sind fertig mit Ihren Editierungen und verlassen das Textfeld nun, fokussieren also irgendein anderes Steuerelement oder gar einen anderen Datensatz. Dadurch treten folgende Ereignisse ein:

»VorAktualisierung« tritt auf, noch bevor der Inhalt des Steuerelements von Access »aktualisiert« wird und diese Aktualisierung irgendwelche Auswirkungen hat.

Was damit gemeint ist, wird deutlich, wenn wir annehmen, das Textfeld verliert den Fokus, weil Sie zu einem anderen Datensatz gehen. Wie Sie wissen, wird der vorhergehende Datensatz dann entsprechend aktualisiert, im Tabellenfeld »Nachname« also der neue Wert des Textfelds gespeichert.

»VorAktualisierung« tritt jedoch auf, **bevor** die Aktualisierung erfolgt. In diesem Moment besitzt ein an dieses Ereignis gebundenes Makro daher noch die Möglichkeit, die geänderten Daten zu prüfen und das Aktualisierungsereignis gegebenenfalls abzubrechen, also zu verhindern, daß der Datensatz von Access geändert wird.

Würden Sie das Makro statt dessen an das Ereignis »NachAktualisierung« binden, wäre es dafür zu spät: Dieses Ereignis tritt unmittelbar nach der Aktualisierung der geänderten Daten ein, im Beispiel also unmittelbar **nachdem** der Datensatz von Access geändert wurde.

Dafür kann ein an dieses Ereignis gebundenes Makro jedoch Aktionen ausführen, mit denen Sie unbedingt bis nach der Aktualisierung warten wollen. Wurde beispielsweise kein Nachname geändert, sondern ein Preis, könnte ein an das Ereignis »NachAktualisierung« des Textfelds gebundenes Makro nun irgendwelche Berechnungen mit dem neuen Preis anstellen.

Ein an »VorAktualisierung« gebundenes Makro dürften Sie in diesem Fall nicht verwenden! Stellen Sie sich vor, das Makro führt irgendwelche Berechnungen mit dem neuen Preis durch und speichert die Ergebnisse in verschiedenen Tabellen. Nun führt Access die Aktualisierung des Datensatzes durch, stellt dabei jedoch fest, daß die Änderung irgendwelche Regeln verletzt und weigert sich daher, den geänderten Datensatz zu speichern. Die Tabelle enthält also immer noch den alten Wert – und Ihr noch vor dieser letztlich gar nicht durchgeführten Aktualisierung gebundenes Makro hat soeben ziemlichen »Mist« gebaut!

15.3 Anwendungsbeispiele

Die folgenden Kapitel enthalten verschiedenste Anwendungsbeispiele für Makros, die an Steuerelement-Ereignisse gebunden sind und dadurch in der Lage sind, (mehr oder weniger) nützliche Aufgaben erfüllen.

Eingabeprüfungen

Einfache Eingabeprüfungen können Sie problemlos mit der Eigenschaft »Gültigkeitsregel« vornehmen, deren Verletzung dazu führt, daß die betreffende Eingabe nicht akzeptiert wird.

Makros ermöglichen jedoch erheblich komplexere Überprüfungen:

▓ Sie können für ein Feld sehr übersichtlich beliebig viele Gültigkeitsregeln aufstellen und – je nachdem, welche davon verletzt wurde – mit unterschiedlichen Gültigkeitsmeldungen reagieren.

▓ Im Gegensatz zu einer Gültigkeitsregel bleibt es dabei Ihnen überlassen, ob Sie den Benutzer zwingen, seine Eingabe zu korrigieren oder es bei einer Warnung vor einer wahrscheinlich fehlerhaften Eingabe belassen.

▓ Anstatt den neuen Inhalt eines editierten Felds sofort zu überprüfen und entsprechend zu reagieren, können Sie damit warten, bis der Anwender den aktuellen Datensatz verläßt und die Überprüfung »hinauszögern«, bis Access den gesamten veränderten Datensatz speichern will.

*Makros zur Überprüfung von Eingaben sollten Sie an die Eigenschaft »VorAktualisierung« binden. Es tritt ein, **bevor** das Feld/der Datensatz nach einer Änderung aktualisiert und gespeichert wird. So daß Sie noch vor dieser Speicherung auf eine fehlerhafte Eingabe reagieren und die Aktualisierung und Speicherung beispielsweise mit der Aktion »AbbrechenEreignis« verhindern können.*

Ein Beispiel: Das Formular »Aufträge« enthält die beiden Textfelder »Auftragsdatum« und »Rechnungsdatum«. Da eine Rechnung niemals vor Erteilung eines Auftrags gestellt werden kann, liegt mit Sicherheit eine Fehleingabe vor, wenn der Anwender ein Rechnungsdatum wie 14.2.99 eingibt, das kleiner als ein bereits eingetragenes Auftragsdatum 15.2.99 ist, und es sollte ein entsprechender Hinweis erscheinen.

Zur Überprüfung binden Sie ein Makro an die Eigenschaft »VorAktualisierung«: es wird aufgerufen, nachdem der Anwender den Wert im zugehörigen Steuerelement geändert hat und **bevor** Access diesen Wert anschließend im zugehörigen Tabellenfeld speichert.

Öffnen Sie das Formular »Aufträge« in der Entwurfsansicht. Öffnen Sie mit einem Doppelklick auf das Textfeld »Rechnungsdatum« sein Eigenschaftenfenster, und klicken Sie in der Zeile »Vor Aktualisierung« das abgebildete Editor-Symbol an. Wählen Sie danach den Makro-Editor, und speichern Sie das vorgegebene leere Makro unter einem Namen wie »Meldung1«.

Nun wählen Sie in der ersten Makrozeile die Aktion »Meldung« der Liste aus und übergeben folgende Argumente (Bild 15.13):

```
Meldung: Das Rechnungsdatum kann nicht vor dem Auftragsdatum
liegen
Signalton: Ja
Typ: Warnmeldung (!)
```

Zusätzlich blenden Sie die Bedingungsspalte ein und geben entsprechend dieser Abbildung die folgende Bedingung ein:

```
[Rechnungsdatum]<[Auftragsdatum]
```

Bild 15.13:
Makro »Meldung1«

Sie bezieht sich auf zwei Steuerelemente mit den Steuerelementnamen »Rechnungsdatum« und »Auftragsdatum«. Diese Steuerelementnamen gab ich den beiden Textfeldern, die an die gleichnamigen Felder der Tabelle »Aufträge« gebunden sind und sich neben den zugehörigen Beschriftungsfeldern mit dieser Aufschrift befinden.

Die Bedingung ist nur dann erfüllt, wenn der vom Anwender veränderte Inhalt des Textfeldes »Rechnungsdatum« ein Datum ist, das kleiner als das im Textfeld »Auftragsdatum« enthaltene Datum ist, also vor dem Auftragsdatum liegt.

Geben Sie anschließend in der zweiten Zeile die Bedingung »...« ein, und wählen Sie als Aktion »AbbrechenEreignis«. »...« bedeutet, daß auch diese Aktion ausgeführt wird, wenn die Bedingung in der Zeile darüber erfüllt ist. Und zwar wird mit »AbbrechenEreignis« das »Aktualisieren«-Ereignis abgebrochen, das das Makro aufrief, und dadurch die Speicherung des fehlerhaften Datums verhindert.

Wahrscheinlich liegt ebenfalls eine Fehleingabe vor, wenn das Rechnungsdatum größer ist als das aktuelle Datum. Sicher ist das allerdings nicht, denn Ihre Rechneruhr ist möglicherweise nicht korrekt gestellt. Daher sollte in diesem Fall zwar eine entsprechende Warnung erscheinen, die Eingabe aber dennoch zugelassen werden.

Die Bedingung

```
[Rechnungsdatum]>Datum()
```

in der dritten Zeile prüft, ob das Rechnungsdatum größer ist als das aktuelle Datum. Wählen Sie als zugehörige Aktion erneut »Meldung« aus, und übergeben Sie die Argumente »Das Rechnungsdatum sollte nicht größer sein als das aktuelle Datum« und »Warnmeldung (!)«, um diese Meldung auszugeben, falls die Bedingung erfüllt ist.

Aufgrund der fehlenden »AbbrechenEreignis«-Aktion erscheint zwar die Warnung, die Speicherung des eingegebenen Datums wird diesmal jedoch nicht verhindert.

Speichern Sie das Makro bitte, und aktivieren Sie wieder den Formularentwurf (Bild 15.14).

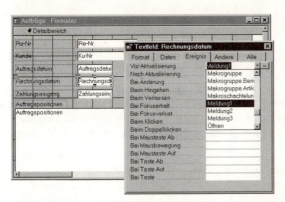

Bild 15.14:
Formular »Aufträge«

Access trägt den Namen »Meldung1« des erstellten Makros als Einstellung der Eigenschaft »VorAktualisierung« ein.

Für die folgende Abbildung änderte ich das im ersten Datensatz des Formulars angezeigte ursprüngliche Rechnungsdatum 22.1.99 in den 10.1.99, so daß es nun einen Tag vor dem Auftragsdatum 11.1.99 liegt (Bild 15.15).

Die Änderung des Feldinhalts ruft das an die Eigenschaft »VorAktualisierung« dieses Textfelds gebundene Makro auf. Da die Bedingung **[Rechnungsdatum]<[Auftragsdatum]** erfüllt ist, wird die zugehörige Aktion ausgeführt und die dadurch definierte Meldung erscheint.

Aufgrund der Bedingung »...« in der folgenden Zeile wird auch die darin definierte »AbbrechenEreignis«-Aktion ausgeführt: Die Änderung wird nicht akzeptiert, und der Anwender kann das Textfeld erst verlassen,

wenn er ein korrektes Datum eingibt, das größer ist als das Auftragsdatum oder die Änderung mit $\boxed{\text{Esc}}$ rückgängig macht.

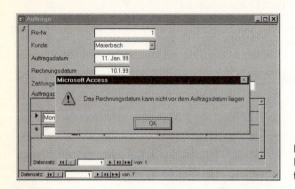

Bild 15.15:
Rechnungsdatum grö-
ßer als Auftragsdatum

Haben Sie die Rechneruhr auf den 1.3.1999 gestellt, und geben Sie ein
Rechnungsdatum wie den 1.4.1999 ein, ist zwar die erste Bedingung nicht
erfüllt und die daran gebundenen beiden Aktionen werden nicht ausgeführt.

Dafür ist jedoch die zweite Bedingung

`[Rechnungsdatum]<Datum()`

erfüllt, und die zugehörige »Meldung«-Aktion wird ausgeführt (Bild 15.16).

Bild 15.16:
Rechnungsdatum grö-
ßer als aktuelles
Datum

Nach Bestätigung der Meldung wird die Datumsänderung diesmal jedoch im Gegensatz zum vorhergehenden Beispiel mangels »AbbrechenEreignis«-Aktion zugelassen.

Binden Sie ein Makro an die Eigenschaft »VorAktualisierung« **des zu überprüfenden Textfelds**, findet die Überprüfung sofort statt, wenn das geänderte Feld den Fokus verliert.

Sie können das Makro statt dessen an die Eigenschaft »VorAktualisierung« **des Formulars** binden. Dann findet die Prüfung erst statt, wenn das gesamte Formular aktualisiert werden soll, genauer: der darin angezeigte Satz.

Ändert der Anwender den Inhalt des Felds »Betrag« und steuert danach mit das nächste Feld an, passiert zunächst nichts. Erst wenn er mit den Navigationssymbolen zu einem anderen Datensatz blättert oder das Formular schließt, tritt das Ereignis »VorAktualisierung« für das Formular ein und das Makro wird ausgeführt (Bild 15.17).

Bild 15.17:
Makro »Meldung2«

Um dieses Makro auszuprobieren, binden Sie es an die Eigenschaft »VorAktualisierung« des Formulars »Aufträge«, wählen also als Einstellung der Formulareigenschaft »VorAktualisierung« das Makro »Meldung2« aus.

Vergessen Sie nicht, die noch aus dem vorherigen Beispiel stammende Einstellung »Meldung1« für die Eigenschaft »VorAktualisierung« des Textfelds »Rechnungsdatum« zu entfernen!

Geben Sie nun im Feld »Rechnungsdatum« ein Datum ein, das kleiner ist als das im Feld »Auftragsdatum« enthaltene Datum, passiert zunächst überhaupt nichts. Erst wenn Sie zu einem anderen Datensatz blättern oder das Formular schließen, es also aktualisiert wird, wird das Makro aufgerufen und die darin definierte Meldung erscheint, da die Bedingung

```
[Rechnungsdatum]<[Auftragsdatum]
```

erfüllt ist.

Danach werden die beiden folgenden Aktionen ausgeführt, die ebenfalls an diese Bedingung geknüpft sind (wegen »...«): Das »Aktualisierung«-Ereignis wird abgebrochen und zusätzlich wird mit der Aktion »GeheZuSteuerelement«, der als Argument »Steuerelementname« der Name »Rechnungsdatum« übergeben wird, das gleichnamige Steuerelement fokussiert.

Der Grund für diese Maßnahme: Möglicherweise ist gerade ein anderes Formularelement fokussiert. Da diese Aktion nun jedoch auf alle Fälle das Textfeld »Rechnungsdatum« fokussiert, können Sie das darin enthaltene fehlerhafte Datum sofort korrigieren, ohne es zuvor manuell fokussieren zu müssen.

Daten suchen

Um in Tabellen oder Formularen Daten zu suchen, verwenden Sie normalerweise den Befehl BEARBEITEN | SUCHEN... Um das gleiche per Makro zu bewirken, verwenden Sie die »SuchenDatensatz«-Aktion, bei der die gleichen Argumente benötigt werden.

Um dem Anwender beispielsweise die komfortable Eingabe des Suchbegriffs zu ermöglichen, fügen Sie ein zusätzliches Textfeld in das Formular ein und binden ein Makro an die Eigenschaft »NachAktualisierung« dieses Textfelds.

Die folgende Abbildung demonstriert diese Technik anhand des Formulars »Kunden Autoformular Suchmakro«, das bis auf dieses zusätzliche Textfeld, das sich im Formularfuß befindet, und eine zusätzliche Befehlsschaltfläche mit dem Formular »Lieferanten« identisch ist. Dem Textfeld gab ich den Steuerelementnamen »Suchbegriff« (Bild 15.18).

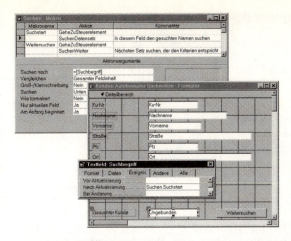

Bild 15.18:
Formular »Kunden
Autoformular Suchma-
kro« und Makro
»Suchen«

An die Eigenschaft »NachAktualisierung« dieses Textfelds ist das in der Makrogruppe »Suchen« enthaltene Makro »Suchstart« gebunden. Es verwendet die Aktion »SuchenDatensatz«, die wahlweise im gesamten Datensatz oder nur im aktuellen Feld nach dem Suchbegriff fahndet, wobei die letztere Methode erheblich schneller ist, speziell bei indizierten Feldern.

Um sie anzuwenden und nur im Feld »Nachname« zu suchen, muß dieses zu durchsuchende Feld zunächst fokussiert werden. Das erfolgt mit der »GeheZuSteuerelement«-Aktion, der als Argument »Steuerelementname« »Nachname« übergeben wird. In diesem nun fokussierten Feld soll nach dem im Textfeld »Suchbegriff« enthaltenen Kundennamen gesucht werden.

Der Aktion »SuchenDatensatz« wird dazu als Suchkriterium (»Suchen nach«) der Ausdruck =**[Suchbegriff]** übergeben, der den aktuellen Inhalt des Textfelds »Suchbegriff« repräsentiert. Für das Argument »Nur aktuelles Feld« wird »Ja« übergeben, um nur das nun aktuelle Feld »Nachname« zu durchsuchen.

Öffnen Sie das Formular »Kunden Autoformular Suchmakro«, wird der erste Datensatz angezeigt. Klicken Sie anschließend auf das zusätzliche Textfeld, können Sie darin einen beliebigen Kundennamen eingeben, inklusive spezieller Suchzeichen wie »?« oder »*« (Bild 15.19).

349

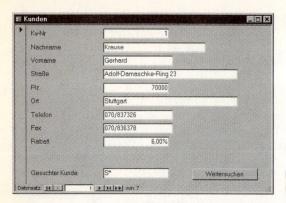

Bild 15.19:
Kunden suchen

Geben Sie entsprechend der Abbildung »S*« ein, und drücken Sie ⏎, ⇆ oder klicken auf irgendein anderes Feld des Formulars, wird das Textfeld aktualisiert und das Ereignis »NachAktualisierung« tritt ein.

Dadurch wird das Makro aufgerufen und fokussiert mit »GeheZuSteuerelement« das Feld »Nachname«.

Danach durchsucht die »SuchenDatensatz«-Aktion dieses Feld der Tabelle ab dem Tabellenanfang (wegen der Einstellung »Ja« des Arguments »Am Anfang beginnen«) nach dem ersten Datensatz, der einen Namen enthält, der mit »S« beginnt. »Spießbauch« wird gefunden und zum aktuellen Datensatz (Bild 15.20).

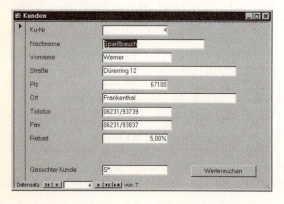

Bild 15.20:
Suchergebnis

*Es ist übrigens nicht möglich, das Makro an die Eigenschaft »VorAktualisierung« zu binden! Die erste auszuführende Makroanweisung, die »GeheZuSteuerelement«-Aktion, kann nämlich erst **nach** der Aktualisierung und Speicherung eines Felds ausgeführt werden!*

Im Zusammenhang mit »SuchenDatensatz« bietet es sich an, zusätzlich die verwandte Aktion »SuchenWeiter« einzusetzen, die den nächsten Satz sucht, der den (mit der vorhergehenden »SuchenDatensatz«-Aktion oder dem SUCHEN...-Befehl) definierten Kriterien entspricht.

Dafür ist die zusätzliche Befehlsschaltfläche zuständig. An die Eigenschaft »BeimKlicken« dieser Schaltfläche band ich das in der gleichen Makrogruppe enthaltene Makro »Weitersuchen«.

Klicken Sie auf die Schaltfläche, wird daher dieses Makro aufgerufen, das zunächst ebenfalls mit der »GeheZuSteuerelement«-Aktion das zu durchsuchende Textfeld »Nachname« fokussiert.

Anschließend verwendet es die »SuchenWeiter«-Aktion, um den nächsten Satz zu suchen, der den zuvor mit der »SuchenDatensatz«-Aktion festgelegten Suchkriterien entspricht (Bild 15.21).

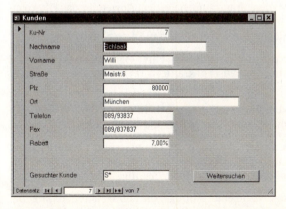

Bild 15.21:
Auf »Weitersuchen«
klicken

Ist ein Steuerelement nicht aktiviert (Einstellung »Nein« für die »Aktiviert«-Eigenschaft), ignoriert Access bei der Suche die im zugehörigen Feld enthaltenen Daten! Vor der Suche müssen Sie daher mit der »SetzenWert«-Aktion die Eigenschaft »Aktiviert« dieses Steuerelements auf »Ja« setzen.

Dazu übergeben Sie »SetzenWert« als Argument »Feld« den Namen des Steuerelements und die interessierende Eigenschaft in der **vollständigen** Form

```
Formulare![Formularname]![Steuerelementname].Eigenschaft
```

Beispielsweise

```
Formulare![Kunden]![Ku-Nr].Aktiviert
```

um die Eigenschaft »Aktiviert« des Felds »Ku-Nr« des Kundenformulars einzustellen, und als Argument »Ausdruck« die Zeichenkette »Ja«, um diese Eigenschaft auf »Ja« zu setzen.

Nun können Sie in diesem Feld mit »SuchenDatensatz« Daten suchen und das Steuerelement danach mit einer weiteren »SetzenWert«-Aktion wieder deaktivieren.

Daten filtern

Mit der Aktion »AnwendenFilter« können Sie dem Anwender das Filtern eines Formulars vereinfachen und ihm beispielsweise ermöglichen, per Klick auf eine Schaltfläche einen vordefinierten Filter zu aktivieren.

Dazu fügen Sie für jeden zu verwendenden Filter eine eigene Schaltfläche ein und beschriften diese mit aussagekräftigen Texten wie »Postleitzahlen bis 30000«, »30000 bis 70000« und »Über 70000«.

An die Eigenschaft »BeimKlicken« dieser Schaltflächen binden Sie je ein Makro, das entsprechend durch dieses Ereignis aufgerufen wird.

Am besten speichern Sie alle Makros in einer gemeinsamen Makrogruppe. Wird eines davon aufgerufen, filtert es das Formular entsprechend mit Hilfe der »AnwendenFilter«-Aktion. Die dazu benötigten Argumente:

▓ »Filtername« ist der Name einer Abfrage, die auf die aktuelle Datenbasis als Filter angewendet werden soll, beispielsweise einer Abfrage namens »Plz bis 30000«, die alle Lieferanten mit Postleitzahlen kleiner oder gleich 30000 auswählt.

352

▓ Die Ausführung einer »AnwendenFilter«-Aktion, der dieses Argument übergeben wird, entspricht praktisch dem Öffnen des Filterfensters mit DATENSÄTZE | FILTER | SPEZIALFILTER/-SORTIERUNG..., Laden der Abfrage mit DATEI | VON ABFRAGE LADEN..., und Anwenden des Filters mit FILTER | FILTER/SORTIERUNG ANWENDEN.

▓ Alternativ dazu können Sie mit dem Argument »Bedingung« ein Selektionskriterium auch direkt eingeben, ohne Umweg über eine Abfrage. Access verwendet dieses Kriterium als Teil einer SQL-WHERE-Klausel, um die gewünschten Datensätze auszuwählen.

Diese Technik ist wesentlich einfacher anzuwenden, da keine separat gespeicherte Abfrage benötigt wird. Sie müssen SQL dazu keinesfalls »beherrschen«, da Access aus einfachen Kriterien wie **[Plz]<=30000** oder **[Name]="M*"**« intern selbständig die vollständige SQL-Anweisung bildet.

Das Formular »Kunden Autoformular Filtermakro« zeigt die praktische Anwendung. Es ist prinzipiell mit »Kunden Autoformular« identisch, enthält jedoch zusätzlich vier Befehlsschaltflächen. An die Eigenschaft »BeimKlicken« dieser Schaltflächen ist jeweils ein Makro der Makrogruppe »Filtern« gebunden, das daraufhin aufgerufen wird (Bild 15.22).

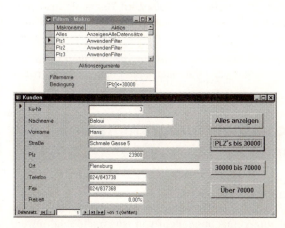

Bild 15.22:
Formular »Kunden Autoformular Filtermakro« und Makrogruppe »Filtern«

Die erste Schaltfläche ist mit »Alles anzeigen« beschriftet und soll einen zuvor angewendeten Filter wieder aufheben, wenn der Anwender darauf klickt.

Sie ist an das Makro »Alles« der Makrogruppe gebunden (Einstellung »Filtern.Alles« der Schaltflächen-Eigenschaft »BeimKlicken«). Dieses Makro führt die Aktion »AnzeigenAlleDatensätze«, die dem Befehl DATENSÄTZE | FILTER/SORTIERUNG ENTFERNEN entspricht und alle Datensätze anzeigt.

Klickt der Anwender auf die zweite, mit »PLZ's bis 30000« beschriftete Schaltfläche, sollen nur Datensätze mit Postleitzahlen kleiner oder gleich 30000 angezeigt werden. Die Einstellung »Filtern.Plz1« der Schaltflächen-Eigenschaft »BeimKlicken« bindet sie an das Makro »Plz1« der Makrogruppe.

Dieses Makro führt die Aktion »AnwendenFilter« aus und übergibt als Argument »Bedingung« den Ausdruck **[Plz]<=30000**, der alle Sätze mit Postleitzahlen kleiner oder gleich 30000 selektiert.

Das Resultat: Der erste Satz wird angezeigt, der der Filterbedingung genügt. Der Hinweis »Datensatz 1 von 1 (Gefiltert)« bedeutet, daß im Formular momentan nur dieser eine Datensatz enthalten ist, also nur ein Satz die aktuelle Filterbedingung erfüllt.

Die dritte Schaltfläche ruft das Makro »Plz2« auf, das mit »AnwendenFilter« und dem Ausdruck **[Plz] Zwischen 30000 Und 70000** als Argument »Bedingung« nur Sätze mit Postleitzahlen zwischen 30000 und 70000 anzeigt.

Die vierte Schaltfläche ruft das Makro »Plz3« auf, das mit dem Ausdruck **[Plz]>70000** als Filterbedingung alle Datensätze mit Postleitzahlen größer 70000 anzeigt.

15.4 Nützliche Dienstprogramme und Hilfsmittel

Access stellt Ihnen mehrere Servicefunktionen zur Verfügung, die jeweils die gesamte Datenbank betreffen. Sie können eine Datenbank komprimieren, konvertieren und reparieren. Dabei darf die zu bearbeitende Datenbank in einer Mehrbenutzerumgebung nicht von einem anderen Anwender geöffnet sein!

Komprimieren

Eine Access-Datenbank nimmt schnell enorme Ausmaße an. Und zwar selbst dann, wenn sie nicht allzu viele Datensätze enthält, aber häufig Änderungen stattfinden, Datensätze gelöscht und neue hinzugefügt werden!

Beim Löschen eines Datensatzes wird nämlich nicht die komplette Datenbank »aufgerückt«, um die Lücke auszufüllen, was bei umfangreichen Datenbanken viel zu zeitaufwendig wäre, sondern der betreffende Datensatz einfach als nicht mehr belegt gekennzeichnet.

Dadurch kann eine Datenbank mit der Zeit »fragmentiert« werden, das heißt, in der Datenbankdatei sind viele Lücken enthalten, die nicht benutzt werden, und die Datenbank nimmt daher auf der Festplatte mehr Raum in Anspruch, als es bei effizienter Speicherung eigentlich notwendig wäre.

EXTRAS I DATENBANK-DIENSTPROGRAMME I DATENBANK KOMPRIMIEREN... erzeugt eine »defragmentierte« Kopie der Originaldatenbank, die meist wesentlich kleiner ist.

Ist gerade eine Datenbank geöffnet, wird diese Datenbank komprimiert. Ist keine Datenbank geöffnet, können Sie die zu komprimierende frei auswählen, beispielsweise EDV.MDB (Bild 15.23).

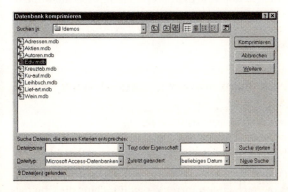

Bild 15.23:
Datenbank komprimieren

Nach dem Schließen des Dialogfelds per Anklicken von »Komprimieren« erscheint es erneut. Diesmal sollen Sie jedoch keine Datenbank auswählen, sondern der zu erzeugenden Kopie einen Namen geben oder die Vorgabe DB1.MDB übernehmen und das Verzeichnis auswählen, in dem sie gespeichert wird.

Klicken Sie in diesem Dialogfeld auf »Speichern«, ist Access anschließend längere Zeit mit der Komprimierung beschäftigt. Das Resultat ist die Datenbank DB1.MDB, die komprimierte Version von EDV.MDB. Darin wurden jedoch nur Objekte komprimiert, für die Sie eine Leseberechtigung besitzen. Wurde die Komprimierung ohne Fehlermeldung erfolgreich durchgeführt, können Sie die Originaldatenbank anschließend löschen.

Reparieren

Ist eine Datenbank beschädigt, erkennt Access das Problem normalerweise beim nächsten Öffnen, Komprimieren, Ver- oder Entschlüsseln und fragt Sie, ob die Datenbank repariert werden soll.

Erkennt Access die Beschädigung nicht, vermuten Sie aber dennoch, daß eine Datenbank »nicht mehr in Ordnung« ist, können Sie diesen Vorgang mit EXTRAS | DATENBANK-DIENSTPROGRAMME | DATENBANK REPARIEREN... manuell einleiten.

Ist gerade eine Datenbank geöffnet, wird diese Datenbank repariert. Ist keine Datenbank geöffnet, können Sie die zu reparierende frei auswählen, beispielsweise EDV.MDB.

Ver-/entschlüsseln

Unverschlüsselte Datenbanken sind problemlos mit Editoren einsehbar, in verschlüsselten Datenbanken sieht der unbefugte Benutzer dagegen nur eine Ansammlung seltsamer Zeichen.

Nach Wahl von EXTRAS | ZUGRIFFSRECHTE | DATENBANK VER-/ENTSCHLÜSSELN... selektieren Sie die zu verschlüsselnde Datenbank und wählen einen Namen für die zu erzeugende verschlüsselte Kopie.

Verwenden Sie den Originalnamen, erzeugt Access dennoch eine Kopie, löscht jedoch nach erfolgreich ausgeführter Verschlüsselung die Originaldatenbank und gibt der Kopie den Namen des Originals.

Wenden Sie den Befehl auf eine bereits verschlüsselte Datenbank an, wird sie wieder entschlüsselt.

Datenbankkennwörter

Die einfachste Möglichkeit, eine Datenbank vor unbefugter Benutzung zu schützen, ist das Zuweisen eines Datenbankkennworts. Dazu müssen Sie die Datenbank im »Exklusiv«-Modus öffnen, das heißt DATEI | DATENBANK ÖFFNEN... wählen und im zugehörigen Dialogfeld das Kontrollkästchen »Exklusiv« aktivieren.

Danach wählen Sie EXTRAS | ZUGRIFFSRECHTE | DATENBANKKENNWORT ZUWEISEN... (Bild 15.24).

Bild 15.24:
Datenbankkennwort zuweisen

Geben Sie ein Kennwort wie »Test« ein (Sie sehen nur eine Reihe von Sternchen), und wiederholen Sie die Eingabe im unteren Textfeld.

Beim nächsten Öffnen der Datenbank erscheint das folgende Dialogfeld (Bild 15.25).

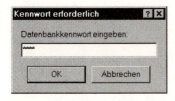

Bild 15.25:
Kennwortabfrage

Nur bei korrekter Eingabe des Kennworts wird die Datenbank geöffnet.

Um das Kennwort wieder zu entfernen, wählen Sie bei geöffneter Datenbank den Befehl EXTRAS | ZUGRIFFSRECHTE | DATENBANKKENNWORT LÖSCHEN..., der EXTRAS | ZUGRIFFSRECHTE | DATENBANKKENNWORT ZUWEISEN... inzwischen ersetzt hat, und geben im zugehörigen Dialogfeld das zu löschende Kennwort ein.

A

Ausdrücke und Aussagen bilden

Bei der praktischen Arbeit mit Access werden Sie immer wieder »Ausdrücke« und »Aussagen« benötigen, um »Plausibilitätsabfragen« einzurichten, Berechnungen durchzuführen, Suchkriterien zu definieren, in Abfragen und Berichten die gewünschten Auswertungen zu bestimmen und so weiter. Ein Ausdruck kann höchst unterschiedliche Elemente enthalten:

Tabelle A.1: Elemente eines Ausdrucks

Element	Beschreibung	Beispiele
Operator	Verknüpft mehrere Elemente eines Ausdrucks	+, –, /, *, =, <, >, Und, Oder, Wie
Literale Konstanten	Ein unveränderlicher numerischer-, Text-, Datums- oder Zeitwert	13, »Maier«, #1.4.93#)
Wahrheitswerte	Die Werte 0 und <>0 und die dazu äquivalenten Ausdrücke	Falsch, Wahr, Ja, Nein, An, Aus
Funktionsaufrufe	Aufrufe von Funktionen, die abhängig von der jeweiligen Funktionsvorschrift einen definierten Wert übergeben	Datum, Summe
Bezeichner	Bezeichnen ein Feld, eine Variable, ein Steuerelement oder eine Eigenschaft	[Stückzahl], MWSt

A.1   Konstanten und Arithmetik

Eine Konstante ist ein fester Wert. Ein arithmetischer Operator ist ein Zeichen wie »+« oder »-«, das angibt, nach welcher Vorschrift die Elemente eines Ausdrucks, die »Operanden« miteinander zu verknüpfen sind, beispielsweise die beiden Konstanten 34 und 21.

Die einfachste Möglichkeit zur Bildung eines Ausdrucks besteht darin, zwei Konstanten durch irgendeinen Operator miteinander zu verknüpfen. Zum Beispiel verknüpft »+«, der »Additionsoperator«, zwei Operanden durch eine Addition, bildet also ihre Summe:

34+21

Tabelle A.2:   Arithmetische Operatoren

Operator	Funktion
^	Potenzierung
/	Division
\	Integer-Division
Mod	Modulo-Division
+	Addition
-	Subtraktion (Negation)
*	Multiplikation

Arithmetische Operationen können Sie auch mit Datumsangaben durchführen. Ein Datum ist für Access eine Ganzzahl, die mit jedem weiteren Tag um 1 erhöht wird. Entsprechend meint der Ausdruck #1.1.99# + 1 den 2.1.99, und #1.1.99# + 7 den 8.1.99. Beachten Sie, daß Datumskonstanten wie in diesem Beispiel von Doppelkreuzen (»#«) umschlossen sein müssen!

Sie können beliebig lange und komplexe Ausdrücke bilden:

3+4*2,5/2

Die Auswertungsreihenfolge können Sie ändern, indem Sie Klammern verwenden. Klammern besitzen eine höhere Priorität als alle Operatoren. Ein geklammerter Ausdruck wird daher immer zuerst ausgewertet. Wollen Sie zum Beispiel zuerst 4 und 2 addieren und anschließend das Ergebnis mit 5 multiplizieren, benötigen Sie unbedingt eine Klammer:

```
(4+2)*5
```

A.2   Funktionen

Eine Funktion ist eine Rechenvorschrift. Ihr werden in Klammern gesetzte Werte (»Argumente«) übergeben, die – falls es sich um mehrere Argumente handelt – durch je ein Semikolon getrennt werden. Nach Abschluß der Berechnung übergibt die Funktion wiederum einen Wert, den »Funktionswert«.

Ein einfaches Beispiel bietet die **Int**-Funktion. Sie ermittelt den ganzzahligen Anteil der übergebenen Zahl. Der Funktionsaufruf

```
Int(10,7)
```

übergibt daher den Funktionswert 10. Der Ausdruck besitzt den Wert 10. Entsprechend besitzt der Ausdruck

```
3+Int(10,7)*2
```

den Wert 23.

Funktionen werden anhand des übergebenen Funktionswerts in Gruppen eingeteilt. Funktionen, die als Funktionswert eine Zahl übergeben, sind »numerische Funktionen«. Funktionen, die statt dessen eine Zeichenkette übergeben, sind »Zeichenkettenfunktionen«, die auch »Stringfunktionen« genannt werden.

Die **Links**-Funktion erwartet beispielsweise ein Textargument und übergibt selbst wiederum einen Text als Funktionswert, genauer: die ersten **n** Zeichen des übergebenen Textes. Entsprechend übergibt der Ausdruck

```
Links("Müllerstraße";6)
```

den Text »Müller« als Funktionswert, eine Zeichenkette.

Wie dieses Beispiel zeigt, müssen Sie Zeichenkettenkonstanten in Anführungszeichen setzen! Es gibt nur eine – allerdings äußerst wichtige – Ausnahme von dieser Regel: Zeichenketten, die **Bestandteil einer anderen Zeichenkette** sind, schließen Sie statt dessen in Hochkommata ein, schreiben also nicht:

```
"Ich suche "Maier" seit Jahren"
```

sondern:

```
"Ich suche 'Maier' seit Jahren"
```

Die Funktion **Länge** erwartet ebenfalls eine Zeichenkette, übergibt als Funktionswert jedoch eine Zahl, die Länge der Zeichenkette. Entsprechend übergibt

```
Länge("Müller")
```

die Zahl 6.

Es gibt auch Funktionen, denen keinerlei Argumente übergeben werden. Zum Beispiel übergibt **Jetzt** das aktuelle, in der Systemuhr gespeicherte Datum. Der Ausdruck

```
Jetzt() = #1.1.99#
```

prüft, ob momentan der 1.1.99 ist.

A.3   Wahrheitswerte, logische und Vergleichsoperatoren

Ein Ausdruck besitzt einen Wert. Dieser Wert kann jedoch nicht nur eine Zahl oder eine Zeichenkette sein. Beispielsweise kann ein Ausdruck den Wert **Null** besitzen, der keineswegs die Zahl 0 meint, sondern für »ungültige« oder »nicht vorhandene« Daten steht.

Wichtiger als dieser Spezialwert sind jedoch die sogenannten »Wahrheits-werte«. Oft vergleichen Ausdrücke zwei Objekte miteinander und prüfen beispielsweise, ob eine bestimmte Zahl X kleiner als eine zweite Zahl Y ist. Ein solcher Ausdruck kann nur einen von zwei möglichen Werten be-sitzen: Entweder ist er wahr oder er ist falsch.

Der Wert eines Vergleichsausdrucks ist entsprechend ein »Wahrheits-wert«. Die beiden möglichen Wahrheitswerte werden in Access als »**Wahr**« bzw. »**Falsch**«, alternativ dazu auch als »**Ja**« bzw. »**Nein**«, oder als »**An**« bzw. »**Aus**« bezeichnet (intern ordnet Access Wahrheitswert **Wahr** den Zahlenwert 0 zu und **Falsch** den Wert -1).

Ein Vergleichsausdruck besteht aus den beiden »Dingen«, die miteinander verglichen werden, und einem »Vergleichsoperator«:

Tabelle A.3:   Vergleichsoperatoren

Operator	Bedeutung
<	kleiner
=	gleich
<=	kleiner oder gleich
>	größer
>=	größer oder gleich
<>	ungleich

Der Ausdruck **2<3** vergleicht zwei Zahlen und prüft, ob 2 kleiner ist als 3. Da das zweifellos der Fall ist, besitzt der Ausdruck den Wahrheitswert **Wahr**.

Der Ausdruck **3+4<=7**, der prüft, ob **3+4** kleiner **oder** gleich 7 ist, ist eben-falls **Wahr**. Beachten Sie bitte das Wörtchen »oder«. Es genügt, wenn eine der beiden Bedingungen erfüllt ist, damit der Ausdruck **Wahr** ist. Im Bei-spiel ist **3+4** zwar nicht kleiner, dafür jedoch gleich 7, so daß zwar nicht die erste, dafür jedoch die zweite Bedingung erfüllt ist.

Vergleichsausdrücke werden häufig als »Aussagen« bezeichnet, um klar-zumachen, daß der betreffende Ausdruck nur den Wert **Wahr** oder den

Wert **Falsch** annehmen kann. Eine Aussage kann niemals beides sein, **Wahr** und **Falsch** zugleich. Mit Hilfe logischer Operatoren können Sie mehrere Aussagen miteinander zu einer Gesamtaussage verknüpfen, die selbst den Wert **Wahr** oder den Wert **Falsch** besitzt.

Tabelle A.4: Logische Operatoren

Operator	Bedeutung
Und (And)	**Und**-Verknüpfung
Nicht (Not)	**Nicht**-Verknüpfung
Oder (Or)	Inklusive **Oder**-Verknüpfung
ExOder (Xor)	Exklusive **Oder**-Verknüpfung
Äqv (Eqv)	Umkehrung der **ExOder**-Verknüpfung
Imp (Imp)	**Wahr** bei identischem Wahrheitszustand der Teilaussagen

Zwei mit **Und** verknüpfte Aussagen sind nur dann **Wahr**, wenn beide Teilaussagen **Wahr** sind. Das heißt, die Aussage

2<5 Und 10<7

ist **Falsch**, da die zweite Teilaussage **10<7 Falsch** ist.

Zwei mit dem inklusiven **Oder** verknüpfte Aussagen sind dagegen **Wahr**, wenn **mindestens** eine der beiden Aussagen **Wahr** ist. Entsprechend ist die folgende Aussage **Wahr**:

2<5 Oder 10<7

Im Unterschied dazu sind zwei mit **ExOder** verknüpfte Aussagen nur dann **Wahr**, wenn genau eine der beiden Teilaussagen **Wahr** ist, nicht aber, wenn beide **Wahr** sind. Entsprechend ist

2<5 ExOder 10<7

Wahr, die Aussage

2<5 ExOder 7<10

jedoch **Falsch**.

Äqv ist die Umkehrung der **ExOder**-Verknüpfung. Damit verknüpfte Aussagen sind nur **Wahr**, wenn **beide** Teilaussagen **Wahr** oder aber beide **Falsch** sind. Daher ist

```
2<5 Äqv 7<10
```

Wahr, die Aussage

```
2<5 Äqv 10<7
```

ist jedoch **Falsch**.

Mit **Imp** verknüpfte Aussagen sind immer **Wahr**, außer wenn Aussage 1 **Wahr** und Aussage 2 **Falsch** ist, wie in folgendem Beispiel:

```
2<5 Imp 10<7
```

Nicht (Not) kehrt den Wahrheitswert einer Aussage um. Daher ist die folgende Aussage **Falsch**:

```
Nicht 2<5
```

A.4   Sonstige Operatoren

Access verfügt über einige Operatoren, die schlecht in Kategorien einzuordnen sind. Zum Beispiel über den Operator »&«, der zwei Zeichenketten miteinander verknüpft und dem »+«-Operator bei Zahlen entspricht. Der Ausdruck

```
"Gerd" & " " & "Müller"
```

besitzt entsprechend den Wert »Gerd Müller«, Die **&**-Verknüpfung entspricht dem Aneinanderreihen der mit diesem Operator verknüpften Zeichenketten.

Der Operator **Wie** vergleicht eine Zeichenkette mit einem Muster. Zum Beispiel akzeptiert **Wie** mit dem Muster »x*z« jede Zeichenkette, die mit

»x« beginnt und mit »z« endet, egal welche und wie viele Zeichen sich dazwischen befinden. Entsprechend ist der Vergleich

```
"xabcz" Wie x*z
```

Wahr, im Gegensatz zu

```
"xabcd" Wie x*z
```

Praxisnäher ist das »Ausmaskieren« einzelner Zeichen mit »?«. Befindet sich dieses Zeichen in einem Muster, wird statt dessen jedes beliebige Zeichen akzeptiert. Entsprechend ist

```
"Maier" Wie M?ier
```

ebenso **Wahr** wie

```
"Meier" Wie M?ier
```

Die Aussage

```
"Mayer" Wie M?ier
```

ist jedoch falsch, so daß Sie mit Hilfe dieses Operators beispielsweise einen Herrn Maier in Ihrer Datenbank selektieren können, auch wenn Sie nicht mehr genau wissen, ob er mit »a« oder »e« geschrieben wird. Und zwar ohne zuviel zu erfassen, beispielsweise eindeutig nicht in Frage kommende Datensätze wie »Mayer«.

Zwischen...Und liefert den Wahrheitswert **Wahr**, wenn ein zu überprüfender Wert innerhalb angegebener Grenzen liegt. Daher ist die folgende Aussage **Wahr**:

```
5000 Zwischen 1000 Und 9000
```

Der Operator **In** prüft, ob ein Wert in einer angegebenen Werteliste enthalten ist. Der folgende Ausdruck ist somit **Wahr**:

```
23 In (7, 15, 23, 47)
```

Der Operator **Ist (Is)** prüft, ob ein Ausdruck den Wert »Null« besitzt.

A.5   Bezeichner

»Bezeichner« sind Namen für Objekte, mit denen Sie irgend etwas »anstellen« wollen. Dabei kann es sich um eine Tabelle, eine Abfrage, ein Formular oder einen Bericht handeln. Oder aber um ein darin enthaltenes »Unterobjekt«, beispielsweise ein bestimmtes Feld einer Tabelle oder ein einzelnes »Steuerelement« eines Formulars, eine darin enthaltene Schaltfläche oder ein Kontrollkästchen.

In all diesen Fällen müssen Sie den Namen des Objekts angeben, das Sie interessiert, auf das Sie sich »beziehen« wollen. In den meisten Fällen dürfte dies ein Feld einer Tabelle sein. Beispielsweise, weil Sie verhindern wollen, daß bei der Eingabe eines neuen Datensatzes in eine Tabelle, sagen wir einer Bestellung, ein festgelegter Mindestbestellwert unterschritten wird. Dazu verwenden Sie eine »Gültigkeitsregel« wie die folgende:

```
[Preis] * [Stückzahl] >= 50
```

Diese Aussage prüft, ob der im Feld »Preis« enthaltene Wert, multipliziert mit dem Inhalt des Feldes »Stückzahl«, größer oder gleich 50 (DM) ist. Ist das nicht der Fall, erhält der Anwender beispielsweise eine Meldung, daß der Auftrag unter dem Mindestbestellwert liegt.

Häufig werden Sie sich auf Felder beziehen, die sich in unterschiedlichen Tabellen befinden. Dann müssen Sie außer dem Feldnamen auch den Namen des übergeordneten Objekts angeben, das heißt der Tabelle, in der dieses Feld als »Unterobjekt« enthalten ist. Das Prinzip: Ein Ausdruck der Art

```
[Tabelle]![Feld]
```

bezeichnet das Feld mit dem Namen »Feld«, das sich in einer Tabelle namens »Tabelle« befindet. Beispielsweise multipliziert der Ausdruck

```
[Auftragspositionen]![Stück] * [Artikel]![VK-Preis]
```

den Inhalt des Feldes »Stück« der Tabelle »Auftragspositionen« mit dem Inhalt des Feldes »VK-Preis« der Tabelle »Artikel«.

Außer auf Tabellenfelder können Sie sich zusätzlich auf »Steuerelemente« in den verschiedensten von Ihnen erzeugten Objekten beziehen, in Abfragen, Formularen oder Berichten. All diese Elemente zeigen meist ebenso wie ein Tabellenfeld einen Wert an, eine Zahl, einen Text oder ein Datum, das Sie für Berechnungen oder ähnliches weiterverwenden können, wenn Sie sich darauf beziehen. Befindet sich das Steuerelement im gerade bearbeiteten Formular oder Bericht, beziehen Sie sich darauf ähnlich wie auf ein Feld über seinen Namen, den »Steuerelementnamen«:

```
[Betrag] + [Porto]
```

Dieser Ausdruck ermittelt in einem Formular einen Auftragswert, indem er die aktuellen Werte der Steuerelemente »Betrag« und »Porto« addiert. Befindet sich das Steuerelement nicht im aktiven Formular/Bericht, müssen Sie zusätzlich den Namen dieses Formulars/Berichts und den Typ des betreffenden Objekts angeben:

```
Objekttyp![Objektname]![Steuerelement]
```

»Objekttyp« ist der Typ des interessierenden Objekts, »Formulare« oder »Berichte«. »Objektname« ist der Name, unter dem Sie dieses Objekt speicherten, beispielsweise »Auftragsformular« oder »Kundenbericht«, und »Steuerelement« der Name des Steuerelements, um das es geht. Ein Beispiel:

```
Formulare![Rechnung]![Betrag] + Formulare![Portobeträge]![Porto]
```

Dieser Ausdruck addiert den Inhalt des Steuerelements »Betrag«, das sich im Formular »Rechnung« befindet, und den Inhalt des Steuerelements »Porto«, das sich im Formular »Portobeträge« befindet.

Steuerelemente besitzen »Eigenschaften«, die Sie beeinflussen können, beispielsweise mit der Makroaktion »SetzenWert«. Dazu müssen Sie den Namen der Eigenschaft im darauf bezugnehmenden Ausdruck angeben. Geben Sie mit einem Ausdruck wie

```
Eigenschaftsname
```

nur den Namen der Eigenschaft an, ist immer die Eigenschaft des aktiven Objekts gemeint. Beispielsweise setzt der Ausdruck **Sichtbar="Nein«** die Eigenschaft »Sichtbar« des aktuellen Formulars auf »Nein« und macht das Formular damit unsichtbar. Eckige Klammern um den Eigenschaftsnamen herum sind überflüssig, da Eigenschaftsbezeichnungen ebenso wie Objekttypbezeichnungen eindeutig sind.

Beziehen Sie sich jedoch auf ein in einem Objekt enthaltenes Steuerelement, geben Sie vor dem Namen der Eigenschaft und durch einen Punkt ».« von ihm getrennt den Namen des Steuerelements an. Beziehen Sie sich auf ein Steuerelement im »aktiven«, gerade bearbeiteten Formular oder Bericht, genügt der Ausdruck

```
[Steuerelement].Eigenschaft
```

Beispielsweise setzt der Ausdruck **[Rendite].Sichtbar="Nein«** die Eigenschaft »Sichtbar« des Steuerelements »Rendite« des aktuellen Formulars auf »Nein« und macht es damit unsichtbar. Befindet sich das Steuerelement nicht im aktiven Objekt, geben Sie zusätzlich den Namen und Typ des betreffenden Objekts an:

```
Objekttyp![Objektname]![Steuerelement].Eigenschaft
```

Zum Beispiel setzt der Ausdruck **Formulare![Test]![Rendite].Sichtbar="Nein«** die Eigenschaft »Sichtbar« des Steuerelements »Rendite« im Formular »Test« auf »Nein« und macht es damit unsichtbar.

 Allgemein: Den Operator »!« verwenden Sie, um im Anschluß daran ein von Ihnen erzeugtes und benanntes Objekt näher zu bezeichnen, beispielsweise ein Formular, einen Bericht oder ein in diesen Objekten enthaltenes Steuerelement. Den Operator ».« verwenden Sie, um ein Access-eigenes Element zu bezeichnen, üblicherweise eine Eigenschaft eines Steuerelements.

In Abfragen, Formularen und Berichten werden Sie häufig Berechnungen benötigen, die sich auf irgendwelche Tabellenfelder beziehen, aber nicht nur einen einzelnen Datensatz behandeln, sondern ganze Datensatzgruppen oder sogar die gesamte Tabelle. Zum Beispiel, um die Summe aller vorhandenen Auftragswerte zu ermitteln, oder den durchschnittlichen, den höchsten oder den niedrigsten Auftragswert.

Dazu benötigen Sie vor allem zwei der erläuterten Elemente, Bezeichner und Funktionen, genauer: »Aggregierungsfunktionen«. Beispielsweise addiert die **Summe**-Funktion die Werte, die Sie ihr übergeben. Übergeben Sie ihr jedoch keine konstanten Werte, sondern den Namen eines Tabellenfelds, addiert sie die Inhalte dieses Feldes in allen Datensätzen der Tabelle. Entsprechend ermittelt der Ausdruck

```
Summe([Betrag])
```

die Inhalte der Felder »Betrag« aller Datensätze und übergibt den resultierenden Gesamtbetrag.

In der Praxis benutzen Sie Ausdrücke wie diesen vor allem in Formularen und Berichten. Und zwar, indem Sie in das betreffende Objekt ein »berechnetes Textfelder« einfügen, ein Access-Objekt, das Ergebnisse von Berechnungen anzeigt. Welche Berechnung ausgeführt wird, darüber entscheidet der Ausdruck, den Sie als »Steuerelementinhalt« definieren.

Sie fügen daher in das Formular oder den Bericht ein solches Textfeld ein und verwenden als »Steuerelementinhalt« den gewünschten Ausdruck, um damit irgendwelche Gesamtsummen für alle Datensätze der betreffenden Tabelle zu ermitteln und anzuzeigen.

A.6 Editoren

Access verfügt über verschiedene »Editoren«, die Ihnen beim Erstellen komplexer Ausdrücke helfen. Um einen solchen Editor aufzurufen, aktivieren Sie die betreffende Eingabezeile per Anklicken. Anschließend ist am Rand der Eingabezeile häufig die abgebildete »Editor-Schaltfläche« sichtbar, die den »passenden« Editor aktiviert.

Statt dessen können Sie ebensogut auf dieses »Editor-Symbol« klicken, das sich oft in der momentan eingeblendeten Symbolleiste befindet.

Welcher Editor durch das Anklicken eines dieser beiden Symbole aufgerufen wird, hängt von der aktuellen Situation ab. Für das vorliegende Kapitel ist speziell der »Ausdrucks-Editor« interessant. Er hilft Ihnen bei der Bildung von Ausdrücken, die eine Vielzahl von Operatoren, Funktionen und Bezügen enthalten und daher entsprechend komplex sind.

Angenommen, momentan ist die Entwurfsansicht einer Tabelle aktiv. Im zugehörigen Fenster befinden sich in der oberen Hälfte die Feldbezeichnungen und in der unteren Hälfte die Eigenschaften des momentan selektierten Felds, unter anderem die Eigenschaft »Standardwert«. Befindet sich der Cursor in dieser Zeile, erscheint am rechten Rand der Zeile die Editor-Schaltfläche, und in der Symbolleiste ist das Editor-Symbol anwählbar. Klicken Sie auf eines der beiden Symbole, wird der Ausdrucks-Editor aufgerufen (Bild A.1).

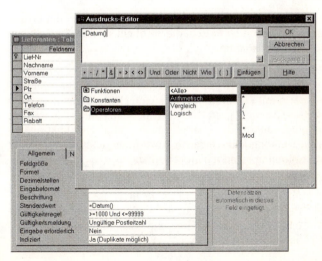

Bild A.1:
Der Aus-
drucks-Editor

Im Eingabefeld wird der momentan im Eigenschaftsfeld »Standardwert« enthaltene Ausdruck bzw. – wenn dieses Feld leer ist – überhaupt nichts vorgegeben. Sie können dieses Eingabefeld wie gewohnt nach dem Anklikken eines Zeichens editieren.

Klicken Sie auf eines der Symbole »+«, »-«, »Und«, »Oder« etc., die sich darunter befinden, wird der betreffende Operator an der aktuellen Cursorposition in den Ausdruck eingefügt.

Klicken Sie im linken unteren Listenfeld auf »Konstanten«, »Operatoren« oder »Gemeinsame Ausdrücke«, wird das betreffende Thema »aufgeklappt«: im mittleren Listenfeld erscheinen die zu diesem Thema verfügbaren Kategorien und im rechten alle Elemente jener Kategorie, die im mittleren Listenfeld selektiert ist.

Klicken Sie beispielsweise im linken Listenfeld auf »Operatoren« und danach im mittleren Listenfeld auf die Operator-Kategorie »Arithmetisch«, erscheinen im rechten Listenfeld alle arithmetischen Operatoren. Sie können nun einen dieser Operatoren selektieren und ihn mit der Schaltfläche »Einfügen« in Ihren Ausdruck einfügen.

Klicken Sie statt dessen auf »Konstanten«, erscheinen im rechten Listenfeld Konstanten wie **Wahr** oder **Falsch**, die Sie ebenfalls mit »Einfügen« in Ihren Ausdruck einfügen können.

Zusätzlich können Sie beliebige weitere Funktionsaufrufe in Ihren Ausdruck einfügen. Das »+«-Zeichen vor »Funktionen« im linken Listenfeld bedeutet, daß Sie darin mit einem Doppelklick eine kleine Liste öffnen können, die eine weitere Auswahl gestattet. Anschließend können Sie wählen, ob Sie eine der eingebauten oder aber eine selbstdefinierte Funktion einfügen wollen. Da Sie noch keine eigenen Funktionen definiert haben, ist diese Alternative momentan jedoch nicht vorhanden.

Ein einfacher Klick auf »Eingebaute Funktionen« genügt nun, um im linken Listenfeld die Funktionskategorien und im rechten die Funktionen der momentan selektierten Kategorie anzuzeigen, wobei Sie auf die gleiche Weise wie zuvor eine Funktion selektieren und mit »Einfügen« in den Ausdruck einfügen können (Bild A.2).

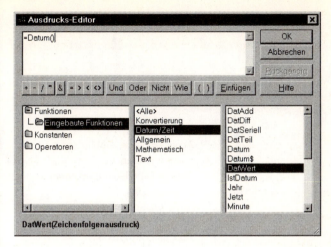

Bild A.2:
Funktion einfügen

Index